［新装版］

英語のしくみがわかる基本動詞24

DISCOVER the SPIRIT of the ENGLISH LANGUAGE

小西 友七 著
Tomoshichi Konishi
編集協力＝大島保彦

KENKYUSHA

初版まえがき

この書物は、月刊誌『高校英語研究』(1997年に休刊)に「基本動詞の知識」と題して1993年４月から1995年３月の２年間にわたって連載されたものを、多くの方々からの要望に応えて１冊にまとめたものです。そこでも書きましたように、受験生に限らず、広く一般の学習者また一時的に何らかの理由で中断されていた社会人の方々の再勉強や再発見に役立つように、わかりやすくかつ勉強に夢と希望を与えつつ、英語の本質を理解していただくために心をくだきながら書いたつもりです。

取り上げたのは、英米人の日常生活の中で最もよく使われ、最も重要な、そして英語のバックボーンを形成している24の基本動詞です。これを会得すれば、表面的な理解ではなく英米人の心の奥底へぐっと入りこむことができるでしょう。こうした期待を持って、基本動詞の１つずつに、語の意味の深層に分け入り核心に迫るような基礎的な解説に重点を置いて述べていきました。これらは１つ残らず「多義語」(polysemy) ですから、中核的意味から派生的意味に展開し、複雑に絡み合っています。その姿を「意味の枝分かれ図」で示したのも大きな試みの１つです。１つの語がたくさんの意味を持っている結果、それだけがポッンと出てきても漠然としてわかりにくいものです。これがいかに文脈や場面と関係するかが鍵となります。このあたりの関係を特に深く考察したつもりです。また、その語を取り巻いて意味的に交差している「類義語」(synonym) をたえず関連させてネットワークを作り、別の側面からも光を当てるようにしました。さらに英米人との文化の違い、生活習慣の違いなどにも配慮し、特にこれが言語表現に現れる場合、日英比較の立場からかなり徹底的に扱ったつもりです。たとえば、「先程ご紹介に預かった○○でございます」「どうも長らくお待たせしてすみませんでした」などと言いたいとき"Thank you (very much) for your kind introduction."とか"Thank you for waiting so long."とは日本人の発想からなかなか出てこないものです。24の基本動詞に対してこうしたさまざまな点に光を当てることで、読まれた方々が英語の心を探る (Discover the Spirit of the English Language) のように努力したつもりです。

これらを１冊にまとめるに当たって、いろいろな方々のお世話になりました。まず駿台予備学校講師・大島保彦先生には初めの原稿を、受験生の立場から理解しやすいようにgraphicな形にまとめていただき、数々の有益なコメントをいただきました。また帝京大学助教授クリストファ・バーナード先生には英文を丹念にチェックしてかつ日本語の不適切な表現をも修正していただきました。水嶋いづみさんには元の論文調の原稿を親しみのもてるスタイルにリライトする作業と、校正を担当していただきました。忘れてはならないのは元の原稿は滞米生活経験者である小西英二夫婦が雑誌連載のとき草稿を作ってくれたことです。これが原型となって本書ができあがったことを、ありがたく思っています。

最後になりましたが（Last but not least）、この原稿を書く機会を与えていただき、たえず私を励まして本にすることをすすめていただき、１冊にまとめるに当たっていろいろと知恵を絞ってくださった研究社編集部の佐藤陽二さんに心からお礼を申し上げます。

小西友七

目　次

ABC順目次

第1章　get

■ 多義語攻略２つのカギ ■

本章では多義語動詞の典型であるgetを扱います。本題に入る前に、getを例にして**多義語**の攻略方法について少し説明をしておきましょう。

多義語は、それだけでポッンと出てきても意味が漠然としていてわかりにくいのが特徴です。したがって、多義語の意味を理解するには、まず**脈絡**または**文脈**（context）が重要になってきます。たとえば、

1.1　**I'll *get* it.**

という一文だけを見たり聞いたりしても、何のことかよくわからないでしょう。しかし、

1.2　**"Will you answer the phone? It must be your mother."**
"OK, I'll *get* it."

と出てくれば、あるいは聞けば、これはanswer the phone（かかってきた電話に出る＝get the phone）の代用だとすぐにわかります。

脈絡と同様に大切なのは、**状況**または**場面**（situation）です。２人で話をしている最中に突然電話がかかってきて、その中の１人が"I'll get it."と言ったのであれば、これも何の説明もいらないでしょう。それでは、次の会話はどんな場面で交わされたものか、想像できますか？

1.3　**"Did you *get* it?" "Yeah, it stinks."**
「臭ったか？」「やや、臭いぞ」

このように多義語は、脈絡または状況に依存する度合いが大きいことを理解しておきましょう。

脈絡や状況というのは、いわば語の外側から多義語の意味を絞り込む方法ですが、それと対照的なのが、語の内側から攻略する方法です。内側からの攻略とは、その語の**中核的意味**（core meaning）と、そこから派生するいくつかの意味をおおざっぱにつかんでいくという方法です。native speakerは、これを頭に内蔵していて、文脈や状況に応じて本能的に使用し、理解しているのです。中核的な意味や

派生した意味は、それぞれ複雑にからみ合っていて、きっちりと割り切れるものではありませんが、getの意味を次のように分けることができます。

get の意味の枝分かれ図

```
                    手に入れる
            ┌──────────┴──────────┐
      ■もの・ことを手に入れる■   ■状態を手に入れる■
        ┌─────┴─────┐         ┌─────┴─────┐
      （意志）    （無意志）   （意志）    （無意志）
                              （他動詞）  （自動詞）
      ①            ①          ③          ④
      得る  （ものを）手に入る  〜の状態    〜の状態
      買う         受け取る    にする      になる
                                        （ある所にいる
                                         状態になる）
      ②            ②          ⑤          ⑥
      理解する（ことを）わかる   持っていく  着く
      習得する       頭に入る   連れていく  行く
```

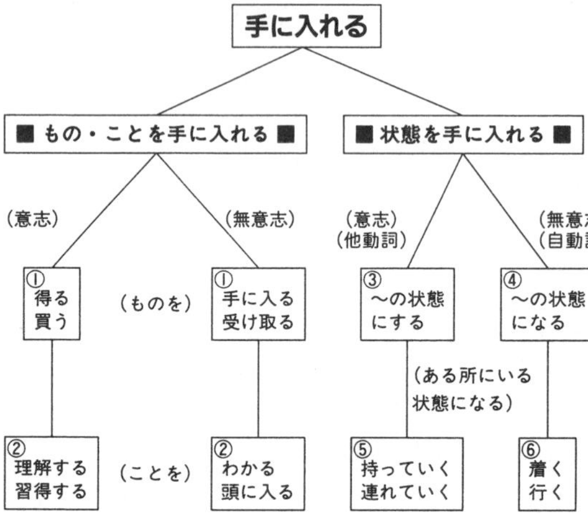

■ getの中核的意味「手に入れる」■

　getの中核的意味として、「手に入れる」を出発点にします。「ある状態になる」を出発点にすることも可能ですが、ここでは便宜上、前者を出発点にします。この「手に入れる」は、さらに「〈もの・こと〉を手に入れる」と「〈状態〉を手に入れる」の2つに分かれ、それぞれ**意志の有無**や、手に入れるものが具体的な〈**もの**〉か抽象的な〈**こと**〉か、あるいはある場所にいるという〈**状態**〉なのかによって、下位区分に展開していきます。

　「〈状態〉を手に入れる」は意志の有無によって展開した場合、それぞれ他動詞（③⑤）・自動詞（④⑥）となり、見かけ上の違いが明らかです。一方、「〈もの・こと〉を手に入れる」は意志の場合も無意志の場合も他動詞であり、見かけ上の違いがないので脈絡や状況から判断しなければなりません。

　各論に入る前に1つ確認しておきましょう。getは上記のように種々の意味を持ち、いわゆる万能語（all-purpose word）の1つです。しかし、あくまでも親しい間柄の者同士で日常的に使われるくだけた語（informalまたはcasual）であって、改まった（formal）場面や正式な討議、交渉、取引など知的な内容を伴う会話で使うには、多くの場合不適切であると言えます。getの持つ音声的な特徴から、この語を使うことによってきびきびとした表現になり、親密感やくだけた雰囲気がかもし出されるという効果がある一方、下手に使うと、場面によっては馴れ馴れしく聞こえたり、礼を失したりということもあります。このように、getには、両刃の剣のようなところがあるのだということを心得ておいてください。

以下にgetの意味と用法を示します。

■ 手に入れる→もの・ことを手に入れる ■

① もの・ことを手に入れる

→「得る、買う」(意志);「手に入る、受け取る」(無意志)

1.4 He *got* a lot of money.

彼は大金を手に入れた［獲得した］。

これをもっと正確に表現するには、以下のような類義語を使って言い換えます。

● get(得る・受け取る)の類義語 1 ●

gain:	価値あるものを手に入れる
earn:	当然の代償として手に入れる［稼ぐ］
obtain:	努力して手に入れる
acquire:	長時間をかけ、努力してやっと手に入れる

これらの語は、getを中心として意味的に交差しながら展開する類義語群ですが、いずれもgetよりやや堅い言い方です。これらの語には意志的な含意があるのに対し、getには無意志的な場合もあって、「大金が手に入った」とか「大金をもらった」といった意味にもなります。これは、たいていの英和辞典では見落とされ、取り上げられていないようですが、大切な語義です。そして、その場合は上記の類義語は使えないということをはっきりと認識しておいてください。

1.5 "Where did you *get* it?" "I *got* it at a drugstore."

「それ、どこで買ったの？」「ドラッグストアだよ」

この場「金を出して手に入れた」ことが文脈でわかりますが、本式にはbuyを使います。さらに品位ある語は*purchase*で、女性に好んで使われます。構文的には、

「私に時計を買ってくれ」と言う場合、

1.6 ***Get me*** **a watch.**

とも言えますし、「この私に」とmeを強調して、

1.7 ***Get*** **a watch** ***for me*****.**

とも言えます。つまり、buyと同じ文型をとるわけです。この文型の例文をもう1つあげておきましょう。言い換えにも注意してください。

1.8 **Will you** ***get*** **me a (cup of) coffee, please?**
→Will you ***get*** **a (cup of) coffee** ***for me*****, please?**
コーヒーをいただけますか？

I got a letter from ... は、「人から送られてきたものを手に入れる」ということで、正式には*receive*を使います。学校の生徒（Randolph）が次のように言って先生（Miss Dove）から直される場面を見てください。

1.9 **“I** ***got*** **a letter from Tommy yestiddy.”**
“Received, Randolph,” said Miss Dove. “You received a letter from your brother yesterday.”
——F. G. Patton, *Good Morning, Miss Dove*
「きんのう、にあんちゃんから手紙もらったでえ」
「受け取った、でしょう、ランドルフ」と先生。「昨日、兄から手紙を受け取った、と言いなさい」

学校で教える英語と子どもたちが外で話す言葉との違い、そして「兄」をfirst nameで、しかも愛称（diminutive）のうち最も親密な形のTommy（＜Tom＜Thomas＜my brotherで、あとになるほど距離を置いた堅い言い方になります）と呼んでいることやyestiddyという発音から、一緒に使われているgetの品位もうかがえるでしょう。

Oが〈もの〉ではなく、〈人〉やその他の生き物の場合は、次の表にあげた類義語の代用語としての用法です。

● get（得る・受け取る）の類義語２●

catch:	「捕まえる」
call:	「（電話で）人を呼んでくる」
charm:	「人の心をとらえる」
angle:	「（魚を）釣る」

これらの意味のgetを使った例文を見てみましょう。

1.10 **The police finally *got* him.**
とうとう警察は彼を捕まえた。

1.11 **You can *get* me on the [by] phone.**
電話でご連絡ください。

1.12 **Her song really *got* us.**
彼女の歌にうっとりした。

1.13 **I *got* three trout.**
マスを３匹釣った。

② 得る→「理解する、習得する」（意志）；
受け取る→「わかる、頭に入る」（無意志）

1.14 **"Did you *get it*?" "Yes, I *got it*."**
「わかったか？」「ああ、わかったよ」

例文1.14は、itが具体的なものを指しているとすれば、「それを手に入れたか？」という意味にもとれるので、この一文だけではあいまいさが残ります。しかし、脈絡または状況によっては便利に使える慣用的表現です。このitは理解すべき内容のことを指しています。つまり、

1.15 ***get* the point**（何のことかわかる）

のことで、単に、

1.16 ***Get it?***

だけでもよく用いられます。類義語のunderstandは、

1.17 ***Do*** [*Did] ***you understand*?**

と、現在形のみに用いて、過去形は使いません【→第10章see③参照】。一方、

1.18 **Did [Do] you *get it*?**

のようにgetには必ずOが必要で、understandのように省略しない、という統語上の違いがあります。なお、次の例文1.19のように、getもunderstandもOに〈人〉をとることができます。

1.19 **I don't *get* [understand] you.**
あなたの言うことがわかりません。

■ 手に入れる→状態を手に入れる ■

③ 状態を手に入れる→「(OをCの）状態にする」(意志)

1.20 **They *got* the door open.**
彼らは戸を開いた。

この例のように、SVOC（Cは形容詞・現在分詞・過去分詞）の形で、「(OがCである状態を）手に入れる」→「Cという状態にOを持ってくる」という意味になります。

1.21 **I *got* my car *running*.**
車を走らせた。

これは、

1.22 **I *got* my car to *run*.**

とも言い換えられますが、この場合は、何らかの努力が伴う意味合いが加わります。そして、make、let、haveと違い、toがつくことに注意してください。このgetは、他の類義語とは異なり、直接的な使役（causative）ではなく、「〜する状態にOを持ってくる」というニュアンスがある、と考えると納得しやすいと思います。

さらに、Cに過去分詞が来ると、getは動詞の内容語としての意味を失って機能化して「Oを～させる・～してもらう」「～される」「～してしまう」という**「使役」「被害」「確定完了」**の3つの意味で用いられるようになります。

1.23 **He *got* his shirt *washed*.**
彼はシャツを洗ってもらった［洗わせた］。（使役）

1.24 **He *got* his wallet *stolen*.**
彼は財布を盗まれた。（被害）

1.25 ***Get* it *done* right away.**
すぐに終えてしまえ。（確定完了）

これらの例文では、getをhaveに代えることも可能ですが、getのほうがくだけた言い方です。なお、**確定完了**は完了形の一種（訳語「～してしまう」からも推察されるように、普通の完了よりも語調が強くなります）で、「使役」「被害」と同じように**get[have] O done**の形をとりますが、doneの主語が動作主、すなわち文の主語と一致するという点が異なります。ドイツ語を勉強された方には、この完了形は馴染みのある語順でしょう。これは、アメリカ英語でよく使われます。特に未来完了形のように、SVOのVに当たるところが長たらしい場合によく用いられます。

1.26 **I *will have finished* the work before you return.**
→I *will have [get]* the work *finished* before you return.
お戻りになる前に仕事を終えてしまいます。

● SVOCの文型をとるgetの意味 ●

C	意味
形容詞	「OをCという状態にする」【→1.20】
現在分詞	「OにCさせる」【→1.21】
不定詞	「OにCさせる」【→1.22】
	（*cf.* make、let、haveはVO＋doの形をとる）
過去分詞	使役「OをCさせる・してもらう」【→1.23】
	被害「OをCされる」【→1.24】
	確定完了「OをCしてしまう」【→1.25、1.26】

ちなみに例文1.25は、

1.27 ***Get*** **it** ***over with*** **right away.**

とも言いますが、これは宿り木（parasite）のようなwithがくっついた、言語学的に珍希な現象です。

④ 状態を手に入れる→「（Cの）状態になる」（無意志）

1.28 **He *got* angry.**
彼は怒った。

これは、③の他動詞用法のget oneself ... の形から再帰代名詞oneselfが脱落してできたと考えると、わかりやすいでしょう。このgetをbe動詞に代えて、be angryにすると「怒っている」という状態の意味になります。getの代わりにbecomeを使うと、改まった言い方になります。しかし、becomeは「彼は背が高くなった」というような永続的な状態を表す形容詞とともに用いることができますが、getはできません。これは、getが**一時的な過程を表す**だけの動詞だからです。ですから、「彼は背が高くなった」という意味で、

1.29 ***He *got* tall.**

としないように注意が必要です。
getのあとに過去分詞が来ると受身を示します。

1.30 **He *got married* in June.**
彼は6月に結婚した。

この文の構造をちょっと説明します。この言い方は今では、

1.31 **He *married* in June.**

のように、自動詞を使うこともよくありますが、結婚とは牧師さんによって神の前で2人を夫婦にしてもらうこと、という考えから、昔は、

1.32 **He *was married* to her.**

1.33 **They (＝He and she) *were married*.**

といったように、必ず受身形を用いたものです。そして、この受身形にgetも参入して、getの持つ一時性から動作受動（actional passive）としてこのように盛んに用いられるようになったのです。

be＋〈過去分詞〉の形の受身は、「～された」という動作を表す場合と「～された状態にある」という状態を表す場合があることはご存じかと思います。私は学生の頃、この現象を次の例で覚えました。

1.34 **The door *was [*got] shut* at six when I went by, but I don't know when it *was [got] shut*.**
6時に私が通り過ぎたときは、ドアは閉まっていた。が、いつ閉められたかは知らない。

getの場合は**動作受動に限られる**ので、意味を絞り込むことができます。becomeはこの場合、用いられません。

次の例のように不定詞を伴うと、「～するようになる」という意味を表します。

1.35 **Soon they *got to love* each other.**
すぐに2人は愛し合うようになった。

これは、*come to ...* よりくだけた言い方であり、反対に*grow to ...* を使えば、堅い言い方になります。やはり、この場合もbecomeを使うことはできません。

⑤ （OをCの）状態にする→「持っていく、連れていく」（意志）

1.36 **They *got* the chidren safely *across the river*.**
彼らは子どもたちを無事に川を渡してあげた。

これは、「子どもたちを向こう側に連れていき、無事に川を渡らせた」という、過程と結果に着目した言い方です。across the riverは意味的にはC（補語）と考えると理解しやすいでしょう。

1.37 **They warmly *got* me *into their house*.**
彼らは私を温かく家に入れてくれた。

この文はtheir houseを省略して、次のように言うこともあります。

1.38 **They warmly *got* me *in*.**

この場合も、inを補語と考えるといいでしょう。
Oが〈もの〉の例をあげます。

1.39 **We *got* the fire *under control*.**
我々はその火を消した。

⑥（Cの）状態になる→「着く、行く」（無意志）

1.40 **We *got* to the station on time.**
時間どおりに駅に着いた［行った］。

getに続くto ... はその到達点を示します。これは*arrive at*や*reach*よりもくだけた言い方です。get (*to) homeなどと副詞が来るときは、arriveで言い換えることができます。reach homeとも言えますが、この場合のhomeは名詞です。また、「そこへ行くのには20分ほどかかります」と言う場合、日本語につられて、

1.41 **It'll take about twenty minutes to go there.**

と言っているのをよく耳にしますが、これは、そこへ行くという「動作」よりはそこに着くという「到達」が問題になるのですから、

1.42 **It'll take about twenty minutes to *get* there.**

のほうが適切です。
getを用いることによって多彩な表現ができるという例をあげておきましょう。

1.43 **I *got* on horseback within ten minutes after I *got* your letter. When I *got* to Canterbury I *got* a chaise for town; but I *got* wet through, and have *got* such a cold that I shall not *get* rid of in a hurry. I *got* to the Treasury about noon, but first of all *got* shaved and dressed. I soon *got* into the secret of**

***getting* a memorial before the Board, but I could not *get* an answer then; however, I *got* intelligence from a messenger that I should *get* one next morning. As soon as I *got* back to my inn, I *got* my supper, and then *got* to bed. When I *got* my breakfast, and having *got* dressed, I *got* out in time to *get* an answer to my memorial. As soon as I *got* it, I *got* into a chaise, and *got* back to Canterbury by three, and *got* home for tea. I have *got* nothing for you, and so adieu.**

—— L. P. Smith, *The English Language*

君からの手紙を受け取って10分もしないうちに、私は馬の背に飛び乗った。カンタベリーに着くと、私は町（＝ロンドン）へ向かう駅伝馬車に乗り換えた。しかし、私はびしょぬれになり、すぐには治りそうもない風邪をひいてしまった。お昼頃、大蔵省に着いたが、まずひげをそり、着替えをした。私はすぐに、大蔵委員会の前に請願書を提出するという秘密の任務を遂行したが、その場で返答は得られなかった。しかし、翌朝には返事が得られるであろうという情報を使いの者から得た。宿に戻るとすぐ、私は夕食をとり、そのあと床に就いた。朝食を食べ、着替えをすると、請願書に対する答えを受け取るために時間どおりに出かけた。返答を受け取るとすぐ、駅伝馬車に乗り込み、3時にはカンタベリーに戻り、そして家に帰って紅茶を飲んだ。君にあげるものは何も（買ってきてい）ない。だから、さようなら。

なお、例文1.28の「再帰代名詞oneselfが脱落してできたと考えるとわかりやすい」という箇所は、基本動詞の意味の派生を考える上で重要です。熟語がわかりにくいときに、脱落したoneselfを補って考えるとわかることがあるからです。

たとえば、第4章で出てくる例文、

4.74 She will *make* a *good wife* (to him).（後掲）
彼女は（彼の）よい奥さんになるだろう。

は、次の例文4.89からherselfが脱落したものだと考えられます。

4.89 She will make herself a good wife.（後掲）
彼女は自分自身をよい奥さんにするだろう。

元の例文4.89がSVOC構文なので、oneselfが脱落した例文4.74はSVC構文となり、makeがbecomeと同じ意味になります。

この考え方はとても生産性が高く、たとえば、take to ～（好きになる、～へ行く、～に熱中しだす）という熟語は、take oneself to ～という形を想定して「自分の気持ちを～へと持っていく、自分の身体を～へと持っていく」と考えれば理解しやすくなります。たとえば、次の例文1.44でその点を確かめてみてください。

1.44 **The children took to the new teacher.**
「その子どもたちは新しい先生になついた」

set about ～（～にとりかかる）という熟語は、set oneself about ～（自分自身を～のあたりにセットする）からoneselfが脱落したものだと考えられます。

1.45 **We set about doing the job right after lunch.**
「私たちは昼食後すぐに仕事にとりかかった」

これは幾何学の証明で、課題を解決するために補助線を引く作業に似ています。

フランス語やスペイン語やイタリア語などの代名動詞、ドイツ語やロシア語などの再帰動詞が英語のoneselfに当たりますが、これらの言語では「oneself相当語の脱落」という現象はほとんど観察されません。イギリスは島国なので、英語だけがガラパゴス島的に進化したのかもしれません。

第2章　have

■ 状態動詞・動作動詞両方の意味を持つhave ■

前章のgetはどちらかと言えば、くだけた場面で用いられる多義語でしたが、今回はgetと近い関係にあって多くの意味を共有し、一般的に日常レベルで広く用いられるhaveを取り上げます。haveは「持っている」という意味では**状態動詞**（stative verb）であり、「手に入れる」という意味では**動作動詞**（dynamic verb）でもあります。

haveの意味と用法を説明する前に、状態動詞について確認しておきましょう。**状態動詞**とは、know（知っている）、understand（理解している）、contain（含んでいる）などのように、日本語でだいたい「〜している」と訳される動詞のことです。これらの動詞の大きな特徴は、すでに触れたように、

（1）　意志ではどうすることもできないから、**命令形にできないこと**
(**Know* this.)、

（2）　それ自体、状態を示しているから通例**進行形にできないこと**
(*I *am knowing* this.)

の2つです。ですから、次ページにあげた枝分かれ図の左側の「持っている」という意味のhaveは、命令形や進行形にできないことをはっきりと覚えておいてください。

■ haveの中核的意味「(手に入れて) 持っている」■

haveの中核的意味は「(手に入れて) 持っている」で、結果に重点を置いた「持っている」と、その過程に比重を置いた「手に入れる」の派生的意味に分けることができます。この2つの違いは、**意志の有無**によるものです。無意志の「持っている」は状態動詞として目的語に応じて「所有している」「ある」「いる」「(感情などを) 抱いている」と下位区分されます。意志の「手に入れる」は動作動詞として「受け取る」「食べる・飲む」「する」となります。両者の中間に位置するのが「経験する（＝経験として持つ)」で、これは無意志の場合もあれば意志の場合もあります。

無意志の「ある状態を所持している」という意味からは、**完了形**（have p.p. O

<have O p.p.）が生まれ、またmustに対応するhave to do O（<have O to do）が生まれたと推測されます。そういった点がgetと異なります。一方、意志的な「手に入れる」からは、getと同じように「状態を手に入れる」→「状態にする」→「〜させる（〜してもらう）」という**使役**の意味が出てきます。getと違うのは、無意志の場合にも「状態になる」→「〜される（〜してもらう）」の意味が出てくることです。

このように、haveは英語の構造上なくてはならない文法的機能を発達させました。

haveの意味の枝分かれ図

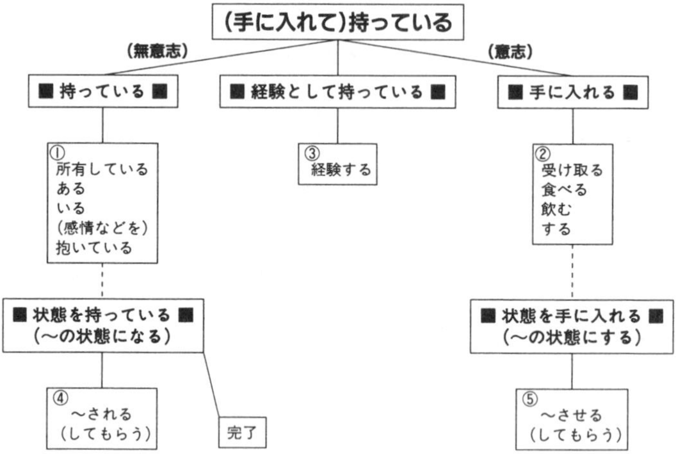

■（手に入れて）持っている→持っている（無意志）■

① 持っている→「所有している、ある、いる、（感情などを）抱いている」

> 2.1 **I *have* no money for a car.**
> 私は車を買うお金を持っていない［買う金がない］。

ものを「持っている」とか「所有している」という意味のhaveは、haveより堅い語である*own*や*possess*と交換できます。しかし、ownは法律的に自己の資産として所有しているという意味ですから、価格の小さなものには使えません（その場合は、haveを用いる）。また、possessは土地や財産以外に、能力・才能・性質などもOにとります（ownはとれない）。

● have（所有する）の類義語 ●

own:	法律的に自己の資産として所有している
possess:	土地や財産、能力・才能・性質などを所有している

この意味で大切なことは、すでに述べたように「命令形・進行形にできない」ということに加え、**「受身形にできない」**ということです。筆者は学生の頃、

2.2 **He *has* a book.**

のつもりで、他動詞だからという理由で、

2.3 ***A book *is had* by him.**

という変な英語を書いて先生に笑われたことがあります。

同じ「持っている」でも、次の例のように「身につけて持っている」という場合もあります。

2.4 **I *have* no money with[on] me today.**
今日は金の持ち合わせがない。

例文2.4は定型として覚えておくとよいでしょう。前置詞にaboutを使う人もいますが、主にイギリス語法で、アメリカ人は使わないようです。

haveは日本語の「持っている」と異なり、**無生物**も主語にとることができます。

2.5 **Our school *has* a swimming pool.**
うちの学校にはプールがある。

これは日本語の「～がある」に当たり、

2.6 **There is a swimming pool in our school.**

と言い換えられます。また、〈人〉を主語にして、

2.7 **We *have* a swimming pool in our school.**

と言うこともできます。場合によっては、こうした**人主語**のほうが好まれます。「あ

の店はニンジンを置いて［売って］いますか？」は、

2.8 **Does that store *have* [*sell*] carrots?**

よりも、

2.9 **Do they *have* [*sell*] carrots at that store?**

のほうが普通です。直接その店で尋ねるならば、

2.10 **Do you *have* carrots?**

です。これは、「売ってください」という意味にもなります。これを*Give* me carrots.などと言わないようにしましょう【→第８章give参照】。具体的にその品物を見て買いたい場合は、

2.11 **I'll *take* this one.**

などと言います【→第３章take参照】。「昨日、地震があった」も、

2.12 **An earthquake occurred yesterday.**

と言うよりも、

2.13 **We *had* an earthquake yesterday.**

のほうが普通です。

Oが生き物の場合は、日本語ではだいたい「〜がいる」となります。

2.14 **I *have* three brothers.**
３人の兄弟がいます［私は４人兄弟です］。

2.15 **I *have* a big dog.**
大きな犬がいます［飼っています］。

ただし、後者はペットとして飼っているということで、一般的に家畜を飼う場合は*keep*を使います。

2.16 **I *have* my work *to do*.**
私にはする仕事がある。

2.17 **I *have to do* my work.**
私は仕事をしなければならない。

例文2.16と2.17はまったく同じ意味ではありません。Conan Doyleの探偵小説の中で、事件が起きたあとにこんなセリフが出てきます。

2.18 **"Please tell me what the newspaper *has to say*?"**

これは「新聞にどう出ているか［書いてあるか］教えてくれ」ということです。一見、have to do構文に見えますが、has O (＝what) to sayで、新聞の記事の内容を指しているのです。

ところで、mustに対応するhave toの機能は、もともとhave O to doのto doが前に出て現在の形となり、助動詞として発達した、と考えるとわかりやすいでしょう。have toは現在では、mustと意味用法を分担し、日常会話では欠かせない役割を果たしています。どちらかと言えば**have toは客観的、mustは主観的**な意味合いがあります。たとえば、

2.19 **You *have to go* there.**

という言い方は、客観的情勢から考え、相手の都合なども考慮に入れて「そこへ行かないとダメだよ」と言っているのに対し、

2.20 **You *must go* there.**

は、話し手自身の都合で「そこへ行きなさい」と命令したり、「ぜひ行ってよ」と強く勧めたりするときの言い方です。

以上の意味に共通することですが、高頻度で使用された結果、haveの本来の意味が弱まったため、それにgotを加えて活性化したhave gotという表現もよく用いられます。

2.21 **I'*ve got* a lot of books.**
たくさんの本を持っている。

2.22 **I'*ve got* to go now.**
もう行かなくちゃ。

■（手に入れて）持っている→手に入れる（意志）■

② 手に入れる→「受け取る、食べる、飲む、する」

2.23 ***Have* a seat, please.**
どうぞ、お座りください。

これは、「手に入れる」という意味がよく通っている言い方です。いくつか類例を見てみましょう。

2.24 **She *had* a baby yesterday.**
彼女は昨日、赤ちゃんを産んだ。

2.25 **We *had* a party.**
パーティーを開いた。

2.26 **We're delighted to *have* you here.**
ようこそいらっしゃいました。

2.27 **The girl's parents were glad to *have* her back safely.**
両親は少女が無事に帰ってきたので喜んでいた。

例文2.25のhaveは、*hold*が正式な言い方ですが、*give*や、くだけた会話では*throw*などもよく聞かれます。例文2.26や2.27の言い方は日本人にはなかなか馴染めないのですが、実際によく使われます。

2.28 **May I *have* this brochure, please?**
このパンフレット、もらっていいですか？

このhaveも「手に入れる」の意味で、*get*や*take*のシノニム（＝類義語）になっています。前章で、生徒がI got a letter ... と言って先生にたしなめられる場面を例に、getがくだけた語であることを説明しました【→1.9参照】。それに対し、

haveは一般に幅広く使える語なので､getの代わりに用いることができます｡takeは、通例「(差し出されたものを）取る｣、または「(代価を払って）取る」という含みを持っています。

余談ですが、上の例文2.28ではMayというていねいな語を使っているので、getというくだけた言葉では釣り合いが悪く、haveやtakeでないと通例good Englishとは言えない、ということも心得ておいてください。昔、読んだアメリカの新聞漫画『ブロンディ』に次のような場面がありました。主人公Blondieと娘Cookieとの対話です。

2.29 **Cookie: Mama, *can I have* another doughnut?**
Blondie: What did you say, dear?
Cookie: *Can I have* another doughnut?
Blondie: It's not '*Can I have* another doughnut?'... It's '*May I have* another doughnut?'

アメリカ中流家庭における言葉遣いのしつけの一端を垣間みることができる会話ですが、語のレベルのバランスという点からも参考になると思います。

2.30 ***Have* one.**
1つ召し上がれ。

これも日常よく用いられる表現で、相手に利益になることですが、親しい間柄でない限り適当ではありません（*cf.* 5.63, 5.64)。

2.31 **What will you *have*?**
何にしますか［何を食べますか］？

このhaveは「食べる」という意味で、*eat*の代用語です。そして、eatに伴う直接的な響きを避けることができるので好んで用いられます。「飲む」という意味では*drink*も普通に使います。次の例文を定型として覚えておいてください。

2.32 **I *have* [eat/〈英まれ〉 take] breakfast at seven.**

Oにはしばしば「気持ち」や「考え」を表す言葉が来ることがあり、慣用的な表現を作ります。

2.33 **She *had the kindness to* read the letter.**
彼女は親切にもその手紙を読んでくれた。

「〜するという優しい気持ちを持ってくれた」→「親切にも〜してくれた」という意味になります。これは、

2.34 **She *was kind enough to* read the letter.**

と言い換えることができます。have the kindness + 〈to不定詞〉で一種の慣用的な言い方です。次のような表現も参考にしてください。

2.35 **I *had pity on* her.**
彼女に同情した。(= I *pitied* her.)

2.36 **Do you *have any doubts* about it?**
それについて何か疑問がありますか？
(= Do you *doubt* about it?)

2.37 **I *have no idea* what you said.**
あなたの言ったことがわからない。
(= I *don't know* what you said.)

本書で扱う基本動詞のうち、助動詞としても使えるのはhaveとbeですが、両者にはつながりがあります。論語の憲問篇に次のようにあります。

仁者必有勇、勇者不必有仁。
(立派な人にはきっと勇気があるが、勇敢な人に仁があるとは限らない)

ある英訳では、次のようになっています。

2.38 **A man who has benevolence is sure to have courage. A man who has courage is not sure to have benevolence.**

訓読では「あり」なのに英語ではhasです。だから「有」という字を「ある」と読むこともあれば「もつ」と読むこともあります。論語も「ジンシャかならずユウをもち・・・」と読むことも可能でしょう。

身近な日本語の例では「彼には3人の兄弟がいます」とbe型で言うのに、英語

ではHe has three brothers.とhave型で言います【→2.14参照】。なお、ロシア語やアラビア語やヘブライ語なども日本語と同じです。

■（手に入れて）持っている→経験として持っている■

③ 経験として持っている→「経験する」

2.39 **I *had* a shock.**
ショックを受けた。

「ショックを経験として持っている」→「経験する」で、正式には*experience*を用います。すでに、

2.13 We *had* an earthquake yesterday.（再掲）

という例文をあげましたが、病気の場合も、

2.40 **I *had* the flu last week.**
先週、流感にかかった。

という言い方ができます。言い換えるなら*catch*、さらに堅い言い方なら*suffer from*も使えます。

●［have（病気にかかる）の類義語］●

get:	比較的軽い病気にかかる（動作動詞）
catch:	風邪などの感染症にかかる（動作動詞）
suffer from:	重い病気にかかっている（状態動詞。進行形で用いることが多い）

「病気にかかる」は無意志の場合ですが、次のような意志の場合もあるので、枝分かれ図ではこの意味を両者の中間に置いたわけです。

2.41 ***Have a good time!***
楽しんでいらっしゃい。

2.42 ***Have* a nice trip!**
いい旅を！

2.43 **We *are having a good time*.**
私たちは楽しんで［楽しくやって］います。

ただし、これらは命令文ではなく、祈祷文の一種と考えたほうがいいかもしれません。

このように、意志の場合は動作動詞として命令形や進行形も可能です。have a good timeは、*enjoy oneself*で言い換えられます。

■状態を持っている・手に入れる→～の状態になる・する■

枝分かれ図の左側の「～の状態を持っている」→「～の状態になる」と、右側の「～の状態を手に入れる」→「～の状態にする」とは、だいたい同じ文型を共有しています。また、訳語の「～される」と「～させる」は両方とも「～してもらう」ともなり、getのようには単純にはいかないので、2つを一括して扱うことにします。

④ ～の状態になる→「～される、～してもらう」

2.44 **I *had* it *coming*. I fooled you this morning.**
仕返しされたわね。私が今朝、だましたんだもの。

これは昔、*Let's learn English*の3年の教科書に載った一文で、April Foolで先にだましたMaryが仕返しをされ、その際に言ったセリフです。itは「仕返し」を指しています。

Oが〈人〉の場合も多く、その場合は「～される」のほか、次のように「～してもらう」と訳すとぴったりくることが多いようです。

2.45 **It was a pleasure to *have* Amy *staying* with us.**
エイミーに家に泊まってもらって、ありがたかったです。

getと同様、SVOCのCに現在分詞が来ることもあれば、過去分詞が来ることもあります。

2.46 **He *had* his wallet *stolen*.**
彼は財布を盗まれた。

Cが現在分詞でも過去分詞でも、「Cの状態にあるOを持っている」というところから生まれた構文です。例文2.46では、通例stolenに強勢を置きます。この文型が確定完了を表すことは、第１章getの③で触れました。ここではもう一例をあげるにとどめておきます。

2.47 **I *have my paper all written*.**
私は論文をすっかり書き終えてしまった。

⑤ ～の状態にする→「～させる、～してもらう」

2.48 **I won't *have* you *saying* anything like that.**
そのようなことは言わせないぞ。

④と同じようにSVOCのCに現在分詞が来る形ですが、このように「～させる」の意味になる場合もあります。Cが過去分詞の場合も同様です。

2.49 **He *had* his shoes *shined*.**
彼は靴を磨かせた［磨いてもらった］。

これは使役の意味で、have O doneの形をとっていますが、have O doの形である次の文が受身になって動作主のby someoneが脱落したものです。

2.50 **He *had* someone *shine* his shoes.**

例文2.49と2.50の２つの文が受動と能動の関係にあることをしっかりと頭に入れておいてください。これは、getを使って、

2.51 **He *got* someone *to shine* his shoes.**

と言い換えることができます。getではtoが必要になることは前章ですでに述べた

ので【→1.22参照】、見直しておいてください。このhaveはmakeの意味なので、haveに強勢を置いて発音します。

また、getと同じようにCに形容詞が来ることもあります。

2.52 **I want him to *have* his room *clean*.**

彼に自分の部屋をきれいにしてもらいたい。

第3章　take

■ 主語の積極性が含意されるtake ■

takeは、すでに述べたgetやhaveと共通する意味を多く持っていますが、ほとんどの場合、日本語の「とる」（取る、撮る、盗る、捕る... など）と対応していてわかりやすい動詞です。しかし、ただ単に「取る」のとは違い、「手を出して取る」とか「進んで取る」ということで、主語の積極的な活動が含意されています。つまり、getやhaveと違い、**人主語の場合は常に意志を表す**のです。たとえば、getやhaveは意志にも無意志にも使えますが、takeは違います。

3.1 **He **took* [*got* / *had*] a letter from Tom.**
彼はトムから手紙を受け取った。

takeは常に次のような文脈でないと使えません。

3.2 **John *took* [**received*] the book from Bill in order to read it.**
——R. S. Jackendoff, *Semantic Interpretation in Generative Grammar*
ジョンはその本を読むために受け取った。

なぜ、この文脈でreceiveがいけないかというと、receiveという語はin order to句のような目的達成の意図を表す語句とは両立しないからです。日本語の「受け取る、もらう」からは無意志を連想しますが、takeの場合は意志が内包されているので注意が必要です。したがって、たとえば「病気になる」という表現も、自分から意図して病気になったり、病気が意図的に人にかかったりするとは通例考えられないので、「彼はインフルエンザにかかった」と言うときは、

3.3 ***He *took* influenza.**
3.4 ***Influenza took him.**

ではなく、

3.5 **He *was taken with* influenza.**

の形をとります。

また、takeはさまざまな意味を持つという点ではgetと似ていますが、どちらか

と言うとgetはスピーチレベル*の低い語であったのに対し、takeはやや高く、haveはその中間に位置する一般的な語です。したがって、

3.6 He *took* [*got*] a two-week holiday.
3.7 *Take* [*Have*] a seat, please.

といった表現も、それぞれ相手や場面を考えて使い分ける必要があります。

take の意味の枝分かれ図

```
           (手を出して)取る
          /              \
       (意志)            (無意志)
      ■自分のものにする■   ■時間・労力・場所をとる■
      /        \
①            ■人・ものを■
手に取る       ある状態にする
受け取る
選んで取る
行動をとる

②              ③              ④
(心で)受け取る   連れていく      かかる
理解する        持っていく      必要とする
```

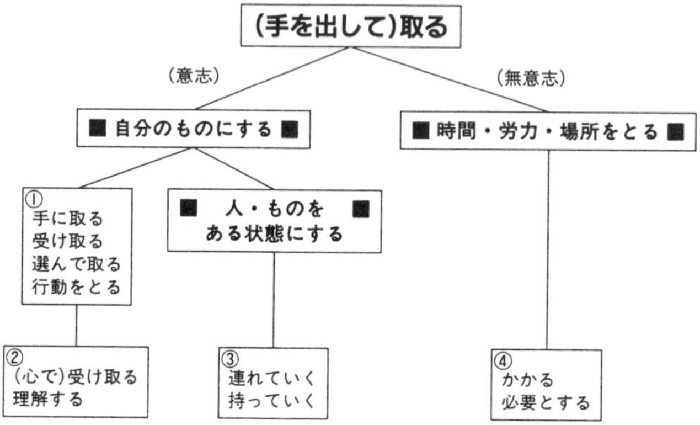

※スピーチレベルとは...
品位表示とも言い、堅い語（=スピーチレベルが高い）、普通の語、くだけた語（=スピーチレベルが低い）など、語が使用される場面による品位のことです。

高い ←― スピーチレベル ―→ 低い

| formal | common | informal |
| (堅い) | (普通の) | (くだけた) |

■ speech level

get   have   take

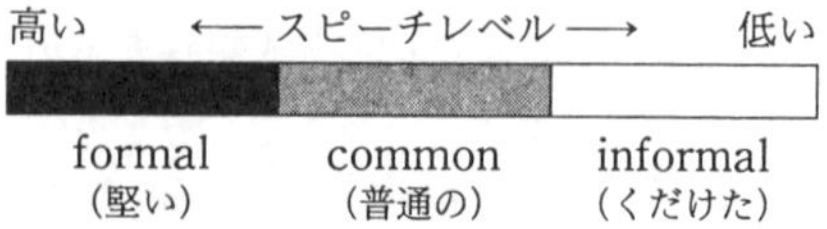

■ takeの中核的意味「(手を出して）取る」→自分のものにする（意志）■

① 自分のものにする

→「手に取る、受け取る、選んで取る、行動をとる」

3.8 ***Take* one.**

1つお取りください。

ハイウェイ沿いのインフォメーションセンターには、地図や宿泊所などの情報を載せたパンフレット（brochure）がたくさん置いてあり、その横にはこのような文が添えられています。takeは、単に「取る、手に取る」から「(勝手に人のものを）持ち出す」まで幅広い意味を持っています。takeのさまざまな意味に対応する類義語を表にまとめましたので、覚えておきましょう。

● takeの類義語 ●

grasp:	「(指や手で）つかむ」
clutch:	「(しっかりものを）握る」
grab, snatch:	「(ものをいきなり）捕まえる」
steal, rob:	「盗む」
eat, drink, have:	「食べる、飲む」

takeはこれら全部を含みます。意味範囲が広いので、その文が使われる状況や脈絡で意味が決定されます。以上は文字どおり「手に入れる」という意味ですが、次のように「捕まえる」という意味も出てきます。

3.9 **The police *took* the robbers.**

警察は強盗を捕まえた。

さらに「身体の中に取り入れる」→「(食べ物・飲み物を）とる」→「飲む」の意味が出てきます。

3.10 ***Take* this medicine.**

この薬を飲みなさい。

「薬を飲む」というとき以外は、eat、drink、haveのほうが普通で、takeはこれらより堅い語と考えられます。次の例は、医師が患者に言っている言葉です。

3.11 You had better avoid *taking* fatty food.
脂っこい食べ物は避けたほうがいいですよ。

takeの多義性にまつわる笑い話を紹介します。訴訟を起こした耳のよく聞こえないMrs. Greyに対して、刑事が事情を聞いて金銭による和解を勧めますが. . . 。

3.12 Her lawyer explained to her what was happening, but Mrs. Grey could not hear what he said, so he repeated loudly, "The judge wants to know what you will *take*." "Oh, thank you very much," Mrs. Grey answered politely. "Please tell him that I'll have a glass of beer."

判事が「どれだけの金額が欲しいか」(what you will take) を尋ねたのに、彼女は「何を飲みたいのか」(What you will drink) と理解したわけです【→2.31参照】。

また、takeは「(金を払って) 手に入れる」、すなわち「買う」という意味にもなります。

3.13 I'll *take this one.*
これ下さい。

例文3.13は、店などでいろいろな品物の中から1つを選ぶ場合で、「パンはこの店の例のパン」とか「ケーキはあの店のあのケーキに限る」といった状況下では使われません。そういった場合は、buyやgetを用います。例文3.13のtakeは「選ぶ」(choose) の代用語と言ったほうがいいかもしれません。

以下に、これと同様に「選ぶ」という含みを持った例をいくつかあげておきましょう。

●「選ぶ」という意味を持つtakeとその類義語●

take a severe attitude:	「厳しい態度をとる」(正式には*assume*)
take math [〈英〉 maths] , etc.:	「数学 (などの教科) をとる」 (正式には*take a course in*【→5.22】)
take[have/ do] an exam:	「試験を受ける」

3.14 **I'll *take* English (language) at college.**
大学で英語をとろう。(学科としての英語は*the* English languageとしない)

3.15 **"I'm *taking* an exam." "Good luck."**
「これから試験があるの」「頑張ってね」

3.16 **Thank you for *taking* time out of your tight schedule.**
お忙しい中、時間を割いていただいてありがとうございました。

なお、これは日本人的発想であれば、次のような言い方をすることが多いのではないでしょうか。

3.17 **I'm sorry to *take* time out of your tight schedule.**
お忙しいところ、お邪魔をしてすみません。【→9.39参照】

3.18 **She *took* a train to Boston.**
彼女は列車でボストンに行った。

これは、「ボストン行きの列車に（選んで）乗った」→「列車でボストンへ行った」という意味になりますが、「(交通手段として）～を選んだ」と解釈すればわかりやすいでしょう。この文は、

3.19 **She *went to* Boston *by* train.**

と言い換えらます。また、trainに注目すると、

3.20 **The train *took* her to Boston.**

という物主語の表現も可能です。これについては③で述べます。次の「新聞をとる」もこのchooseの気持ちが背後にあるようです。

3.21 **He *takes The New York Times.***
彼は『ニューヨークタイムズ』紙をとっている。

これは、くだけた言い方では*get*、正式な言い方では*subscribe to*を使います。このように「新聞を定期購読する」とか「座席を予約する」のように「前もって契約などをして手に入れる［買う］」ような場合にもtakeが使われます。

3.22 **We always *take* a three-month commutation [〈英〉season] ticket.**
いつも3カ月の定期券を買う。

「写真を撮る」という意味のtakeにもchooseの含みがあります。

3.23 **She *took* my picture.**
彼女は私の写真を撮った。

この文は、「私の持っていた［写っていた］写真をとった」とも解釈できて、あいまいです。どちらの意味なのかは文脈でわかりますが、もし不安なら、

3.24 **She *took* a picture of me.**

と言えば、誤解されることはありません。しかし、これは「この私の」といった感じが出すぎることもあるので注意が必要です。このtakeは「写真や記録をとる」の意味で、録音・録画・コピーなどいろいろな場合で使われます。

さらに、「(〜する機会を）手に入れる」→「利用する」という意味もあります。

3.25 **He *takes* every opportunity to improve his English.**
彼はあらゆる機会を利用して英語に磨きをかける。

次のtakeは、行動を表す名詞をOにとって、ほとんどその名詞の意味となっています。これは、getやhaveの章でも出てきた名詞表現です。

3.26 **Shall we *take a house tour*?**
家の中をご覧になりますか？

take a tourは「見学する」です。日本語になってしまった「ツアー」の語感から、何泊かの旅行のような意味にとる人が多いと思いますが、tourは大きな旅行からこのようなちょっとした見学までを含みます。ちなみにちょっと2階へ上がったりするときにjourneyという語を使ったりもします。次のtake a lookも動詞表現lookに対する名詞表現です。たとえば、店などで、

3.27 **"May I help you?" "Just *taking a look*."**
「何にいたしましょうか」「ただ見ているだけです」

といった会話をよく耳にします。

② 手に取る、受け取る→「(心で) 受け取る、理解する」

3.28 ***Take* it *easy* [*easily] .**
気楽にやりなさい［まあ、落ちついて］。

これは、特にアメリカ人がよく使う表現で、基本的な意味は「気楽に事態（=it）を受け取れ」ということです。「じゃ、また」という別れの挨拶にも使いますし、日本人ならば「頑張って」(Work hard.) と言うような場面で、こう言って励まします。日米文化の違いを示す好例と言えるでしょう。ちなみにeasyは、これもアメリカ人が好んで使う**単純形副詞** (flat adverb)、つまり形容詞の形のまま副詞として使われる語です。

3.29 **Don't *take* it *serious*.**
そうムキになるな。

このseriousも、副詞seriouslyと同じ機能を持っています。この用法は、ほかにも日常会話でよく使われます。

3.30 **Go *slow*!**
ゆっくり、徐行。

3.31 **Come *quick*.**
急いで来て。

これは、副詞を使った場合と違って、形容詞のほうに重点の置かれた言い方です。ここまで読んで、有名なElvis Presleyのヒット曲『やさしく愛して』を思い出された方もいらっしゃるでしょう。

3.32 **Love me *tender*, love me *sweet* ... / Love me *tender*, love me *true*, ...**

この単純形副詞のかもし出す表現効果に心を打たれます。*take*は動作動詞なので、例文3.28のように命令形にも、また次のように進行形にもできるのです。

3.33 **We'*re taking* it *easy*.**
我々は気楽にやっています。

なお、副詞のほかにfor ～、as ～、to不定詞などが来ることもあります。

3.34 **The girl *took* his smile *for* yes [*as* meaning yes/ *to* mean yes] .**
女の子は男の子が微笑んだのを「承諾」の意味にとった。

■ 自分のものにする→人・ものをある状態にする ■

③ 人・ものをある状態にする→「連れていく、持っていく」

3.35 **I *took* my child to the amusement park.**
私は子どもを遊園地に連れていった。

上の英文は、文脈からこのような日本語に訳されるだけで、takeそのものにこの意味はありません。「彼女を家まで送った」という場合、日本語に引きずられてsendを使いたくなりますが、こういうときもtakeを使って次のように言います。

3.36 **I *took* [*saw*/ **sent*] her home.**
（自分で）彼女を家まで送った。

「歩いて送った」なら、

3.37 **I *walked* her home.**

「車で送った」なら、

3.38 **I *drove* her home.**

と言います。

Oに〈もの〉をとることもできます。

3.39 ***Take* your umbrella with you.**
傘を持っていきなさい。

「携帯する」という意味ではwith youを伴うのが普通です。しかし、*carry*を使えば、通例with youは必要ありません。

Oが２つある場合には、

3.40 **I *took* him the suitcase.**
彼にスーツケースを持っていった。

ですが、himを強調すると、

3.41 **I *took* the suitcase *to him*.**

となります。

日本人にとって難しいのは、相手のところに持っていく場合には、takeではなくbringを用いることです。「今すぐ持っていきます」は、

3.42 **I'll *bring* [**take*] it to you right away.**

というようにbringを用い、takeは使えません。これは電話などで「すぐ（相手のところに）行きます」と言うときには、

3.43 **I'm *coming*.**

であって、goingではないのと同じで、一種の敬語法でもあります。

3.44 **This road *takes* you to the city.**
この道を行けば、その町に行ける。
（*cf.* You will get to the city if you *take* this road.）

すでに触れたように、これは物主語の言い方です。このtakeは、

3.45 **This street *leads* you to the station.**
この通りを行けば、駅に行ける。

のleadと同義です。次の例もこの延長と考えられます。

3.46 **His work *took* him to London.**
仕事で彼はロンドンへ行った。

■ 時間・労力・場所をとる（無意志）■

④ 時間・労力・場所をとる→「かかる、必要とする」

3.47 **The book *took* me two years to write.**
その本を書くのに２年かかった。

「その本を書くのに、私から２年の時間をとった」→「２年かかった」ということで、Oには時間のみならず、労力・場所・もの・金などもとることができます。上の例文は「本」に視点を置いた言い方ですが、単に一般的に言うだけなら、

3.48 **It *took* me two years to write the book.**

と言い換えることができます。この関係は①ですでにあげた、

3.20 The train *took* her to Boston.（再掲）
→3.18 She *took* a train to Boston.（再掲）

の関係と同じもので、視点の置き所が違うだけの表現です。このようなSの自由さは、日本語にはあまり見られない現象です。さらに、必要がない場合は間接目的語も省略することができます。

3.49 **The book *took* two years to write.**
3.50 **I *took* two years to write the book.**

その上、例文3.49の形は文脈によって不定詞も省略できます。

3.51 **The book *took* two years.**

以下に類例をあげておきます。

3.52 **The desk *takes too* much space.**
その机は広い場所をとりすぎる。

3.53 **How many minutes does it *take* (me) from here to the station?**
ここから駅まで何分かかる？

例文3.53は、必ず不定詞をつけて、

3.54 **How many minutes does it *take* (me) <u>*to get*</u> from here to the station?**

としなくてはならないと言う人もいますが、どちらも正しい文です。

なお、giveとtakeをセットで理解しておくといいでしょう。

3.55 **The medicine gave me instant relief.**
その薬ですぐ楽になった。

3.56 **The work took me two days.**
その仕事に２日かかった。

例文3.55は文字どおりには「その薬が私に即座の楽を与えた」、例文3.56は「その仕事が私から２日を奪った」ということなので、流れがちょうど反対方向になっています。

〈3.55〉薬→**instant relief**→私
〈3.66〉仕事←**two days**←私

このことは、例文を見るとさらに明確になります。

3.57 **give a person in marriage**（嫁［婿］にやる）
3.58 **take a person in marriage**（嫁［婿］にとる）
3.59 **give odds**（ハンディキャップを与える）
3.60 **take odds**（ハンディキャップをもらう）
3.61 **give every opportunity to do**（～するあらゆる機会を与える）
3.62 **take every opportunity to do**（～するあらゆる機会をとらえる）

次の例文3.63はことわざです。

3.63 **Give him an inch and he'll take a yard [mile].**
寸を与うれば尺を望む。

文字どおりには「彼に１インチを与えれば、１ヤード[マイル]をとられるだろう」で、「ちょっとでも譲歩すると相手が図に乗ってくる」という意味です。

次の例では、giveとtakeで正反対の意味になります。

3.64 **give up chase**（追跡をやめる）

3.65 **take up chase**（追跡を開始する）

take upは「取り上げる、手にする」→「開始する」です。動作名詞と結合してその名詞を動詞化するような動詞(delexical verb)になると、takeもgiveも意味に差がなくなっていきます。

3.66 **take [give/ have/ cast/ throw] a glance at ～**（～をちらっと見る）

3.67 **have [take/ give] a look at ～**（～をちょっと見る［調べる］）

3.68 **give [make/ take] a guess**（当て推量する）

第4章　make

■「使役」を表す最も典型的な動詞 make ■

　本章では、「作り出す」という中核的意味を持つmakeを取り上げます。前章のtakeと同様、主語の積極性が含意される語で、**人主語のときは常に「意志」**を表します。makeで特に注意すべきは、この語が持つ**使役性**（causativity）です。英語でこうした意味を表す動詞は、すでに触れた*get*、*have*のほか、*cause*、*let*、*force*、*allow*、*compel*などたくさんありますが、その中でmakeが最も直接的でかつ典型的な動詞です。ただしこれらの動詞を使わなくても、英語には次のように単一動詞で使役性を表現できるものがあります。

4.1　**I *walked* the horse** (＝I *made* the horse *walk*)**.**
4.2　**We *darkened* the room** (＝We *made* the room *dark*)**.**

makeの意味の枝分かれ図

```
                    作り出す
            ┌──────────┴──────────┐
         ■ものを作る■           ■状態を作る■
         ┌────┴────┐           ┌────┴────┐
      ①        ②           ④         ⑥
   （一般に）作る （AからBを）作る （人をある状態に） （努力の結果）
   料理する   解釈する     させる      ～になる
   こしらえる  考える
   準備する
              ③                    ⑤          ⑦
          （努力して）作り上げる    （人をある状態に）（自然に）
          （まとまった金を）稼ぐ      する      ～になる
          （目標に）達する
```

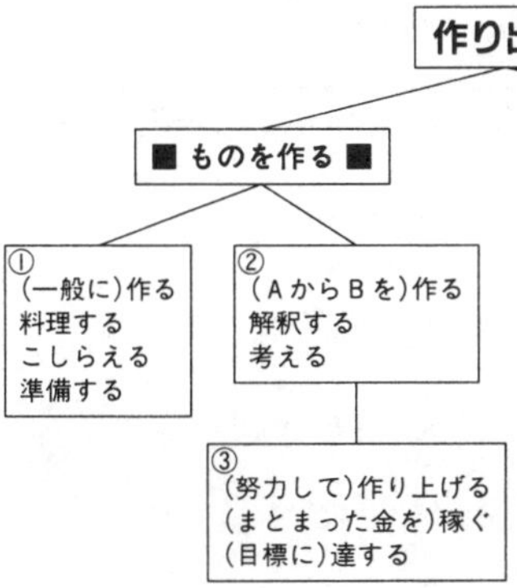

■ makeの中核的意味「作り出す」■

　makeの中核的意味は「（新しいもの・違ったものを）作り出す」です。ここから「〈もの〉を作る」と「〈状態〉を作る」の2つに大別されます。前者は「一般的にものを作る」「ある材料から製品を作る」「努力して立派なものを作り上げる」の3つに下位区分されます。そして後者は、「（人を）ある状態にさせる」、その結果として「(人を）ある状態にする」と、「(努力・訓練の結果、望ましいもの）になる」およびそれが中立的になった「(自然に）～になる」などの意味に展開します。

■ 作り出す→ものを作る ■

① ものを作る→「(一般に）作る、料理する、こしらえる、準備する」

4.3 **Will you *make* me a cup of coffee?**
私にコーヒーを入れていただけませんか？

この文の場合、くだけた言い方では*get*も可能ですが、アメリカ人は*fix*も多用します。一般に「飲食物を作る」という場合の類義語を以下にまとめておきます。

●「飲食物を作る」の類義語 ●

cook:	「調理する」(加熱するものに限る)
prepare:	「準備をする」(やや堅い言い方)
make, fix:	「作る」(ほとんどの場合にも使える)

このように、作るものによっては使えない語があるので注意が必要です。

4.4 **He *made* [*fixed*/ *prepared*/ **cooked*] this salad.**

例文4.3のmeは、「この私に」という気持ちが強ければ、

4.5 **Will you *make* a cup of coffee *for me*?**

と言います。「自分でコーヒーを入れた」なら、

4.6 **I *made myself* a cup of coffee.**

となります。もちろん、間接目的語なしで、

4.7 **I'll *make* some coffee.**

とも言えます。類例をあげておきましょう。

4.8 **We can *make* hot dogs.**
ホットドッグが作れるよ。

4.9 **Will you *make* [*prepare*] my breakfast?**
朝ご飯を作って［準備して］くれる？

4.10 **I'*m making* a summer dress.**
夏服を作っています。

4.11 **She *makes* [*prepares*] the bed.**
彼女がベッドを作って［整えて］くれる。

例文4.11では、「私に」を加えるとき、

4.12 **She *made* a bed <u>*for me*</u>.**

と言い、この例に限っては、

4.13 ***She *made* <u>*me*</u> a bed.**

とは言いません。これは、makeとa bedの語の結合力が強いためだと思われます（*cf.* bed-making）。

4.14 **He *made* [*built*] a doghouse for his dog.**
彼は犬のために犬小屋を作ってやった。

この例のように比較的小さく簡単なものにはmakeもbuildも使えますが、大きなものにはmakeは使えません。

4.15 **They *built* [**made*] the bridge [ship] .**
彼らがその橋［船］を造ったのだ。

以下に「（建造物などを）造る」という場合の類義語をまとめておきます。

●「（建造物などを）造る」の類義語●

make:	「（犬小屋など、小さいものを）作る」
build:	「（橋、船など、大きなものを）造る」
construct:	buildの堅い言い方
manufacture:	「大規模にものを作る、製造する」

② ものを作る→「(AからBを) 作る、解釈する、考える」

4.16 We *make* B *of* [*from*] A.
AからBを作る。

「(材料) から (製品) を作る」という場合、「～から」を表す前置詞は、次の例文4.17と4.18のように、「化学的材料にはfrom、物理的材料にはofを使う」と学校で習ったと思います。

4.17 **We *make* wine *from* grapes.**
↔Wine *is made from* grapes.
ワインはブドウからできる。

4.18 **They *make* this box *of* wood.**
↔This box *is made of* wood.
この箱は木でできている。

ただし、これは一応の基準であって、たとえばbreadを英英辞典でひくと、

4.19 **food *made from* flour**

となっているものもあれば、

4.20 **food *made of* flour**

となっているものもあります。必ずしも厳格に区別されているわけではないようです。はっきりしない場合はout ofを使います。特に、

4.21 **What do you *make* it *out of*?**
それは何でこしらえるの？

は、質問する場合には便利な言い方です。また、材料が1種類でない場合は、次の文のようにwithが用いられます。

4.22 **A stew can *be made with* vegetables.**
シチューは野菜も入れて作られる。

これを、

4.23 **A stew can *be made out of* vegetables.**

とすれば、「野菜だけで作られる」ことになってしまいます。逆に「その木で箱を作った」と言うときは、

4.24 **They *made* the wood *into* a box.**
(*cf.* They *made* this box *of* wood.)

と、intoを使うことも押さえておきましょう。

● makeとともに使われる前置詞 ●

make B *from* A:	「AからBを作る」(通例、化学的材料のとき)
make B *of* A:	「AからBを作る」(通例、物理的材料のとき)
make B *out of* A:	「AからBを作る」(材料がはっきりしないとき)
make B *with* A:	「AでBを作る」(材料が２種類以上のとき)
make A *into* B:	「AをBにする」

また、makeは物主語をとって、

4.25 **The experience *made* him *into* a skeptic.**
そんな経験から彼は疑い深い人になった。

のように用いられます。

4.26 **Her brother *made* a good nurse *of* her.**
彼女の兄は彼女を立派な看護婦にした。

これも、make A (out) of Bの形で「Bを材料にしてAという新しいものを作り上げる」という公式にのっとった理解しやすい文です。この構文には、あとでも述べますが、主語（＝人）の行為に多かれ少なかれ何らかの努力が伴っていることが含意されているようです。

次は物主語の例です。

4.27 **That adventure *made* a man *of* him.**
その冒険で彼は一人前の男になった。

「AからBを作り出す」ことが心の中で行なわれれば、次の例文4.28のように「解釈する」という意味になります。

4.28 **What do you *make of* this passage?**
この一節はどう解釈されますか？

この言い方には、Oにwhatのほか、much、little、anything、nothingなどを伴って慣用句としてよく用いられます。

4.29 **I could *make nothing of* it.**
そのことについては何もわからなかった。

ついでながら、この意味のmakeは、

4.30 **What time do you *make it*?**
4.31 **What do you *make the time*?**
何時ですか？
4.32 **I *make it* around three.**
３時頃だと思います。

などのように、時間を尋ねたり答えたりするときによく使われます。itは、話し手の頭の中で考えている漠然とした状況のitで、ここでは時間を指しています。例文4.32で使われているようなmakeは、

4.33 **I *make* the total (to be) around $100.**
全部で100ドルぐらいだと思う。

のように、to beの省略ができ、thinkとほぼ同じ意味で同じ構文をとることを知っておくと便利です。

③ （AからBを）作る
→「(努力して）作り上げる、（まとまった金を）稼ぐ、（目標に）達する」

4.34 **He *made* twenty dollars *from* selling old newspapers.**
彼は古新聞を売って20ドル作った［稼いだ］。

makeの「作り上げる」という意味は、単に「作る」のではなく「完成したものを作る」というニュアンスがあります。だから、make moneyという場合も、一般的なget moneyとは異なり、何でもない金を指すときには用いず、一定のある程度まとまった意味のある金に使うようです。その結果、強い意志の力を持って「努力・訓練した結果」という含意が生まれてくるのです。これは点数や成績に使う場合も同じことです。

4.35 **He *made* a high score.**
彼は高得点をあげた。

また、「完成したものを作る」から「(努力・訓練の結果）到達点に達する」という意味も生じてきます。

4.36 **He *made* the bus on time.**
彼は時間どおりバスに（やっと）乗れた。

4.37 **We *made* the village by dawn.**
明け方にはその村に（たどり）着いた。

4.38 **I couldn't *make* the meeting [party] on time yesterday.**
(急いだにもかかわらず）昨日は会［パーティー］の時間に間に合わなかった。

慣用的に用いられるmake itも「なんとか到着する」(manage to arrive）ということで、ここに区分されます。

4.39 **I'm glad you could *make it*.**
(時間がとりにくいところを）ようこそいらしてくださいました。

これは、特にアメリカ人がパーティーなどに出席してくれた人を出迎えるとき、よく使う表現です。

4.40 **"The train leaves in ten minutes." "We'll never *make it*."**
「列車はあと10分で出るよ」「もう絶対に間に合わんな」

このmake itは、くだけた言い方で「成功する」（＝succeed）の意味にもよく使われるので覚えておくと便利です。

4.41 **It's hard to *make it* to the top in this business.**
この業界でトップまで昇るのは難しい。

■ 作り出す→状態を作る ■

④ 状態を作る→「(人をある状態に) させる」

4.42 **My father *made* me *leave* his house.**
父は私を家から追い出した。

この構文は、**make O 〈原形不定詞〉** が定型です。

4.43 ***He *made* me *to leave* his house.**
4.44 ***He *made* me *leaving* his house.**

などは誤りとなります。getやhaveを使って言い換えると、

4.45 **My father *got* me to *leave* his house.**
4.46 **My father *had* me *leave* his house.**

となりますが、makeが最も使役の意味が強く、人主語の場合は無理強いする意味合いが出てきます。get、haveの「～させる」は派生的意味でしたが、makeはこれが中心的意味なので、使役の度合いが強くなることもうなずけます。

また、getやhaveに比べ、makeは意図的で他動詞的な働きが強いためか、get、haveは受身にできませんが、makeだけは**受身にできる**ことも大きな違いです。

4.47 **I *was made* [******was gotten*/ ******was had*] *to leave* his house by my father.**

受身になると、toが必要になるので注意してください。話はやや脇道に逸れます

が、toと言って思い出すのは、

4.48 **Money *makes* the mare *to go*.**
地獄の沙汰も金次第（←お金はしぶとい雌馬をも歩かせる）。

ということわざです。受身ではないのにtoがあるのは、強弱のリズムを保つためで、英米人の好む“M..., m..., m...”の頭韻（とういん）（alliteration）のよさとともに化石的に残ったものです。

この「使役」を表す動詞はmake以外にもいくつかありますが、意味的にはニュアンスの違いがあり、つねにinterchangeable（交換可能）なわけではありません。

● 使役動詞のニュアンスの違い ●

make:	Oが欲しようと欲しまいと、強制的に「〜させる」。Sの意志の強さが前面に出ている。
have:	Oに納得させて「〜させる」。
get:	「〜させる」のが好ましいような含み。
cause:	Sの意図に関係しない場合。
let:	使役の対象となる人がその行為を欲しているという前提があり、Sがそれを容認するという意味で「〜させる」。

4.49 **What *makes* you *think* so?**
どうしてそう考えるの？

これは、日本人の発想だと、

4.50 **Why do you *think* so?**

としたくなるのですが、すでにたびたび触れたように、英語では人主語・物主語の転換が容易であることを思い出してください。この文は文脈によっては次の例文のように反語的な意味にもなります。

4.51 **“I think I may be late for the last train.”**
“What *makes* you *think so*?”
「終電に遅れるかもしれないわ」「今さら何をばかなことを言っているのよ」

これは、ぐずぐずしていてなかなか帰ろうとしなかった人への言葉です。人主語でも、

4.52 **You have *made* me *forget* my misfortunes.**
お話を聞いていると、私の不幸を忘れてしまいました。

のように使うこともあります。このYouは、What you've said to meの意味です。この場合、get、haveは使えません。

4.53 **This photograph *makes* [**gets*/**has*] her *look* younger.**
この写真では、彼女は年より若く写っている。

4.54 **The rain will *make* the grass *grow*.**
雨が降れば草が伸びてくるだろう。

⑤（人をある状態に）させる→「（人をある状態に）する」

4.55 **I will *make* my son *a doctor*.**
息子を医者にします。

これは、④の延長にあって使役的な意味を持っています。もう1つ類例を見てみましょう。

4.56 **She *made* him *her secretary*.**
彼女は彼を秘書にした。

このmakeは②であげた、

4.26 Her brother *made* a good nurse *of* her.（再掲）

と同意だとして、我が国の英和辞典の多くはその扱いをしています。しかし、②のmakeにはすでに述べたように、主語（＝人）の行為に伴う多かれ少なかれ何らかの努力が含意されますが、こちらは単にそうなるように強制・選択する意味があるにすぎません。文型はSVOCですが、Cは形容詞の場合も過去分詞の場合もあります。

4.57 **He *made* his father *angry*.**
彼は父親を怒らせた。

4.58 **Can you *make* yourself *understood* (to them) in English?**
（彼らに対して）英語で用が足せますか？

4.59 ***Make* yourself *at home*.**
お楽にしてください。

例文4.59のat homeは、comfortableの意味で形容詞に準ずるものです。Cに形容詞が使われる表現を２つあげておきましょう。

4.60 **The news *made* us *happy*.**
その知らせを聞いて我々は嬉しかった。

4.61 **Her sudden call *made* them *surprised*.**
彼女からの突然の電話に彼らは驚いた。

ちなみにこの構文は、仮目的語itをとることもあります。

4.62 **I *made it a rule to* take some exercise every day.**
私は毎日、適度の運動をすることにしていた。

この成句は今はやや古風であまり使われず、I always take ... とかI am in the habit of taking ... などと言うのが普通です。が、私の学生時代には一生懸命になって覚えた懐しい熟語です。しかし、この文型は辞書などでは一般に見落とされていますが、次のように今でも生きていてよく使われているものです。

4.63 **George *made it clear what* he wanted.**
ジョージは自分が何がほしいのかをはっきりさせた。

4.64 **My blister made it a problem to walk.**
足のまめで私は歩くのが困難となった。

—— M. Swan, *Practical English Usage* (1995)

⑥ 状態を作る→「(努力の結果) ～になる」

4.65 **She will *make* a good nurse.**
彼女はいい看護婦になるだろう。

これは、②で出てきた、

4.26 Her brother *made* a good nurse *of her.* (再掲)

と関連して、

4.66 **She will *make* a good nurse *of herself.***

から、of herselfが省略されたものと考えればわかりやすいでしょう【→p.12参照】。この語感は、次のような例文によく現われています。

4.67 **If you train hard, you will *make* a good baseball player.**
一生懸命訓練すれば、野球が上手になるよ。

4.68 **She finally *made* principal of an elementary school.**
彼女はついに小学校の校長になった。

などによく現われています。

4.69 **He *made* colonel in five years.**
彼は5年かかって大佐になった。

これはアメリカ英語の言い方で、イギリス英語なら、

4.70 **He *was promoted to the rank of* colonel in five years.**

と言います。③で述べたように、相当の地位や比較的完成度の高いものなど、それを手にするのに努力が伴うと考えられるときにmakeが用いられます。したがって、Oには何かそれにふさわしい名詞、そして特に何かの修飾語を伴っているのが普通です。例文4.65でも、単に、

4.71 ***She will *make a nurse.***

と何の修飾語もなければ、非文と判定する人が多いはずです。よく文法上問題になる、

4.72 **She will *make* him *a good wife*.**
彼女は彼にとっていい奥さんになるでしょう。

という文でも、goodを省くことはできません。ちなみに、⑤の用法のmakeを使った次のような例文、

4.73 **He *made* her *his wife*.**
彼は彼女を妻にした。

とは、はっきりと区別してください。例文4.72は、himを後置すれば、

4.74 **She will *make* a good wife *to him*.**

となり、ここで述べてきた形と同じになります（ちなみにこの前置詞toは、ちょっと前まではforを使っていました）。また、意味的にはbecomeと同じようになりますが、becomeでは、これまでに述べてきたようにmakeのような努力の観念が消えてしまうことになります。この特性は、物主語になった場合も同じです。

4.75 **This branch will *make* a fine bow.**
この枝は立派な弓になる。

このmakeもfineという修飾語から考えて、やはりbecomeとは違う含意があります。以下の例でも、その修飾語に注目してください。

4.76 **The log *made* a useful seat.**
その丸太はいい腰掛けとなった。

4.77 **The hall would *make* an excellent theater.**
そのホールはすばらしい劇場となるだろう。

なお、この用法は例文4.72のように、間接目的語を伴った形でも用いられます。

4.78 **This wool will *make me* a good sweater.**
このウールは私のいいセーターとなるだろう。

4.79 **This *made* a good ending *to the book*.**
これは本のいい結びになった。

⑦ （努力の結果）～になる→「（自然に）～になる」

4.80 **Two and three *make*(*s*) five.**
２と３で５になる。

⑥のmakeがその内包的意味をまったく失って中立的になったものがこの用法です。上の例文4.80は「２と３とで５を作る」と考えると他動詞ですが、意味的には⑥であげた諸例と同様、beやbecomeと同じで自動詞化した用法と考えられます。⑥の場合と同じく、自動詞化したといっても依然として他動詞であることを忘れないでください。ただし、他動詞でも受身形は作れません。

make(s)と-sがカッコに入っているのは、two and threeは普通「複数の統合」と考え、１つの単位として、

4.81 **Two and three *makes* [*is*] five.**

のように単数扱いする、と言われますが、実際は個々の部分を考えて、

4.82 **Two and three *make* [*are*] five.**

と、複数でも使われることが多いからです。ある統計的資料では、単数扱いが56%、複数扱いが44%だと言われています。

もう１つ、例をあげておきましょう。

4.83 **This *makes* the third party this month.**
これで今月は３度目のパーティーだ。

以上のように意味が中立化し、一般化すると、マイナスイメージの語についてもmakeという語が使われることになります。

4.84 **I *made* a gross mistake.**
私はひどい誤りをした。

次の例は、②と⑥の構文に対応するマイナスイメージのmakeの使い方です。

4.85 **My cat *made a mess of* the living room while I was away.**
留守中、猫が居間をめちゃめちゃにした。

4.86 **His ruthless behavior *made* him lots of enemies.**
彼の情け容赦のない態度は多くの敵を作った。

最後に、makeが本来の意味を失って単なる「する」の意と化した例を見ておきましょう。

● makeが虚字化（＝機能化）した表現 ●

make a reply = reply
make a speech = speak (in front of people)
make a discovery = discover

このようにmakeは、make＋〈行為を表す名詞句〉の形で、その名詞の動詞形と同義の表現をいくらでも作り出すことができます。しかし、これについても制約があります。たとえば、workという動詞と同じ意味の言い方としてdo work（workは名詞）とは言えますが、*make workとは言えません。同様に、「バックで泳ぐ」はdo the backstrokeで、*make the backstrokeとはならないようです。こういった制約に関してはdoと関連するところが多いので、次章に譲ることにします。

最後にmake X of Y for Zについて補足しておきます。Xが「製品」、Yが「材料」、Zが「受益者」となる場合、make X of Y for Zは「ZのためにYを材料にしてXを作る」という意味になります。

まず、XとYが明言されている場合を考えます。

4.87 **His mother made a pianist of him.**
彼の母が彼をピアニストにした

例文4.87は、

4.88 **His mother made him a pianist.**
彼の母が彼をピアニストにした

とSVOC構文で言い換えられます（ただし、例文4.87のほうが努力を伴った感じになります）。同様に、前に見た例文、

4.89 **She will make herself a good wife.**
彼女は自分自身をよい奥さんにするだろう。

を同じように言い換えると、

4.90 **She will make a good wife of herself.**

になります。次に、XとZが明言されている場合を考えましょう。

4.91 **I made a cup of coffee for him.**
私は彼にコーヒーをいれてあげた。

例文4.91も、

4.92 **I made him a cup of coffee.**
私は彼にコーヒーをいれてあげた

とSVOC構文で言い換えられます（ただし、例文4.91は「彼」、例文4.92は「コーヒー」に焦点が当たります）。前に出てきたSVOC構文は、

4.72 She will make him a good wife.（再掲）
彼女は彼にとってよい奥さんになるだろう。

は、反対に、

4.74 She will make a good wife to him.（再掲）

と言い換えられます。

以上の考え方は、他の動詞で、第4文型や第5文型の成り立ちを考える場合にも役に立つので、ぜひ身につけておきましょう。

第5章　do

■「行動」を表す最も原初的な動詞do ■

doは、人間の行動を示す最も原初的でかつ第一義的な動詞の代表格であり、日本語の「する」とほとんど置き換え可能な動詞です。いろいろな名詞（や動名詞）を目的語にとります。

● doを使って名詞を動詞化した表現 ●

do the wash［〈英〉the washing］（洗濯＋する）＝wash
do the cleaning（掃除＋する）＝clean
do the cooking（料理＋する）＝cook
do the shopping（ショッピング＋する）＝shop

上のような形で、それぞれの名詞に対応する動詞と同意の表現ができます。doを使って名詞を動詞化する過程で、（1）do＋〈名詞〉を使わず、動詞のみで表現するようになったもの、（2）単一動詞の表現もdo＋〈名詞〉も両方使えるもの、あるいは、（3）動詞がなく、do＋〈名詞〉のままのもの、という分化が起きました。

こういった背景のもと、単一動詞にdoを重ねて**強調**させる働きが生じたり、**疑問文**や**否定文**、そしてbe動詞をも含む**命令形**などの構文で重要な役割を果たすようになったと考えられます。このようなdoは、文法上**助動詞**として位置づけられます。

5.1　**He really *did* study.**
彼は本当によく勉強した。（強調）

5.2　***Did* he go?**
彼は行ったの？（疑問文）

5.3　**He *didn't* go.**
彼は行かなかったよ。（否定文）

5.4　***Don't* be angry.**
怒るなよ。（命令文）

また、すべての動詞を代表するというdoの本来の性格から、繰り返し使われる動詞、または述部の代役としての使用法が残りました。これが**代動詞**（pro-verb）

と呼ばれるものです。

5.5 “Do you like him?” “Yes, I do (=like him).”

さらにこの代動詞的性格から、doがすべての動詞の意味を内包するようになり、特に頻繁に使用される意味は辞書にエントリーされています。

このように、基本動詞doはこれまでに扱ったget、take、have、makeと同様に多義語の1つですが、以上の背景によって多義性が生じたのであり、他の多義語とは意味の派生の展開が根本的に異なります。その点を頭に置いて意味の枝分かれ図を見てください。なお、doは本来、他動詞であり、③と④の自動詞的用法はいずれもOの省略から成立したと考えられます。

do の意味の枝分かれ図

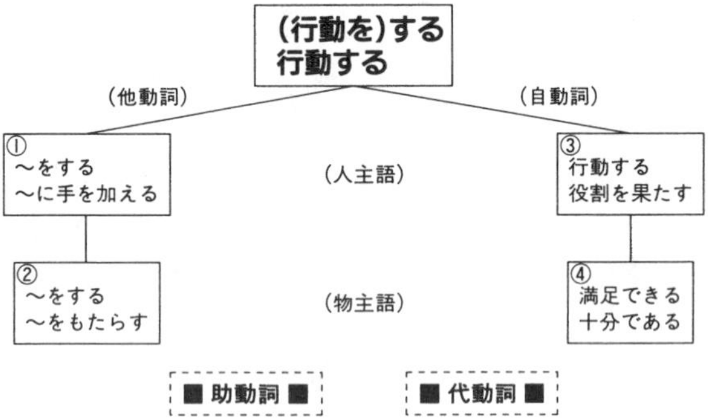

■ 他動詞としてのdo「(行動を) する」■

① (行動を) する→「(人が) ～をする、～に手を加える」(人主語)

5.6 What can I *do* for you?

いらっしゃいませ／何かご用ですか？

例文5.6は店員が客に言う最初の挨拶で、

5.7 May I help you?

と同様に、よく耳にします。このdoは「する」という意味で、直訳すると「あなたのために何ができるでしょうか？」ですから、道に迷って困っているような人に向かって、「どうしましたか？」と相手を気遣うような場合にも用いられます。

このdoは、疑問詞だけでなく代名詞も目的語にとることができます。

5.8 **Why did you *do* that to me?**
なぜ、私にそんなことをしたの？

5.9 **I can't *do* everything.**
全部やるのは無理だよ。

5.10 **All you have to *do* is (to) leave it to me.**
君がしなければならないすべては私に任せることだけだ［ただ私に任せるだけでいいのさ］。

最後の例は、人主語にすると、

5.11 **You *only have to* leave it to me.**

となり、どちらもよく使う慣用的な言い方です。

ところで、このdoには、あることを完成させるため、あるいは望ましい状態に持っていくために何かをすることが含意されています。

5.12 **I *did* a crossword.**
クロスワードパズルをした。

5.13 **He must *do* [******make*] his homework.**
彼は宿題をやらねばならない。

したがって、finishに近い意味になることも多くなります。

5.14 **I must get my work done [finished].**
仕事をしてしまわなくてはならない。

完了形になると、「終了」の意味が一層強くなります。

5.15 ***Have* you *done* it?**
それ、終わったかい？

これは、次の言い方の代用です。

5.16 ***Have*** **you** ***done*** **your homework?**

つまり、例文5.15は今やっている課題や仕事が終わったかを尋ねている文です。これに似た表現として、

5.17 ***Have*** **you** ***done with*** **it?**

があります。この場合のdoneは自動詞です。このdoneは形容詞化して、

5.18 ***Are*** **you** ***done with*** **it?**

ともなります。これは次の言い方の代表として使われます。

5.19 **Have [Are] you done with the pen I lent you?**
お貸ししたペンは用済みですか？

これと同じ意味のdoneとして、次の有名なことわざを思い出される方もいるでしょう。

5.20 **What*'s done* cannot be undone.**
後悔先に立たず（←すんだことは元に戻せない）。

「望ましい状態にするために手を加える」という意味は、目的語によってさまざまな訳が与えられます。

● 目的語によって変わるdoの訳し方 ●

do the dishes［〈英〉the washing-up］＝「食器を洗う」
do the room＝「部屋の掃除をする」
do the room in white＝「部屋を白く塗る」

このようにdoはいろいろな意味で用いられ、getと同様、意味を決定するのに脈絡や文脈によらなければならないケースが多々あります。たとえば、

5.21 ***do*** **one's hair**

は、「髪を結う」にもなれば、「髪を洗う」にもなります。例をいくつかあげておきます。

5.22 **She *did* [*majored in*] math in college.**
彼女は大学で数学を専攻した。(*cf. take* math→3.13)

5.23 **I *did* [*solved*] the problem.**
問題を解いた。

5.24 **Can we *do* (the sights of) Boston in two days?**
２日でボストンを見物できますか？

5.25 **He *did* [*played*] King Lear.**
彼はリア王を演じた。

さらに、*do* lunchとなると、「昼食を作る」のほか、店などが主語に来て「昼食をやっている」の意味も出てくるでしょう。

● さまざまなdo＋〈名詞〉の表現 ●

do a book[report/ paper] = write a book[report/ paper]
do the salad = make the salad
do a picture = paint a picture
do a concert = give[*open] a concert
do sports = play[take part in] sports
do tricks = perform tricks（手品をする）

このように簡単に動詞を表現できるため、アメリカに来ている外国人でほとんど英語がわからない人たちが結構愛用していると、アメリカでESLの教師をしている人から聞いたことがあります。日本語の「科学する」「夫婦する」などの「する」と比較するとおもしろいかもしれません。最後のdo sportsは、かつては和製英語でしたが、今は英米とも立派な英語として使用されるようになりました。

このようにいろいろな目的語をとり、一見柔軟性があるdoですが、連語関係にはほかの語と同様、制約があります。つまり、どの名詞がどの動詞と結びつくかということです。たとえば、doとmakeを比較すると、

5.26 ***do* (some) research [work/ business]**
研究［仕事、商売］をする

とは言いますが、

5.27 ***make* (some) research [work/ business]** (marked *)

とは言えません。逆に、

5.28 ***make* a promise [a mistake/ an example]**
約束をする［誤りを犯す、例を作る］

と言いますが、

5.29 ****do* a promise [a mistake/ an example]**

とは言いません。また、

5.30 ***do* one's best [duty].**
最善［本分］を尽くす

は一種の決まり文句で、doしか使いません。

● doとmakeの連語関係 ●

	do	make
research	○	×
work	○	×
business	○	×
one's best	○	×
a promise	×	○
a mistake	×	○
an example	×	○

doもmakeも両方使える表現もあります。

「Uターンをする」	*do* a U-turn
	make a U-turn

さらに、英米間で違う表現もあります。

「取り引きする」	〈米〉*make a deal*
	〈英〉*do a deal*

これについてはまだ納得のいく説明がなされていないようですが、だいたいdo＋〈名詞〉はアングロサクソンの古英語（Old English）時代に多く作られ、その

後ノルマンの英国征服（the Norman Conquest,1066年）のあとの中英語（Middle English）時代に、（ノルマン）フランス語のfaire（make）の影響を受けてmake＋〈名詞〉が作られたと言われています。途中からの混用などもあって例外も多いかもしれませんが、これが1つの目安で、古くからあるアングロサクソン直系の語にはdo、ラテン系の語にはmakeが多いと考えられます（これは和語と漢語の関係に似ています）。

この使い分けはnativeでない学習者にとっては無理に近く、今のところ全般にわたってはっきりと区別した書物や辞書はないと言ってよいでしょう。doは「動作(action）をする」で、makeは「新しい何か（something）を作る」と説明している人もいます。

5.31 **"What are you *doing*?" "Cooking."**
「何しているの？」「料理よ」

5.32 **"What are you *making*?" "A cake."**
「何作っているの？」「ケーキよ」

これですべて解決するわけではなく、むしろ説明のつかないことのほうが多いようです。できるだけ辞書をひいて（載っていない場合はnativeに尋ねて）1つ1つ確かめるよりほかないでしょう。

5.33 **"Will you *do me a favor*?" "Yes, if I can."**
「お願いがあるのですが」「私にできることでしたら、いいですよ」

この表現をもっとていねいにすると、

5.34 **Would you *do me a favor*?**

となり、doを使わなければ、

5.35 **May I ask you a favor?**
5.36 **There is something I'd like to ask you.**

という言い方もできます。例文5.36は、I'd likeの代わりにI wantを使うとあまりに直接的です。場合によっては相手に対して失礼になるので注意してください。また、何か質問されたときに、

5.37 ***"Do me a favor!"***

と言うと、"No!"と同意で「よくそんなことが言えますね」「勘弁してくれよ（Don't ask (me).)」といった意味になります。なお、これは「頼むから（してくれないか）」という切羽詰まった要求を表すこともあります。以上の意味に対する物主語について次に説明します。

② ～をする、～に手を加える
→「(ものが) ～をする、～をもたらす」(物主語)

5.38 **What is it *doing* there?**
どうしてそれがそんなところにあるの？

「それがそこで何をしているか」→「どうしてそれがそんなところにあるのか」で、意外なところにものが置いてあったりしたときに使われる表現です。日本人の発想ならば、

5.39 **Why is it there?**
5.40 **Why does it happen to be there?**

のようにbeを使いがちで、このdoを使った表現が思いつかないようです。「いったいどうしてバターがこんなところに置いてあるんだ？」なら、

5.41 **What's the butter *doing* here?**

と言います。これで、

5.42 **Why has it been put [placed] here?**

の意を表しますが、前者のほうが驚いたときのとっさの言葉としては適切なのです。

5.43 **Hurricane Bob *did a lot of damage* to the district.**
ハリケーンボブはその地区に大きな被害をもたらした。

このdoは*bring*や*cause*に置き換えられますが、その場合、doのような素朴な力

強さが出てきません。例文5.43はSVO_2 to O_1の形ですが、O_1が〈人〉の場合はSVO_1O_2の形も可能です。

5.44 **Too much drinking will *do you harm* [*do harm to you*].**
酒の飲み過ぎは身体にさわりますよ。

5.45 **Your victory *did us great honor* [*did great honor to us*].**
君の勝利は我々の大きな名誉となった。

■ 自動詞としてのdo「行動する」■

③ 行動する→「(人が) 行動する、役割を果たす」(人主語)

5.46 ***Do* as you are told.**
言われたとおりにしなさい。

これは①の他動詞用法からOが省略されて生まれた自動詞用法です。doの対象が話し手にも聞き手にも了解されているから言う必要がないのです。

5.47 **When in Rome *do* as the Romans *do*.**
郷に入っては郷に従え。

という有名なことわざに見られる２つのdoも、このdoです。これも①と同様、完了形で用いられると「終える」(finish) の意味になることは、先にあげた、

5.17 *Have* you *done with* it? (再掲)

でおわかりでしょう。この「終わった」から「もう用はない」「縁を切る」となり、次のようにも用いられます。

5.48 **He's *done with* politics — he's moving to the country to become a farmer.**
彼は政治とは縁を切って、田舎に移ってお百姓さんになるよ。

5.49 **"How're you *doing*?" "Fine, and you?"**
「調子はどう？」「いいよ、で君は？」

アメリカでは、How are you?よりも頻繁に日常使われる挨拶の言葉です。知っている人はもちろんのこと、初対面の人でも、たとえば何か電気器具の修理にやってきた人が家に入るときにこのように言ったりします。また、badlyやwellを伴って、

5.50 **His children are *doing well* at the new school.**
彼の子どもたちは新しい学校でうまくやっています。

のように自分の「役割を果たす」意味で使われます。これは成績や調子などについて言う場合にも使われます。

5.51 **His company always *does well* at this time of year.**
彼の会社はいつもこの時期には業績がいい。

ちなみに、これはjobを伴い、通例進行形で、

5.52 **He is *doing a good job*.**
彼はうまくやっている［頑張っている］。

のようにも用いられます。名詞表現の力強さからか、日常よく用いられる表現です。目の前で見ていて「うまい、うまい」「うん、よしよし」と言うときには、単に、

5.53 **Good job!**

とも言います。この反対は、

5.54 **He is *doing a poor job*.**
どうもまずいな。

となります。これは①に入るべき用法ですが、ついでなので説明をつけ加えておきます。もちろん進行形でなくても、

5.55 **Your boy *did a good job* today.**
お子さんは今日、よくできましたよ。

のようにも使われます。アメリカの先生は、生徒にも親にもこのa good jobという言葉を使って、やる気にさせるようです。

④ 行動する、役割を果たす→「(ものが) 満足できる、十分である」(物主語)

5.56 **That will *do*!**
(thatに強勢を置いて) それで十分だ [結構、結構]。
(doに強勢を置いて) もうたくさんだ [やめてくれ]。

このdoは、強勢の置く位置によって2通りの意味になります。いずれも、

5.57 **That's enough.**

で言い換えることができます。このdoは、正式には*answer the purpose*、さらに堅い言い方では*suffice*も用いられます。これは、類義語表現の、

5.58 **That *does* it.**
それで十分だ。

のように、もともとOがついていたものが脱落してできたもので、元来は「目指した目標を果たす」からこの意味が生まれたと考えられます。「私には十分だ」と言うときは、

5.59 **That will *do for me*.**

となります。この場合は必ずwillやwouldを伴います。さらに、次の例のように「礼儀にかなっている」という意味もあります。

5.60 **His manner won't *do*.**
彼の態度はよくない。

最後に助動詞、代動詞のdoについて少し触れておきましょう。

■ 助動詞としてのdo ■

5.61 ***Do* come in.**
(どうしたの?) お入りよ。

これは1度入るように勧めたあと、もう1度言う場合、あるいは相手が入るのを

ためらって［遠慮して］いるので強く言う場合などに用いられます。Doに強勢を置いて発音します。アメリカ人のよく使う、

5.62 **Come on in.**

と比較できますが、こちらは最初に言う言葉であり、「さあさあ」と客を迎えるときの言葉であって、例文5.61の言い方とは違います。

ところで、

5.63 **After you.**
どうぞ、お先に。

5.64 **Help yourself (to sherry).**
（シェリーを）ご自由にどうぞ。

などの表現は、相手に利益になることで、普通はそのまま用います が（*cf.* 2.30「召し上がれ」)、相手が遠慮しているときなどには、pleaseをつけて、

5.65 **After you, please.**
お先に、どうぞどうぞ。

5.66 **Please help yourself.**
ご遠慮なく、ご自由にどうぞ。

と言うことがあります。このpleaseは今、問題にしているdoに通じるようです(*cf. Do* help yourself.)。丁寧語としてのpleaseだけでなく、こうした使い方のpleaseも覚えておくとよいでしょう。

5.67 **"*Did*n't I tell you?" "*Yes,* you *did.* / *No,* you *didn't.*"**
「話しませんでしたか？」「いいえ、話されました／はい、話されませんでした」

肯定の疑問文に対する応答文は、日本語の「はい／いいえ」と一致するので問題ありませんが、否定疑問文に対する応答はこのように逆になります。それは英語では返答の内容自体が肯定であればYes、否定であればNoとなるからです。つまり、日本語の「はい／いいえ」が相手の言い方に対応して使い分けられるのに対して、英語では返答内容の先取りをしているということです。相手の問い方とは無関係なのです。

■ 代動詞としてのdo ■

この代動詞は同じ動詞、または述部の繰り返しを避けるために用いるということは冒頭ですでに述べました。ここでは、いくつかの類例を見ていきましょう。

5.68 **He has twice as many comic books as I *do*(=have).**
彼は私の２倍の漫画の本を持っている。(...as me.はくだけた言い方)

5.69 **"I played table tennis in the afternoon."**
"So *did* I."
「午後はピンポンをしたよ」「僕もだ」
(Iに強勢を置く。=I played table tennis in the afternoon, too.)

So did I.のdoは前の文の述部全部を指しています。これは、

5.70 **I *did* too.**

とも言いますし、時にはSを略して、

5.71 ***Did* too.**

とも、さらにくだけた言い方では、

5.72 **Me(,) too.**

などと言います。ちなみに、tooがindeedの意味になることがあります。

5.73 **"I didn't say that! I didn't!" "*Did too! Did too!*"**
「俺そんなこと言ってない！言ってないぞ！」「言った！言ったよ！」

このDid too.はDid so.とも言い、tooをやや調子を上げて発音されます。このtooの用法も覚えておきましょう。

第6章　be

■「存在」を表す代表的な動詞be ■

前章では、人間の「行為」を表す典型的な動詞doを取り扱いましたが、今回は「存在」を示す代表的な動詞beについて考えてみます。beは元来「存在する」という意味の**完全自動詞**で、『ハムレット』の有名なセリフ、

6.1　**To *be* or not to *be*: that is the question.**
生きるべきか死すべきか、それが問題だ。

のように、昔はbeだけで使われました。のちに場所を表す副詞を伴って「～に存在する」から「～にある、～にいる」という意味を表すようになりました。この場合は無意志ですが、意志がある場合は「(ある場所に) 行く、来る」という意味になります。

この「存在する」という意味合いが失われて生まれたのが、単に「～である」ということを表す**連結動詞** (copula verb) としての機能です。be動詞のあとには主語とまったく等価なものが来る場合と、主語の性質・職業など属性を表すものが来る場合とがあります。後者の中でも性質の場合は、意志の有無によって意味が違ってきます。意志がない場合は「～である」ですが、意志のある場合は「～にする」となります。さらに、「～である、～にする」から、**進行形** (be doing) や**受身形** (be done) で使われるときの**助動詞**としての用法が発達しました。

■ 完全自動詞としてのbe「存在する」■

①　存在する→「～に存在する、～にある、～にいる」(無意志)

すでに述べたように「存在する」「実在する」「生存する」は今は古語ないし文語となっていますが、詩や格調高い表現ではよく用いられます。

6.2　**God*'s* in His Heaven.**
神、空にしろしめす。

これは本章の終わりにあげる*Pippa Passes*の一節です。HisはGodを受ける代名詞で、しばしば頭文字が大文字になります。これは、今の普通の言い方ならば、

6.3　God *exists* in Heaven.
6.4　*There is a* God in Heaven.

と言うところでしょう。しかし、existにはbeにあるような素朴さと力強さがなく、There is構文ではどうしてもGodに不定冠詞をつけないと文法に合わなくなり、絶対的な唯一の神の存在を示しにくくなります。というわけで、キリスト教精神から考えると、God is.はどうしても、

6.5　God *is*.

でなくてはならないのです。日本語の「ある」「いる」は、言うまでもなくそれぞれ「(無生物が) ある」「(生物が) いる」という日常的な軽い言い方ですが、その感じの違いがおわかりでしょうか。

be の意味の枝分かれ図

```
                    存在する
          ┌────────────┴────────────┐
     ■〜に存在する■              ■〜である■
      ┌──────┴──────┐          ┌──────┴──────┐
   (無意志)      (意志)      (無意志)      (意志)
   ┌─────┐   ┌─────┐   ┌─────┐   ┌─────┐
   │①    │   │②    │   │③    │   │④    │
   │〜に存在する│ │行く  │   │〜である│ │〜にふるまう│
   │〜にある│   │来る  │   │〜することだ│ │〜にする│
   │〜にいる│   └─────┘   └─────┘   └─────┘
   └─────┘                      │         │
                              └────┬────┘
                           ┌ ─ ─ ─ ┴ ─ ─ ─ ┐
                           │ ■助動詞■    │
                           └ ─ ─ ─ ─ ─ ─ ─ ┘
```

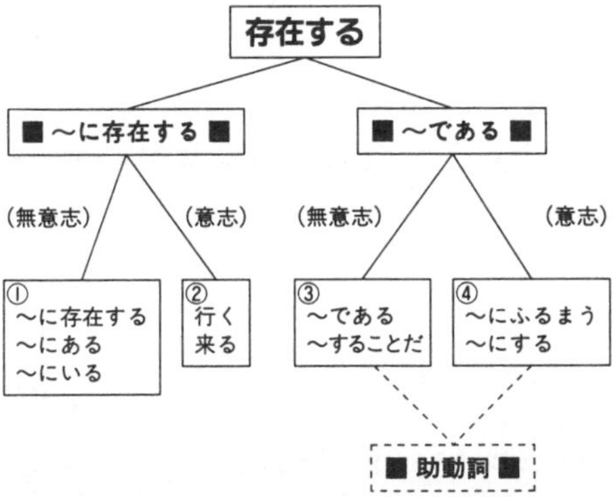

6.6　Your hat *is* on the table.
　　　あなたの帽子はテーブルの上にあります。

この文の主語がYour hatではなく、A hatであれば、

6.7　?*A hat is* on the table.

とは言わず、

6.8 ***There is a hat*** **on the table.**

のように通例There is構文をとります。このように**不定・未知のもの**に関してはThere is構文を使うのが普通ですが、**既知のもの**にはThere is構文は使えません。There is … は**存在することを初めて知らせる**構文ですから、すでにその存在がわかっているものには使えないのです。存在のわかっている場合は例文6.6のようにしなくてはなりません。もし、

6.9 **There is the station [Tom].**

のような文があれば、それは必ずThereに強勢があって、

6.10 **The station [Tom] is there.**
駅［トム］はそこです。

という意味で使われていることを理解しておきましょう。

ところで、この場合に重要なのは、There is a ～ とあれば「～がある」と訳されることです。日本語の格助詞「が」は、初めて導入されるものに使われます。つまり、不定冠詞のaに対応しているのです。一方、「すでに存在が確定しているもの」(英語ではtheやそれに準ずる語で示される）は、これからそれについて述べるのですから、日本語の格助詞「は」に対応しています。

6.6 *Your hat* is on the table.（再掲）

はyourという語で帽子の存在が確定していますから、「あなたの帽子は～」であり、

6.8 There is *a hat* on the table.（再掲）

なら、「帽子が～」となります。be以外の動詞でも同様です。

6.11 ***A man rushed*** **into the room.**
１人の男が部屋に飛び込んできた。
(be以外の動詞は主語が〈不定冠詞＋名詞〉も可)

6.12 ***The man rushed*** **into the room.**
その男は部屋に飛び込んできた。

このように「が」と'a'、「は」と'the'の関連を知ることも英語の理解に至る１つ

の大きな鍵になるでしょう。

ついでながら、There is構文が抽象名詞を主語にとることもあります。

6.13 ***There is no need* for you to excuse yourself.**
弁解する必要はありません。

これを、次のように言い換えることはできません。

6.14 ***There is no need of your excusing yourself.**
6.15 ***There is no need that you should excuse yourself.**

There is no＋〈動名詞〉になると、「不可能」と「禁止」の２つの意味を表します。

6.16 ***There is no knowing* what will happen.**
何が起こるかわかったものじゃない。（＝It is impossible to know ... ）
6.17 ***There is no arguing* with your father.**
お父さんと口論するのは許されない［口論してはいけない］。
（＝You are not permitted to argue ... ）

No smoking.（禁煙）、No parking.（駐車禁止）などの掲示表現は、この禁止の意味のThere is no 〜ingで前のThere isが略されたものだということも知っておきましょう。ちなみに、これらの表現が日本語の「たばこを吸わないこと」「車を止めないこと」という表現に類似しているというのは興味深いことです。

6.18 **His party *is* tomorrow.**
彼のパーティーは明日だ。

「彼のパーティーは明日だ」とは、つまり「パーティーが明日にある」「明日、行なわれる」の意です。これは*will take place*や*will be held*に代わる用法であり、tomorrowは副詞です。これが、

6.19 **My birthday *is* tomorrow.**

となると、やや微妙で「私の誕生日は明日です」という解釈と、「誕生日（の祝い）は明日にある」という解釈の２通りが考えられます。前者は、具体的な月日で表すと、

6.20 **My birthday *is*[*falls on*] September 10.**

となります。fall on 〜は「〜に当たる」という意味です。

このbeは連結動詞ですから、③で述べるように、

6.21 **Tomorrow *is* my birthday.**

と言い換えが可能です。一方、後者は例文6.18と同じで、このような語順転倒（inversion）は許されません。

② 存在する→「行く、来る」（意志）

6.22 **I'll *be* back.**
戻ってくるよ。

この文は、通例副詞（句）を伴って、

6.23 **I'll *be* right back.**
すぐ戻るよ。

6.24 **I'*m* just back.**
たった今戻ってきたよ。

などのように用いられます。日本語の「ただいま」という挨拶に当たることもあります。

6.25 **Hi, I'*m* back [home].**
ただいま。

アメリカのテレビのアナウンサーが、コマーシャルに入る前の決まり文句として、

6.26 **We'll *be* right back (after this message).**

と言いますが、これは「（またすぐにこれに戻って続けますが）ここでちょっとコマーシャルを」ということです【→10.46参照】。たとえアナウンサーが1人でも、会社全体を代表してWeと言います。このbeは*come*と同義で、どこかに行って、またここに戻ってくるという場合に使われます。

6.27 He'll *be* there at noon.
彼は正午にそこに行くだろう。

この文は直訳すると「正午にはそこにいるだろう」ということですが、「そこに存在する」ということは「そこに行く」ということです。つまり、このbeは*go*と同義です。相手のいるところに行く場合、または相手も一緒に行く場合はcomeとも同義になります。このgoとcomeの使い分けは日本人には難しいものですが、beならばその必要がありません。beのこの用法を、日本語の「参る」と比較するとおもしろいと思います。

6.28 He's sure to *be* there in a minute.
彼はきっとすぐそちらに参ると思います。

〈be sure to不定詞〉という形は間違えやすいので、少し説明を加えておきましょう。これは言い換えれば、

6.29 *I'm sure* he'll be there in a minute.

ということで、確信するのは主語のheではなく、この文の話し手（speaker）のIだということに注意してください。

もう1つ、beのみを使った会話例をあげておきます。

6.30 "How soon will the next train *be* here?"
"It'll *be* along in about ten minutes."
「次の電車はどのくらいで来ますか？」「10分ぐらいで来ます」

■ 連結動詞としてのbe「～である」■

③ ～である→「～である、～することだ」（無意志）

6.31 Tomorrow *is* Labor Day.
明日は労働者の日だ。

この例は、SとCがまったく等価の場合で、

6.32 Labor Day *is* tomorrow.

とSとCの入れ替えが可能です。例文6.31は、主として、

6.33 What holiday is tomorrow?

という問いに対する答えであり、例文6.32は、

6.34 When is Labor Day?

に対する答えです。前者ではLabor Dayに強勢が置かれます。SとCがまったく等価ということは、記号化すればS＝Cとなるので入れ替えが可能になるのです。

6.35 What is the capital of Japan?
日本の首都はどこですか？

という問いに対して、古くは、

6.36 It's Tokyo.

と答えましたが、昔の英語と異なり、actor（行為者）→action（行為）→goal（目的）というSVOの語順が確立した現代英語では、WhatをSと考えて、

6.37 Tokyo (is).

と言うのが普通です。これに関連して、自己紹介などでは普通、

6.38 I am Tom Brown.

と言い、

6.39 What is your name?

という問いに対しては、

6.40 My name is Tom Brown.

と言うのが最も普通ですが、

6.41 Tom Brown is my name.

と言うこともよくあります。この語順の転倒は、たとえば次のような場面で使われます。

6.42 **"Are you George Smith?" "No." "Then, what's your name?"**
"*Tom Brown is my name.*"

ここでは、名前そのものが焦点となって前面に押し出され、Tom Brownが文頭に出てきているわけです。この場合、通常の語順で、

6.43 **My name is Tom Brown.**

と言ったのでは、会話として間が抜けてしまうのです。これを理解していただくために、以前読んだ小説からもう1つ例をあげておきましょう。若い男性がふとしたことで好きになった女性といよいよ別れるというときになって、女性のほうが彼の名前を尋ねます。

6.44 **"I say, mister–I don't know your name!"**
"*Plimmer's my name,* miss. Edward Plimmer."
「ところで、あなた、まだあなたのお名前は聞いていませんわ」
「プリマーと言います。エドワード・プリマーです」

日本人には、この呼吸が難しいかもしれません。また、Cに職業や属性を表す語が来るとき、たとえば、

6.45 **Lucy *is* a flight attendant.**

の場合、LucyはstewardessØ一部分にすぎず、S<C（SとCが等価でない）なのでSとCの入れ替えはできません。

6.46 ***Are* you cosmetics?**
あなたは化粧品売り場［化粧品店］の方ですか？

これはおそらく(a person) selling cosmeticsか、カッコ内の意味の場合は(a person) in charge of cosmeticsの省略から生まれたと思われる便利な口語的表現です。まさにbusinesslikeで、直截的な言い方です。

6.47 ***Are* you basketball?**
君はバスケットボールをやっているのか？

6.48 **The building *is* 17th century.**
その建物は17世紀に建てられたものだ。

私がWashington, D.C.にいた頃、行きつけの本屋の店員が日本大使館員と間違えて、

6.49 ***Are* you the Japanese Embassy?**

と声をかけてきたのを思い出します。年輩の婦人の店員が、

6.50 ***Are* you *with* the Japanese Embassy?**

と言ったのと対照的でした。そう言えば「私はコーヒーです」という文が可能な状況についてアメリカの言語学者D. Bolinger氏が次のような例をあげて説明しています。

6.51 **You've got us confused; you are charging me for the noon special; *the man in front of me was noon special; I'm the soup.***
あなたは混同していらっしゃいますよ。私にランチ定食の請求をしておられますが、私の前の人がランチ定食で、私はスープなんですよ。

いずれにしても、こうした省略表現は文脈や場面によるところが大きく、くだけた会話で使われることが多いものです。

6.52 **Lunch *is* *at* half-past.**
昼食は半（から）です。

6.53 **The appointment *is* *at* three.**
約束の時間は３時です。

6.54 **The bar *is* *at* two meters.**
バーの高さは２メートルだ。

などの言い方も、

6.55 **Lunch *is* half-past.**

6.56 **The appointment *is* three.**
6.57 **The bar *is* two meters.**

と言うこともできます（日本人はむしろ日本語的に考えてatを落としがちです）が、atの省略はややだらしない感じがする（rather slovenly）というnativeもいます。ある小説の中の若い男女の会話を紹介しましょう。

6.58 **"Where'd you meet her, then?" she asked.**
"*Party,*" he said.
"*At a party*? When?"
「どこで姉にお会いになったのですか？」と彼女は尋ねた。
「パーティー」と彼は言った。
「パーティーでですか。いつ？」

男は単にParty.と答えただけですが、女性のほうはちゃんとAt a party.と言い足していることで、atの有無の差がおわかりいただけるでしょう。

以上のように、S be CのCには名詞、あるいは形容詞が来るのが普通ですが、次のように**不定詞・動名詞・節**の場合もあります。

6.59 **We *are to meet* at seven.**
我々は7時に（公式に）会うことになっている。

このbe to doは、**未来の予定や状態**を示すのに便利な言い方です。辞書などでも詳しく解説しているので、ここでは少し触れるにとどめておきます。例文6.59は、

6.60 **We *are scheduled to meet* at seven.**

と言い換えることができますが、be to doほどの簡便さはありません。be to doは「～することになっている」から「～しなさい」という間接的な命令まで幅広く用いることができます。これは、日本語の「～すること」と同様、同じ命令でもやわらかく感じられます。

6.61 **This form *is to be filled* out in ink.**
この用紙は必要事項をインクで記入のこと。

例文6.61は、S isが省略されてTo be filled out in ink.となることもあります。また、親が子に対する言い方としても、

6.62 **You *are to eat* all your supper before you watch TV.**
テレビを見る前に夕飯をちゃんとすませてしまいなさい。

のようによく用いられます。間接的な命令と言えば、be to doと同じ意味でbe supposed to doもよく使われます。

6.63 **You *are supposed to eat* all your supper before you watch TV.**

be to doのbeが過去時制の場合は、

6.64 **They *were to go* away in July.**
彼らは7月に出かける予定であった。

と、**過去のある時点での予定**を述べているだけで、実際に出かけたか出かけなかったかについてはこの文だけではわかりません。行かなかったことを明確に伝えたいときは、

6.65 **They *were to have gone* away in July.**

と完了不定詞にすれば、「7月に出かけるはずだったのに（しなかった）」の意になります。

次に、Cが動名詞の例を見てみましょう。

6.66 **Seeing *is believing.***
百聞は一見にしかず（←見ることは信じることである）。

この表現は、

6.67 **Bill told Joe he had passed his test, but Joe said, "*Seeing is believing.*"**
ビルはジョーに、君は試験に合格しているよ、と言ったが、ジョーは「その結果の発表を見るまではね」と言った。

といったような状況で使われます。

次は節を従える場合の例です。

6.68 ***The fact is* (*that*) I can't get enough time to do it.**
実はそれをやる時間が十分にないのです。

これは、くだけた言い方では単に、

6.69 ***Fact is*, I can't get enough time to do it.**

とも言います。この形式を覚えておくと、

6.70 ***The problem is* (*that*) he is lazy.**
問題は、彼が怠け者だということだ。

6.71 ***The point is* (*that*) you get up late in the morning.**
要するに、君は朝寝坊だということだ。

6.72 ***The trouble is* (*that*) [*Trouble is,*] he is badly wounded in the arm.**
困ったことに、彼は腕にひどい傷を負っている。

というように、応用範囲が広がっていきます。

④ ～である→「～にふるまう、～にする」(意志)

6.73 **Mary *was kind* to me.**
メアリーは私に親切にふるまった［してくれた］。

この文は、他の意志動詞と同じように進行形にして、

6.74 **Mary *was being kind* to me.**

とすることができます。また、

6.75 **Mary *was behaving kindly* to me.**

と同意になりますが、例文6.73のほうがはるかに簡潔です。これは、③の「～である」の意味の、

6.76 **Mary *is kind*.**

とは違うことに注意しましょう。③の意味なら、

6.77 **Mary *is a kind girl* [*woman*].**

と同意になりますが、例文6.73〜6.75は、Maryの意志でその時に親切にふるまうというのであって、性格が親切であるということではないのです。これは無生物についても擬人化して用いられます。

6.78 **My car *is being rather difficult* today.**
今日は車はなかなか思うように動いてくれない。

主語の意志が含意されるということは、上記のように進行形でも、次のように命令文でも用いることができるということです。

6.79 ***Be careful*! Watch your head!**
注意しなさい！頭をぶつけないように気をつけて！

ただし、同じ形容詞でもtallのように自分の意志ではどうにもならないものは、命令形にも進行形にもなりません。

6.80 ***Be tall.***
6.81 ***He *is being tall*.**

■ 助動詞としてのbe ■

進行形（be doing）については④でも触れましたが、③のbe to doとの関連で、もう1つ述べておきます。

6.82 **We *are meeting* at seven.**
我々は7時に会うことになっている。

この文は、未来の予定や約束を表し、すでにふれた、

6.59 We *are to meet* at seven.（再掲）

と同じ意味ですが、例文6.59は公式に決まった予定を表し、例文6.82はもっと日常的な約束の場合に用いられます。

6.83 **We *will meet* at seven.**

とも違って、例文6.82はやわらかな響きを持つ言い方です。この感じは未来の進行形にも引き継がれます。たとえば、「お待ちしています」を単に、

6.84 **I'*ll wait* for you.**

と言った場合と、

6.85 **I'*ll be waiting* for you.**

と言った場合を比べてみてください。後者のほうがやわらかな感じがするでしょう。感情的色彩にもいろいろあって、次のように逆に語気を強めたりもします。

6.86 **You'*re not going* there.**
そこへ行くんじゃない。

6.87 **You'*re telling a lie*.**
うそつけ！

最後に冒頭にあげた有名な詩の全文を名訳とともにあげておきます。すべての行にbe（is）が含まれているめずらしい例です。

6.88 **The year'*s* at the spring,**
And day'*s* at the morn;
Morning'*s* at seven;
The hill-side'*s* dew-pearled;
The lark'*s* on the wing;
The snail'*s* on the thorn;
God'*s* in His Heaven ——
All'*s* right with the world!

—— R. Browning, *Pippa Passes*

年は春　日は朝（あした）　朝は7時　片の丘に露光り　揚げひばりなのりいで
かたつむり枝にはい　神　空にしろしめす　世はすべてこともなし（上田敏訳）

第7章　come

■「往来」を表す最も基本的な動詞come ■

この章では、往来を表す動詞comeを取り上げ、goとの比較を交えながら考えてみます。comeやgoは、社会学で言う「(社会的）相互作用」(=(social) interaction、簡単に言えば「人と人との触れ合い」「言葉のやりとり」ということになるでしょうか）に関連して付随的に起こる、人の「行き来」(英語ではcoming and going、語順に注意）を表す動詞のうち、最も基本的なものです。

goが単に「行く」であるのに対し、comeは一見反対に思える「来る」と「行く」という２つの意味を併せもっています。一般に、comeは「(主語が話し手のところへ）来る」、もしくは「(主語が聞き手のところへ）行く」であると説明されます。goは「主語が発話時にいる場所から別の場所へ行く」と単純明快ですが、comeは話し手、聞き手の立場が作用するため、特に日本人には間違えやすい語と言えます。

■ comeの中核的意味「(意識の中心に）近づく」■

comeの「行く」という意味は、話し手が聞き手の立場になって考えているところから出てくるもので、日本語の「参る」に似た一種の敬語表現と見なすこともできます。したがって、「一緒に行きます」は、

7.1　**I'll *come* (a long) with you.**
7.2　**I'll *go* (a long) with you.**

の両方が言えますが、例文7.1のほうがyouに対する主語の心遣いが感じられます。この点は例文7.3と7.4、例文7.7と7.8を参照してください。

以上のことから、comeの中核的意味は、「来る、行く」から一歩踏み込んで「(意識の中心に）近づく」とするのが妥当だと思われます。そこから、まず人主語か物主語かに分かれ、人主語のほうから「来る」が生まれます。さらに意志の有無によって枝分かれし、意志の場合は「着く」という意味、無意志の場合は「出てくる」と「～するようになる」という２つの意味が出てきます。物主語の場合も、人主語のそれぞれの語義に対応した意味の展開が見られます。このような観点から、comeの意味の枝分かれ図を見ていただきましょう。

comeの意味の枝分かれ図

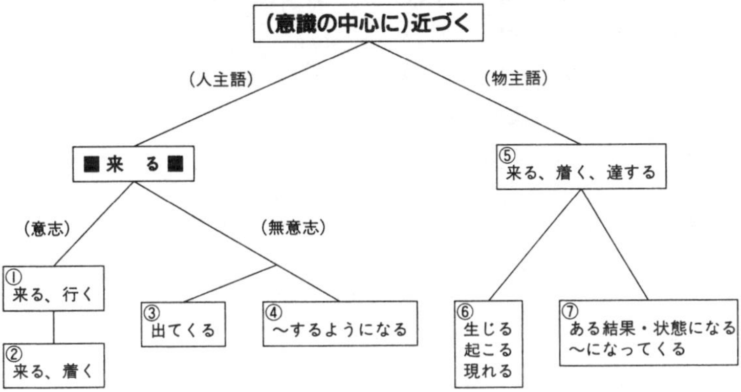

■（意識の中心に）近づく→（人が）来る（人主語）■

①（人が）来る→「来る、行く」（意志）

> 7.3 **I will *come* to America during the vacation.**
> 休暇中にアメリカへ行きます。

この言葉は通常アメリカにいる、またはアメリカに行く予定の相手に向かって述べたものと推察されます。これを、

7.4 **I will *go* to America during the vacation.**

とgoを使って言うと、アメリカとは何の関係もない相手に対して話しているか、あるいは相手に対して無関心のような感じになってしまいます。道を尋ねた人に向かって答える場合も、

7.5 **When you *come* to the corner, turn left.**
角まで行ったら左へ曲がってください。

とcomeを使うのは、話し手の視点が相手（＝聞き手）とともに移動しているからです。次は夫婦間の会話ですが、まったく同じことです。

7.6 **“You should look at an intriguing couple on the dance floor tonight. I’m tempted to *come* myself.”**
“Why don’t you?”
「今夜ダンス場に行ったら、きっとあなた、密会している男女を見かけるわよ。私も行ってみたいわ」
「じゃ、来たらいいじゃないか」

以上から明らかなように、「明日、ここ［そちら］に行きます」と言う場合、聞き手がそこにいると考えられないときは、

7.7 **I will *go* there.**

となり、聞き手がそこにいる、または聞き手もそこへ行くと考えられるときは、

7.8 **I will *come* there.**

になります。この ... come thereは、日本人には抵抗のある言い方かもしれませんが、上のような説明で理解していただけるでしょう。なお、聞き手がそこにいるか、いないかがわからないときは、前章で述べたようにbeを使って、

7.9 **I will *be* there.**

と言うこともできます。例文7.3は、他の類義語を使って、

7.10 **I will *start for* America during the vacation.**
7.11 **I will *leave for* America during the vacation.**

などとも言えるし、飛行機で行くなら、

7.12 **I will *fly to* America during the vacation.**

とも言えます。

7.13 **“*Come* here. Tea is ready.” “I’m *coming*.”**
「こちらへ来て、お茶が入ったわよ」「すぐ行くよ」

すでに明らかなように、この例文の1つ目のComeは「話し手のところに来る」

で、2番目のcomeは「聞き手のところに行く」です。この2番目の返事を、日本語につられて、

7.14 **I'm just *going*.**

としてしまうと、今からどこかよそへ外出することになってしまいます。

アメリカでホームステイしていた高校生から、こんな失敗談を聞きました。夕食時、ホストマザーが「ご飯ができたわよ」と声をかけてくれたのですが、宿題をやっていたので「宿題が終わったら行きます」と答え、あとで行ってみると彼の食事は何も残っていませんでした。ホストマザーが「あら、宿題が終わったら、どこかへ出かけるんじゃなかったの」と言いました。そう、皆さんの推察どおり、彼は、

7.15 **I'll *go* after I have finished my homework.**

と言ってしまったのです。

このようにcomeは「話し手のところへ来る」か「聞き手のところへ行く」、または「聞き手も行くことになっている別の場所へ行く」であり、goは「話し手、聞き手のいる場所とは異なる別の場所へ行く」なのです。

come vs. go

例文7.13では、Aが"Come here. Tea is ready."と言ったとき、Bの意識の中心はAのところに移っています。B自身がそこへ向かって近づいていくわけですから、comeでなくてはならないのです。goだと、その予想を裏切って意識の中心から離れたところへ行くことになってしまうのです。これは第6章beで触れたように、

6.40 *My name is Tom Brown.* (再掲)

という通常の語順ではなく、

6.41 *Tom Brown is my name.*（再掲）

と答えるほうがふさわしい状況があるのと同じことです。つまり、単に、

7.16 I'll *come* [*go*] with you.

という一文だけを取り上げれば、comeでもgoでも正しい文なのですが、例文7.13や先の高校生が経験したような文脈では、

7.17 I'm *coming* [going*].**

のようにcomeが必然的なのです。

7.18 *Come and see me* sometimes.
ときどき遊びにいらしてください。

これは、しょっちゅう交わされる挨拶の言葉で、

7.19 *Come see me* sometimes.

とandが省略されることもあります。この表現は、挨拶表現としてすでに虚礼化したと言えるかもしれません。また、現在分詞を伴って、

7.20 He *came running*.
彼は走ってきた。

7.21 I *went shopping* yesterday.
私は昨日、買い物に行った。

と言うことも可能です。

②　来る、行く→「来る、着く」（意志）

7.22 We will *come* to Tokyo soon.
まもなく東京に着きます。

このcome toは、*arrive at*、*reach*、*get to*などと交換可能です。しかし、①で出

てきた例文7.3のcome to Americaのtoは「アメリカへ向かう」といった方向を表す前置詞なのに対し、このcome to Tokyoのtoは到着点を示す前置詞です。つまり、この文は話し手の視点がすでに先回りして目的地にあることを含意しています。こうしたニュアンスは他の類義語にはありません。

「意識の中心に近づく」という中核的意味をもう一度考えておきたいところです。このようにtoがつくと、到着の意味がよりはっきり出てくることは事実ですが、日本語の「来る」は多くの場合、「着く」の意味を含んでいます。

7.23 **What time will you be *coming*?**

という文は、「何時に来られますか？」と訳すことも「何時に着かれますか？」と訳すことも可能です。「来る・行く」は、ある点から点への移動を表していますが、「着く・達する」は移動を経てある点にいることを表しています。

7.24 **I have been waiting here for hours and he still hasn't *come*.**
何時間もここで待っているが、彼はまだやって来ない［まだここに着かない］。

7.25 **I've *come* to collect my book.**
私の本を取りに来た［ここに着いた］ところです。

③ （人が）来る→「出てくる」（無意志）

7.26 **"Where do you *come from*?" "I *come from* Japan."**
「どこの出身ですか？」「日本です」

このcome from 〜も「〜から出てくる」→「〜の出身である」となるだけのことであり、「来る」という本義は変わりません。なお、例文7.26の前半は、

7.27 **Where *are* you *from*?**

とも言います。これは定型表現なので、

7.28 ***From where do you come?**

などとは言わないことに注意してください。国籍を聞く場合には、正式には、

7.29 **What is your nationality?**

や、もう少していねいに、

7.30 **(Excuse me, but) may I ask your nationality?**

と言いますが、例文7.26はこれよりもずっとくだけた日常語です。場合によっては出身地ではなく、「ここに来る前はどこにいたのですか?」の意味になることもありますが、この意味では、

7.31 **Where *did* you *come from*?**

のほうが普通です。

ところで、例文7.30のような質問は、パーティーなどで初対面の人と話をするときのきっかけとしてよく使われます。そして、相手が日本に少しでも関心を持っている人であれば、話題は日本の伝統的な文化に関連したことに移っていくでしょうから、日本のことについて英語で説明できるようになっていればパーティーに出るのも楽しくなるでしょう。

④ (人が) 来る→「~するようになる」(無意志)

7.32 **I *came to know* him at the party.**
パーティーで彼を知るようになった。

これは不定詞を伴って無意識的に「~するようになる」場合です。getにもこの用法があり、不定詞には状態動詞が来るということを第1章で述べました【→1.35参照】。その際、*get to do*のほうはcome to doよりもくだけた言い方であること、become to doは不可であることを説明しました。文法をよく知らない人で、日本語につられてか、ここにbecomeを用いる人が多いからです。なお、堅い言い方なら*grow to do*も使えます。

7.33 **You will *come to understand* me soon.**
じきに僕の気持ちがわかるようになるだろう。

7.34 **How did you *come to miss* the train?**
どうして君は列車に乗り遅れるようになったか[乗り遅れたか]?

例文7.34は、アメリカ英語では古い英語の名残として一種の決まり文句のように、

7.35 ***How came* you to miss the train?**
7.36 ***How comes* (*it*) *that* you missed the train?**
7.37 ***How come you missed the train*?**

の3通りの言い方が用いられます。例文7.35と7.36は標準ですが、例文7.37は話し言葉に限られるようです。アメリカへ行かれた方は、特に例文7.37の形を耳にされることが多かったと思いますが、How come＝Whyと考えれば、あとの語順は平叙文と一致していて使いやすいからか、これをよく口にする日本人も多いようです。

7.38 ***How come* you slam the door in my face?**
どうして目の前で戸をぴしゃりと閉めるんだ？

■（意識の中心に）近づく→（ものが）来る（物主語）■

⑤（ものが）来る→「来る、着く、達する」

7.39 **What time does the next train *come*?**
次の列車は何時に来ますか［着きますか］？

これは①の人主語に対する物主語表現です。したがって動詞comeの意味はまったく同じと考えて構いません。

7.40 **The time has *come* for us to act.**
我々の行動する時が到来した。

7.41 **Spring has *come*.**
春が来た。

例文7.41に対して、

7.42 **Spring <u>*is*</u> *come*.**
今や春である。

という、現在の状態に重点が置かれた言い方もありますが、古い英語で今ではあま

り使われません。普通には、

7.43 **Spring *is here*.**
7.44 **Spring *is now with us*.**

などと言います。

7.45 **Her hair *comes* (*down*) *to* her waist.**
彼女の髪は腰に達している。

「〜に達する」の意味では、②の場合と同じく必ずtoを伴います。そして、②の場合同様、*reach*と書き換えが可能です。

7.46 **The sound of his voice *came to* me.**
彼の声が聞こえてきた。
7.47 **At last summer *came to* an end.**
とうとう夏も終わりになった。
7.48 **The bill *came to* $500.**
勘定は500ドルになった。

また「基準に達する」というときは*come up to* standardと言います。

⑥ 来る、着く、達する→「生じる、起こる、現れる」

7.49 **Success often *comes from* hard work.**
成功はしばしば勤勉から生まれる。

これは③の人主語に対する物主語表現で、多様な意味で用いられます。類例をあげておきましょう。

7.50 **The faint voice *came from* inside the house.**
かすかな声が家の中から聞こえてきた。
7.51 **Love will *come* in time.**
時がたてば愛情が生まれてくる。

7.52 **This kind of accident will *come* (*about*), however careful you may be.**
どんなに注意してもこのような事故は起こるものだ。(aboutをつけたほうが「起こる」という意味がはっきりする)

7.53 **The sun *came* and went yesterday.**
昨日は太陽が見え隠れしていた。

⑦ 来る、着く、達する→「ある結果・状態になる、～になってくる」

7.54 **My dream has *come true*.**
私の夢がかなった。

日本の人気バンドの名前にもなり、かの有名なポップス*Over the Rainbow*(『虹の彼方に』)でも“find the pot of gold at the end of the rainbow”(虹の彼方にある黄金のつぼを見つける)と歌われているように、誰しも夢の実現を願うのは同じです。これはSVC構文で、come+〈形容詞〉で「～になる」という結果や状態の意味になります。

どういう夢か具体的に表したのが次の例文です。

7.55 **My dream of going to America has *come true*.**
アメリカへ行くという私の夢がかなった。

おおざっぱに分けると、プラスイメージのものにはcome、マイナスイメージのものにはgoが使われる、と言われています。かつて習ったJespersenの文法書に、

7.56 **It has *gone wrong*, but it will *come right* in the end.**
これまでうまくいかなかったが、終わりはうまくいくでしょう。

という例文があったのが思い出されます。そう言えばgoには、

7.57 **He *went astray*.**
彼は道に迷った。

7.58 **The milk *went sour*.**
牛乳が腐った。

7.59 **He *went pale* when he heard the news.**
その知らせを聞いて彼は青くなった。

7.60 **Come to the table quick. Your soup is *going cold*.**
早く来ないとスープが冷めてしまうよ。

など、類例はいくらでも出てきます。しかし、次のような例文もあります。

7.61 **The buttons on my jacket *came loose* [*undone*].**
ジャンパーのボタンがゆるんだ［はずれた］。

7.62 **Everything is *going well* [*wrong*].**
すべてがうまくいっている［いっていない］。

このような例外も多く、特にun-のつく形容詞はcomeが来ると考えていいと思います。したがって、例文7.55の反対の意味をおどけて言うときには、comeが使えます。

7.63 **Our dreams have come untrue.**
我々の夢は実を結ばなかった。

言葉というものは、なかなか一筋縄ではいかないものですね。

このような「結果」や「状態」は、それぞれtoやintoを使って明示的に示されることもあります。少し例文をあげておきましょう。

7.64 **The children *came to blows*.**
子どもたちはけんかを始めた。（結果）

7.65 **That case *came to trial*.**
あの訴訟事件は公判となった。（結果）

7.66 **The cherry trees *came into flower* [*blossom*].**
桜の花が咲き出した。（状態）

7.67 **The new contract *comes into effect* tomorrow.**
その新しい契約は明日効力を発する。（状態）

comeに関連して、本書では扱っていないbringについて補足しておきます。

goとtakeを自動詞・他動詞のペアだと考えると、comeとペアになるのはbringです。takeが「持っていく、連れて行く」なのに対して、bringは「持ってくる、連れてくる」という反対方向の意味です。comeとbringがペアになることを知っておくと、熟語の成り立ちを理解する際などに役に立つことがあります。

come back:	「戻る」
bring back:	「戻す」
come about:	「起きる、生じる」
bring about:	「起こす、生じさせる」
come back alive:	「生還する」
bring back alive:	「生還させる」
X *come home to* Y:	「XがYの胸にこたえる［十分に理解される］」
Z *bring* X *home to* Y:	「ZがXのことをYに痛切に感じさせる［十分に理解させる］」

また、他動詞の受動態は自動詞と同じ扱いなので、bringの受動態はcomeと同じになります。他の例で確認しましょう。

come into use＝be brought into use
「用いられるようになる」
come into force＝be brought into force
「発効する、実施される」
come to one's notice＝ be brought to one's notice
「～の注意をひく［目に留まる］」

第８章　give

■ 最も代表的な授与動詞give ■

本章では、**授与動詞**、または与格動詞（dative verb）と呼ばれる動詞の中で、最も代表的なgiveについて考えます。

この語は第３章で扱ったtakeの反意語（antonym）になっています。このことは、give and take（持ちつ持たれつ）という、なかば日本語化した英語を思い出せばおわかりになるでしょう。この動詞は、

8.1　***Give me* something.**

というようにSVO_1O_2の第４文型で使われるのが基本です。これは、最も単純な要求を表す表現として、子どもが比較的早く身につける言い方で、日本語の「くれよ」「ちょうだい」と比較することができます。Gimme（<Give me）とつづることもよくあり、また独立してGimme!（おくれよ）と間投詞的に用いられることからもその使用頻度の高さがわかります。

8.2　***Give me* the police.**
警察を呼んでくれ。

8.3　***Give me Lucy, please.***
（電話で）ルーシーはいますか／ルーシーにつないでください。

8.4　***Gimme* a break.**
ひと休みしよう／ちょっと待って／チャンスを与えて。
（= *Give me* a chance.）

この言い方は、アメリカのチョコレート菓子のテレビ・コマーシャルで、

8.5　**Gimme a break, gimme a ○○○（商品名）.**

のように使われていました。また、映画*Terminator* 2でも主人公の少年とターミネーターがふざけている場面で、

8.6　**Gimme Five.**

と言いながら、さし出された手を上からたたき返すシーンがありました。もう少し

例文を見てみましょう。

8.7 ***Give me* an example.**
何か例をあげて。

8.8 ***Give me* your name and address, please.**
お名前と住所をおっしゃってください。

8.9 ***Give me* your frank opinion.**
君の率直な意見を聞かせてください。

8.10 ***Give me* a ride [lift].**
（車に）乗せてってくれる？

このように応用範囲が実に広い表現です。アメリカの独立革命時の愛国者Patrick Henryの有名な言葉である、

8.11 ***Give me* liberty, or *give me* death.**
我に自由を与えよ、しからずんば死を与えよ。

も、このgive meの繰り返しで効果を上げています。

Give me ... はこのように素朴な、または力強い表現ですが、それだけに場合によっては失礼な言い方になったり、時には誤解を与えるようなこともありますから注意が必要です。たとえば、日本語の「... をください」につられて店でGive me ... と言うと、お金を払わないつもりだという誤解を与えるかもしれません【→1.5（get），2.10（have）参照】。また社交上の席では、Give me a (cup of) coffee, please.とpleaseをつけたとしても礼を失するでしょう。前者の場合はDo you have ... ?などの間接的な言い方で尋ねたり、後者では第２章have（2.28）でも説明したように、May I have ... ?を使うか、youを主語にしてWill you get me ... ?とするなどの工夫が必要となります。

■ giveの中核的意味「(人に) 持たせる」■

　このように、give meであれば（ただで）「くれる」「もらう」の意ですが、自分から人に対しては（ただで）「与える」（あげる、やる）の意味になります。giveの中核的意味「(人に) 持たせる」(cause someone to have) はものの移動を表しており、自分から人に移れば「与える」、人から自分に移れば「くれる」の意味になるわけです。英語ではこれをgive 1語で表し、give O_1O_2/give O_2 (to O_1)のO_2に応じて日本語の訳語が変わるだけで、基本的な意味は少しも変わらないのです。文体によっては本義的な訳語を生かして、Patrick Henryの例文8.11の訳のように「私に与える」でも可能です。これは他の派生的意味についても同じで、この「与える」という本義さえ押さえておけば、たとえば「(手紙を) 与える」→「渡す」、「(会を) 与える」→「開く」、「(言葉を) 与える」→「述べる」など、だいたい推定することができます。このようなことを頭に置いて、枝分かれ図を見てみましょう。

give の意味の枝分かれ図

```
                    (人に)持たせる
              (他動詞)          (自動詞)
              ■与える■          ■与える■
          (意志)    (無意志)
      (ものを)  (ことを)
       ①      ②         ⑤         ⑦
      与える   与える      もたらす    ものを与える
      渡す    述べる      生じさせる   たわむ
      差し出す 伝える                つぶれる
      売る                          屈する
      支払う   ③
      取る    行なう
              する        ⑥
                        なされる
              (行為を)    する
              ④
              催す
              開く
```

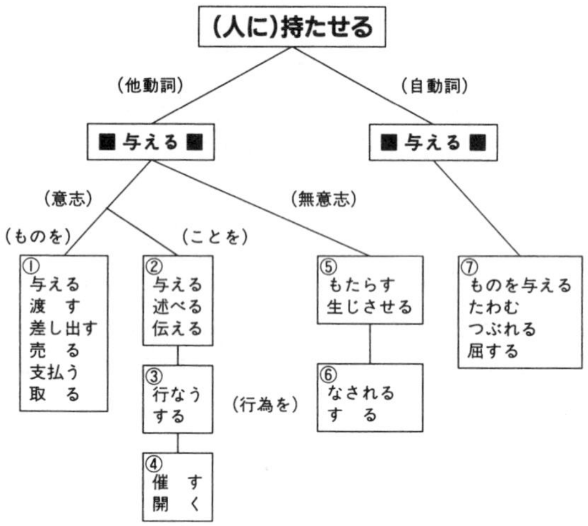

■（人に）持たせる→他動詞の「与える」（意志）■

① 与える→「（ものを）与える、渡す、差し出す、売る、支払う、取る」

8.12 **I *gave* John the book.**
私はその本をジョンにあげた。

これは第4文型（SVO_1O_2）の代表的な例文として、学校でたたき込まれた記憶のある方も多いことでしょう。そして、この文型はO_1（間接目的語、通常は〈人〉）を後ろに回して、

8.13 **I *gave* the book *to John*.**

と変形できることも同時に学んだことと思います。Johnを後ろに持ってくるのは通例、与える〈もの〉（O_2）より与えられる〈人〉（O_1）に重点がある場合、つまり「誰に与えたか」が問題になっている場合です。それだけこの文ではO_1が強調され、また強く発音されます。したがって、その本を誰にあげようかと迷っている人に対する助言であれば、

8.14 **How about *giving* the book to *John*?**
ジョンにあげたらどう？

と言うべきであり、

8.15 **How about *giving John* the book?**

では、「ジョンに何を与えようか」と思案している人に対するアドバイスになってしまいます。また、この文ではbookに強勢があり、強勢のないJohn（代名詞になる場合が多い）は省略されることもありますが、O_2は特別な場合を除いて、まず省略されることはありません。

以上のことから、次のようにO_1に強勢があることが明らかな場合は常に後置されます。これは代名詞の場合でも同じです。

8.16 **I *gave* it *to her*, but not *to him*.**
あげたのは彼女にであって、彼にではない。

8.17 **"Oh! I say, darling, you might *give* it *to me* ... only *to me*."**
ねえ、この僕にそれをくれたっていいでしょう、誰でもなくこの僕に。

ただし、強勢はなくてもO_1が長い場合や次のような修飾語がついている場合は、後置されることも覚えておきましょう。

8.18 **I *gave* the book *to my friend who was just visiting us*.**
ちょうど家に来ていた友人にその本をあげた。

次の第4文型の受身文は、O_2をSにした場合、つまり「本は誰に与えられたか」ということが話題になっているとき、こうした形をとります。

8.19 **The book *was given* (*to*) John.**
その本はジョンに与えられた。

toがカッコに入っているのは、toをつけてもつけなくてもどちらでもいいからではありません。これは「どちらでもよい」のではなく、「つける場合とつけない場合がある」と解釈してください。どのようなときにtoが必要で、どのような時にtoをつけなくてよいのかは、その受身文の元になった文を考えればわかります。

8.20 **The book *was given John*.**
←I *gave John* the book.
8.21 **The book was *given to John*.**
←I *gave* the book *to John*.

すでに述べたように、例文8.21はJohnを強調した言い方です。「誰に与えられたか」と言うとき、多くの場合O_1に重点が置かれますから、例文8.21の形が普通なのです。

疑問代名詞を使った疑問文においても、toがついたりつかなかったりすることがありますが、これも同じように説明できます。元来強勢のある疑問代名詞では、

8.22 ***Who*(*m*) did you *give it to*?**
8.23 ***Who*(*m*) did you *give it*?**

の2つの形がありますが、この場合もtoのつくほうが自然であることがわかるで

しょう。

例文8.20と8.21は能動形の文のO_2〈もの〉をSにした場合ですが、時にO_1〈人〉をSにする場合も起こってきます。これは「ジョンは何を与えられたか？」というような場合です。

8.24 John *was given* the book.

以上のように、giveの構造上の特徴として、能動形では２つ（例文8.20, 8.21)、受身形では３つ（例文8.20, 8.21, 8.24）の形が存在します。それぞれが使用される場合の言語環境とともにはっきり頭に入れておいてください。

さて、I gave the book to John.だけなら「本をあげた」ですが、これにfor 〜 をつけて、

8.25 I *gave* the book to *John for $5*.

となると、「５ドルで本を売った」となります。明示的に言えば、*sold*となるところです。また、

8.26 I *gave* $5 *for the book*.

ならば、「その本のために５ドル支払った」で、*paid*と同義になります。

8.27 He *gave* his hand to shake.

は、「握手のために手を差し出した」で、堅い言い方をすれば、*extended*を使います。

8.28 Please *give* me the salt.

は「塩を取っていただけませんか？」です。人の前で手を伸ばしてはいけない、という英米人のテーブルマナーとともによく教えられる表現で、

8.29 Please *pass* me the salt.

とも言います。

8.30 *Give* him the key. Let him drive it.
彼にキーを渡して、彼に運転してもらえばいい。

というに文も、「与える」という基本的な意味が生きています。

② 与える→「(ことを) 与える、述べる、伝える」

8.31 ***Give my love to*** **Bess.**
ベスによろしく。

Give my[our] love to ～は「～によろしく」という意味で、別れの挨拶の伝言や手紙の末尾などによく用いられる日常的な表現です。first nameで呼び合うのを好むアメリカ人どうしでは、この場合のBessは単なる友人や知り合いかもしれませんが、相手の奥さんなどの可能性もあります。バリエーションとして、

8.32 ***Send my love to*** **Bess.**
8.33 ***Give*** **[*Send*] her *my love*.**

などという言い方もあり、さらにくだけた言い方では、

8.34 ***Say hello to*** **Bess.**

という表現もよく聞かれます。逆に改まった場合には、

8.35 ***Give my best regards to*** **your wife.**

と言います。しかし、これをもし、

8.36 ***Remember me kindly to*** **Mrs. Brown.**
(Bess→your wife→Mrs. Brownの変化にも注意)

とすると、あまりにも仰々しくて、イギリス人はともかくアメリカ人にはギョッとされてしまうかもしれません。そのほかに、ここに入る例を少しあげておきましょう。

8.37 **He *gave me good night*.**
彼は私にお休みと言った。
8.38 ***Give thanks to*** **him.**
彼に礼を言っておいてください。
8.39 ***Give more attention to*** **your health.**
健康にもっと注意しなさい。

時に物主語の場合もあります。

8.40 **This book will *give* you a lot of information about the earth.**
この本を読めば、地球についてたくさんのことがわかる。

8.41 **The newspaper will *give* a full story of the accident.**
新聞はその事故の模様を詳細に報道するでしょう。

③ （ことを）与える、述べる、伝える→「（行為を）行なう、する」

8.42 **I *gave* the door *a hard kick*.**
私はドアを強く蹴った。

これは、英米人の好む名詞表現で、give a kickは、

8.43 **I *kicked* the door hard.**

のように、動詞kickだけで言い換えることができます。以下に類例をあげておきます。

● giveを使った名詞表現 ●

give him an answer = answer him
give her a kiss = kiss her
give him a call = call him「電話をかける」
give her an examination = examine her「試験［診察］する」

この言い方で注意すべきは、①や②の場合と異なり、語順がSVO_1O_2と固定していて、SVO_2 to O_1と言い換えができないことです。

8.44 ***He *gave* a kick to the door.**

もう1つは、例文8.42のようにO_2に形容詞をつけて、

8.45 **I *gave* her *a long look*.**
彼女をじっと見つめた。

という言い方ができますが、このO_2には**常に不定冠詞**がつき、

8.46 ***I *gave* her *the* (long) *look*.**

とはできないということです。これに似た表現に、

8.47 **He *gave a jump.***

というO_1のない形がありますが、ここでのgiveとは異なります。これについては、のちほど⑥で述べます。

④ (行為を) 行なう、する→「(会などを) 催す、開く」

8.48 **They will *give a party for* their children.**
彼らは子どもたちのためにパーティーを開きます。

この場合はSVO_2 for O_1となっていますが、これも、

8.49 **They will *give* their children *a party.***

と、SVO_1O_2で言い換えることができます。また、O_1以外のことが話題になっているときにはO_1はよく省略されます。

8.50 **They will *give a party* on Saturday.**
彼らは土曜日にパーティーを開きます。

この意味では、O_2にdinner、lectureなどいろいろな名詞が来ます。

8.51 ***Give* us *a song.***
1曲歌って聞かせてください。

8.52 **She is going to *give a recital* this evening.**
彼女は今夕、リサイタルを開きます。

■(人に) 持たせる→他動詞の「与える」(無意志)■

⑤ 与える→「(ことを) もたらす、生じさせる」

8.53 **Music *gives* us *a lot of pleasure.***
音楽は我々に大きな喜びをもたらす。

このgiveは、③のgiveと同様、SVO_2 to O_1の言い方はできないということに注意しましょう。この意味では人主語でも用いられます。

8.54 **My son is always *giving* me *lots of trouble*.**
私の息子には、いつも面倒ばかりかけさせられる。

8.55 **You've *given me a cold*.**
君に風邪をうつされたよ。

これらはいずれも人が「〜を起こす」原因としてとらえられていて、無意志動詞です。すでに述べたように、この場合SVO_2 to O_1の構文は不可ですが、例文8.55は、

8.56 **You've *given* me *your cold*.**

と、不定冠詞のa coldをyour coldとすると、②の構文と同じになり、

8.57 **You've *given your cold* <u>*to me*</u>.**

と、SVO_2 to O_1が可能になります。

次のような言い方もO_1の省略と考えると、ここに分類されるべきgiveと言えるでしょう。

8.58 **Seven times five *give(s)* thirty-five.**
５の７倍は35になる。

これはgive(s)の代わりに、

8.59 **Seven times five *is* [*are/ make(s)*] thirty-five.**

と言うこともあります【→第４章make⑦参照】。くだけた言い方では、

8.60 **Seven fives *are* thirty-five.**

と言います。ちなみに上の文は数式で書くと「７×５＝35」となりますが、日本人はこれを「７かける５」、すなわち７の５倍と解します。英米人とは逆になるところがおもしろいですね。

⑥ もたらす、生じさせる→「(何かの原因で行為が) なされる、する」

8.61 **The car *gave a sudden jolt*.**
車は突然ガタンと揺れた。

これは、道路に石やくぼみなどがあって、それが原因で揺れたということであり、

8.62 **The car *jolted suddenly*.**

の名詞表現です。suddenlyのような修飾語が何もつかない場合は、単に、

8.63 **The car jolted.**

となり、これでは収まりが悪いためか、名詞表現が特に好まれるようです。このgiveは、人主語でもよく用いられます。

8.64 **He *gave a nervous laugh*.**
彼は神経質そうに笑った。

8.65 **The boy *gave a shout of joy*.**
少年は喜びの声をあげた。

8.66 **He *gave a sudden jump*.**
彼は突然に飛び上がった。

以上の例では、③と同じように目的語につくのが不定冠詞であることに注意しましょう。

この意味では多くの場合、giveの代わりにtakeやhaveも用いられますが、次のような違いがあるのでまったくinterchangeableというわけではありません。たとえばgive a jumpは、何かが起こってその結果、無意志的に「飛び上がる」のに対し、takeやhaveを使うと、自分の意志で、何かしらの動機（たとえば「人の注意を引くため」など）があって「飛び上がる」ことになります。したがって、「飛び上がれ」という命令文では、giveは使えません。

8.67 ***Take* [*Have*/**Give*] a jump.**

この点がtake、haveと違うところであり、例文8.47など③のgiveとも異なるところです。

8.42 I *gave* the door *a hard kick.*（再掲）
私はドアを強く蹴った。

■（人に）持たせる→自動詞の「与える」■

⑦ 与える
→「（人が）ものを与える、（ものが）たわむ、つぶれる、屈する」

8.68 **The dam *gave* and the city was flooded.**
ダムが決壊してその町は水浸しになった。

giveは本来、他動詞ですから、自動詞の使用はまれです。あってもO_2の省略から生まれた、

8.69 **He *gave* (money) to the poor.**
貧しい人に金を寄付した。

のようなものか、

8.70 **The tree *gave* (itself) under the weight.**
木はその重みでたわんだ［折れた］。(itselfは今は用いない)

のような再帰代名詞の省略からできたものに限られると見ていいでしょう。省略と言えば、

8.71 ***give up*** (<give oneself up)「あきらめる」
8.72 ***give in*** (<give oneself in)「降参する」

などの句動詞は日常よく用いられます。

8.73 **I *give up*.**
まいった。

は「ギブアップ」と日本語化していて耳慣れたフレーズですが、これは先生に質問されてわからないときなどに「わかりません」という答えとしても使えて便利な表現です。最後にこのgive upの自動詞と他動詞の両方の用法をあげて結びとしま

しょう。

8.74 **Don't *give up* till the very end.**
最後の最後まであきらめるな。

8.75 **Don't *give up* your original intention.**
初心を忘れず頑張って。

第９章　keep

■ 状態・動作の継続を表す動詞keep ■

この章では、ある状態・動作が継続していることを表すkeepを取り上げてみましょう。この動詞は、「ボトルをキープする」「(ラグビーで) ボールをキープする」「～路線をキープする」「～の切符をキープしてある」などのように、そのまま日本語に入り込んできていますが、これはkeepを日本語にする場合にぴったりした訳語が見当たらないことが理由だと思われます。そして、いったん使われるや否や、日本語としてひとり歩きを始め、いろいろな表現を作り出していることはご存じのとおりです。

その理由の１つとして、英語と日本語では発想が裏表の関係にある点があげられます。それがわかると、日本語に訳すだけでなく英訳の際も役立ち、熟語も覚えやすくなります。

keep off→offのままでいて。
「触らないで（＝ずっとonしないで)」
keep out→outのままでいて。
「入らないで（＝ずっとinしないで)」
keep up with ～ →～を相手にupしたままにする
「～に遅れずについていく（＝ずっと～にdownしない)
keep warm→warmのままにする
「冷えないようにする（＝coldにしない)」
be kept awake→awakeのままにさせる
「眠れない（＝ずっとasleepしない)」

これらのペアは、日本語では変化が起きないことを、英語では状態が継続することを表しています。たとえば、英語では「勉強を続けよう」で、日本語では「勉強をやめないで」といった表現の違いが起こります。

「持っている」ということでは*have*と最も近い類義語ですが、haveは意志でも無意志でも使えるのに対し、keepは人主語では**常に意志動詞**です。そして、haveは期間を問題にしませんが、keepは特別の場合を除いて「長時間持っている」という**期間の長さ**が含意されます。継続の概念が根底にあるため、keepは時間のある一点や瞬時を表すような副詞とは一緒に使えません。

9.1 ***Keep* the book *at once*.**
(*cf. Take* the book *at once*.)

また、haveは抽象的なものをOとすることができますが、keepは「持っている」の意味ではそれができないということも、haveとkeepのもう１つの違いです。

9.2 **He *has* [**keeps*] *a good idea*.**

■ keepの中核的意味「持ち続ける」■

すでに述べたように、keepには「長時間持っている」という含みがあり、そこから「ずっと持っている」→「持ち続ける」という、この語の中核的意味が出てきます。

「持ち続ける」ということは、単に継続するのではなく、「まず継続されるべき状態になるための動作があり、そしてその状態が継続している」という一連の行為すべてを含みます。これがkeepの本質を知る重要なポイントです。したがって、「彼は蔵書の大部分を屋根裏に置いている」と言うとき、

9.3 **He *keeps* most of his books in the attic.**

とkeepを使うことも可能ですし、

9.4 **He *has* most of his books in the attic.**

とhaveを使うこともできますが、keepでは長時間置いていることが含意されるのに対し、haveでは期間は問題ではなく、たまたま現在そうしているという事実だけを伝えています。

keepは意志動詞ですから、通常命令文も進行形も可能ですが、haveはそれができません。

9.5 ***Keep* [**Have*] most of your books in the attic.**
君の蔵書の大部分は屋根裏に置いておきなさい。

9.6 **He was still *keeping* [**having*] most of his books in the attic when I visited him.**
彼を訪ねたとき、まだ蔵書の大部分を屋根裏に置いていた。

ところで、先のkeepの説明で「特別の場合を除いて」長期間...と書きましたが、keepは期間を表す副詞句やそうした状況的文脈（situational context）によっては短期間の意味にも用いられます。具体的には、駅などでその場を離れる必要があるとき、誰かに「ちょっと荷物を見ていてくださいませんか？」と頼む場合（これはまたあとで詳しく述べます）などです。

9.7 *Keep* my belongings for me, please.
9.8 *Keep* my belongings for me while I'm away, please.

この場合にはもちろんhaveは使えません。

以上のことは、だいたい〈もの〉ではなく、〈状態〉を持ち続ける場合にも通じます。こういったことを頭に置いて枝分かれ図を見てください。

keepの意味の枝分かれ図

```
                    持ち続ける
                   /          \
        ■ものを持ち続ける■    ■状態を(持ち)続ける■
         /         \           /            \
      (長期間)   (短期間)    (他動詞)        (自動詞)
        |          |           |               |
        ①          ②           ③               ④
     保管する    取っておく  ものを〜の状態にしておく   〜のある状態が続く
     あげる     預ける      〜し続けさせる          〜のまるである
    (約束を)守る  貸す       たえず〜させる         〜し続ける
    (家族を)扶養する                             (ものが)もつ
    (店を)経営する
```

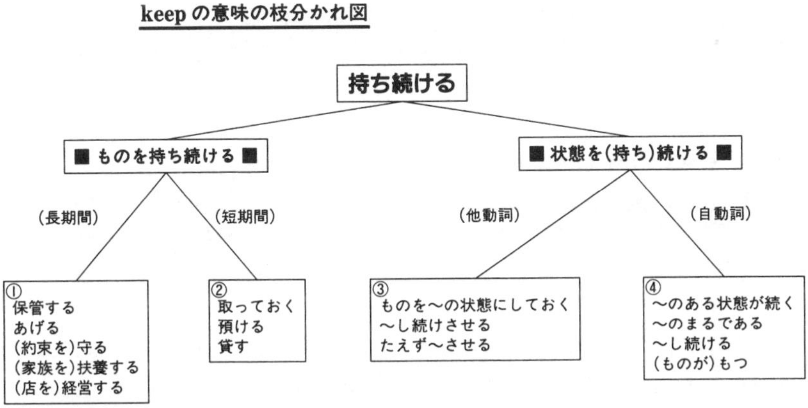

■ 持ち続ける→ものを持ち続ける ■

① ものを持ち続ける→「（長期間）持ち続ける、保管する、あげる、（約束を）守る、（家族を）扶養する、（店を）経営する」

> 9.9 **This is what you want. You may *keep* it.**
> これはあなたが欲しがっているものよ。（返さずに）持っていていいのよ［あげるわ］。

このkeepは「自分のものとして持つ」という意味で所有を表し、日常よく使われる言い方です。単に貸すだけなのかあげてしまうのか、あいまいな場合もありますが、例文9.9のように期間を表す副詞句、またはそうした文脈がない場合は、通例「永久に持ち続ける」→「あげる」の意味になります。逆に期間を表す副詞句、またはそうした文脈があれば、「その期間だけ持ち続ける」→「貸す」の意味になると考えてよいでしょう。

9.10 **You may *keep* it until Monday.**
月曜日まで持っていていいよ。(暗に「月曜日に返してね」を意味する)

これについては、また②で述べます。

9.11 **Here's $20; *Keep* the change.**
20ドルです。おつりはとっておいてください。

これは、

9.12 ***Keep* your change.**
9.13 ***Keep* the rest for yourself.**

とも言い、タクシー料金などをチップを含めて支払うときによく使われる表現です。この場合も副詞句がないので、「あげる」という意味です。

このようにして、「(長期に) 持ち続ける」という本義を押さえておけば、Oに来る名詞によって次のような意味になることが容易に理解できるでしょう

● 目的語によってかわるkeepの訳し方 ●

約束など→「守る」
家族・動物・使用人など→「扶養する・飼育する・雇う」
店など→「経営する」
日記→「つけている」

こういった意味の使われ方を例文で見てみましょう。

9.14 **She *kept her word*.**
彼女は約束を守った。

9.15 **He earns enough to *keep* his family.**
彼は家族を養っていくだけの金は十分もらっている。（単に「養う」は*support*）

9.16 **He *keeps geese* in his backyard.**
彼は裏庭でガチョウを飼っている。（「ペットとして飼う」は*have geese*）

9.17 **They *keep a stationery store.***
彼らは文房具店を経営している（単に「経営する」は*run a store*）。

9.18 **Do you *keep a diary*?**
日記をつけていますか？（１回の書く行為は*write in a diary*）

② ものを持ち続ける→「（短期間）取っておく、預ける、貸す」

9.19 **Will you *keep my seat for me* while I go to the rest room?**
トイレに行っている間（誰かがこの席をとらないように）この席を私のためにとっておいてくださいますか？

これは映画館や劇場などで開幕までの時間に用を足しに行きたいとき、座席をとられるといけないので隣の人などに頼む場合の表現です。この時、日本語の「とる」につられて、

9.20 **Will you *take* this seat for me?**

と言うと相手はとまどってしまうでしょう。というのは、これではすでに席に座っている相手に「この私の席に座ってくれませんか？」という意味になるからです。

9.21 **Will you *save* this seat for me?**

という表現もよく使われるので覚えておくとよいでしょう。saveも本来は「とっておく」で、それからsave moneyが「貯金する」になったのです。

keepはSVO$_1$O$_2$/ SVO$_2$ for O$_1$の文型をとるので、O$_1$を前に持ってきて、

9.22 **Will you *keep me my seat* while I go to the rest room?**

と言うことも可能です。日常よく使うので、類例をあげておきましょう。

9.23 **Please *keep me a place* in the queue.**
(＝Please *keep a place for me* in the queue.)
(列に並んでいて) 私の順番をとっておいていただけませんか?

9.24 **Can you *keep me two loaves of bread*?**
(＝Can you *keep two loaves of bread for me*?)
パンを2個とっておいていただけませんか?

ところで、日本では座席の上に映画のパンフレットなどを置いてトイレに立ったりしますが、アメリカではそのパンフレットはいらないものと思われてほかの人が持っていってしまうことがあり、必ずしも席をキープしていることになりません。これは、たとえば教科書をアメリカでは共有させ、日本では購入させるといったような所有権の意識の違いなのでしょう。映画のパンフレットなどでも自分はいらないが、まだ十分使えるから次に来る人のために置いていくという習慣が、アメリカでは根づいています。

■ 持ち続ける→状態を(持ち)続ける ■

③ 状態を(持ち)続ける→「ものを～の状態にしておく、～し続けさせる、たえず～させる」(他動詞)

9.25 ***Keep* your room *clean*.**
あなたの部屋をいつもきれいにしておきなさい。

これはkeep O Cで「OをCの状態にし続ける」という意味です。昔、西ロンドンのノッティング・ヒルで白人対黒人の人種騒動が起きたとき、白人のイギリス人が、

9.26 ***Keep* Britain *White*!**

と叫んだと言われます。これは「英国をいつまでも白人のものに」ということで、あからさまに言えば「有色人種は締め出せ」、ここでは「黒人は出ていけ」ということを暗に述べているのです。同じ構文で、

9.27 ***Keep* America *Beautiful*.**
アメリカをいつまでも美しく。

というスローガンもよくお目にかかります。この構造を細かく説明すると、「OをCの状態にさせて（比較的長時間）その状態を続ける」という意味です。Cには形容詞、分詞、場所を表す副詞句が来ます。

9.28 **He *kept* the door *open*.**
彼はドアをずっと開けたままにしておいた。

これをleaveを使った次の文と比べてみてください。

9.29 **He *left* the door *open*.**
彼はドアを（閉めるのを忘れて）開けっ放しにしておいた。

leaveには意図がないのに対し、keepでは意図（＝何か訳があってドアを開けたままにしておいた）が感じられます。

ところで、英仏辞典の*Oxford-Hachette French Dictionary*に、keepとleaveについて次のような記述があります。

keep (v.) 1 cause to remain
leave (v.) 3 let remain

keepは「こちらからの働きかけによって、何かがremainするように仕向ける」で、leaveは「何かがremainしようとして、そうさせておく」を表します。図式化すると、

X keep Y (+ α)→X cause Y to remain (+ α)
X leave Y (+ α)→X let Y remain (+ α)

となります。

たしかに、keep the door open（ドアを開けておく）は開けていることが意図的である印象を与えますし、leave the door open（ドアを開けっぱなしにしておく）は、開ける意図の有無に焦点がなく、放置していたらそうなってしまったといったような印象を与えます。また、keep the light on（明りを点けておく）とleave the light on（明りを点けたままにしておく）にも同様です。

次に、Cに過去分詞が来る場合の例をあげておきましょう。

9.30 ***Keep* me *informed* of your work.**
あなたの仕事についてたえず私に知らせてください。

これは手紙の終わりで結びの言葉としてよく使われる表現です。
次に副詞句が来る場合です。

9.31 **He always *keeps* his hands *in his pockets*.**
彼はいつも手をポケットに入れている。

9.32 **The disease *kept* me *in the hospital* for three months.**
その病気で３カ月入院した。

例文9.32はfor three monthsという期間を示す副詞句がついていますが、これはもっと短い期間、たとえばfor three daysでも構いません。したがって、上の例文は、

9.33 ***Keep* your room *clean until noon* [*for a while*].**
昼まで［しばらくの間］部屋はきれいなままにしておきなさい。

と言うことも状況によっては可能になります。
では、物主語の場合を見てみましょう。

9.34 **These clothes will *keep* them *warm*.**
この服を着ていれば、彼らは暖かいだろう。

9.35 **The computer game *kept* his children *amused*.**
コンピューターゲームで彼の子どもたちは楽しんでいた。

また、副詞句がfrom O´のときは「OをO´から離しておく」→「OにO´させない」「OをO´に（見えないように）隠す」などの意味になります。

9.36 **Seat belts and shoulder straps *keep* you *from moving* around on the seat at sudden stops and turns.**
シートベルトや肩かけ式シートベルトは、急停止や急カーブの際、座席からずれないようにする。

9.37 **That bad news should be *kept from her*.**
あの悪い知らせは彼女に知らせてはいけない。

9.38 ***Keep* this and all drugs *out of the reach of* children.**
この薬はもとより、薬はすべて子どもの手の届かないところに保管してください。

例文9.38は、アメリカで市販されているほとんどの薬のパッケージに記されている文句です。

次に、重要なSVO doing構文に移ります。

9.39 **I am sorry to have *kept* you *waiting* for a long time.**
長い間お待たせしてどうもすみません。

これも日常生活でよく使う表現です。範例はやや改まった堅い表現ですが、少しくだけて、

9.40 **I *appreciate* your waiting for so long.**

とか、もっとくだけて、

9.41 **Sorry to have kept you waiting so long.**

とも言い、さらに簡単に、

9.42 **Thank you for waiting so long.**
9.43 **Thanks for waiting so long.**

などと言います。日本人的発想では、どうしてもsorryを含む言い方になりがちです【→3.17参照】が、このようにたくさんの言い方があるので、場面や相手に応じて適当に使い分けると便利です。

類例をもう少しあげておきましょう。

9.44 **The teacher *kept* him *talking.***
先生は彼に話を続けさせた。

9.45 **They use computers to *keep* the traffic *running* smoothly.**
彼らはコンピューターを使って交通機関がいつもスムーズに運行するようにしている。

④ 状態を（持ち）続ける→「～の状態が続く、～のままである、～し続ける、（ものが）もつ」（自動詞）

9.46 **Be quiet! Shh. *Keep quiet*!**
静かに。シー。静かにしていなさい。

初めのbe quietは「静かにする」ですが、あとのkeep quietは「静かにしている」です。keepのあとには、このように形容詞、あるいは場所を表す副詞句、分詞などが来ます。ちなみに、ShhはShともSshとも、さらにはShhhと綴られることもあります。

ロンドンの動物園（the Zoo）とともに有名なニューヨークのthe Bronx Zooで、

9.47 **Shhh. Birds are nesting.**
シー。鳥たちが巣作りの最中です。

という表示を見たことを思い出します。

9.48 ***Keep off* the grass.**
芝生への立ち入り禁止

もよく見かける掲示です。このkeepは「ある場所や状態にい続ける」という意味で、③に対する自動詞用法です。「芝生のところまではよいが、そこからは離れた状態でいなさい」という意味です。これに関連して思い起こされるのは、戦後アメリカ軍が駐留していた頃に見かけた、

9.49 **Off limits**
（ある領域への）立ち入り禁止

という掲示です。これもkeepの省略と考えていいでしょう。この立て札を限界として、ここまではよいが、ここからはいけない、という発想は当時の日本人にはなかなか呑み込めなかったという記憶があります。イギリス軍の駐留した西部の地方では、

9.50 **Out of boundary**

となっていました。これは現代の、

9.51 ***keep off***
9.52 ***keep out***

に当たるようです。

9.53 EXIT 50 NEXT *KEEP RIGHT*
出口50は次。右の車線に寄れ。

これは高速道路などを走っているとよく見かける表示です。高速道路の出口には順に番号がついていて、たとえばEXIT 50で出たい人のために、その前に上記のような表示があるのです。KEEP RIGHTは一般的には「右側通行」ということですが、ここでは「(右に曲がるために) 右の車線に入り、そのまま維持せよ」ということです。文法的には、

9.54 ***Keep* to the right.**

のto theが省略されたものです。これは、

9.55 ***Turn* (to the) right.**
9.56 ***Go* (to the) west.**

と言うのと同じです。

9.57 ***Keep in touch.***
(手紙などの最後で) またご連絡ください。

これは、直訳すると「連絡を取り合った状態を続けましょう」で、電話の最後にも「また電話ちょうだいね」の意味でよく使われます。
また、keep from doingで「～しないでいる」という意味になります。

9.58 **He could hardly *keep from laughing.***
彼は笑わずにはいられなかった。

これは、keep himself from laughingとoneselfを補うとわかりやすいでしょう【→p.12参照】。

〈もの〉を主語にとることもあります。

9.59 **The cake won't *keep*; we had better eat it right now.**
そのケーキはもたないだろう。今すぐ食べたほうがいい。

9.60 **"I have something to tell you."**
"Won't it *keep* until tomorrow morning?"
「君に話したいことがあるんだ」「明日の朝まで待ってくれないか」

keepのあとに現在分詞が来る例を見てみましょう。

9.61 **He *kept talking* for an hour.**
彼は1時間しゃべり続けた。

これはすでに述べた③の、

9.44 The teacher *kept* him talking.（再掲）

の自動詞用法です。次もこの例に入ります。

9.62 ***Keep* smiling.**
たえず微笑を。

なお例文9.61は、

9.63 **He *kept on talking* for an hour.**

と副詞onを加えて言うこともありますが、この場合は行為の継続・反復が特に強調され、しばしば話し手のいらだちを暗示します。したがって、「彼は休みなく話し続けた［何度も何度も話した］ので困った」といった感じになります。

この場合、注意すべきはkeepに続く動詞は動作動詞で、Sの意志でその動作を行なっているいうことです。つまり、「電車が混んでいたので1時間立ち通しであった」と言いたいときに、

9.64 ***He *kept* standing for an hour in the crowded train.**

のような言い方はできないのです。例文9.61のtalkとは違って、stand（立っている）は自分の意志ではないからです。この場合はどうしても、

9.65 **He *had to* stand for an hour in the crowded train.**

のように訳さないといけません。ただ、standでも「自分の意志で座らずにじっと立っている」という意味になることもあり、その場合には、

9.66 **He *kept standing* for an hour.**

と言えないことはありません。しかし、それはまれな例だと言っていいでしょう。このことを知っていると次のような文に出会ったとき、英文を十分に味読できるでしょう。読者の方々もひとつ試してみてください。

9.67 **He went over to the door and let himself out. I *kept on sitting* in the chair.**

—— F. Flora, *Variations on an Episode*

彼はドアのところへいって出ていったのだが、私はずっと椅子に座ったままだった。

sitはstandと同じ状態動詞で無意志ですが、ここではただ「座っていた」というだけでなく、彼を見送りもしないで故意に座り続けていた、といった感じがよく出ています。

第10章　see

■ 代表的な知覚動詞see ■

本章では、**知覚動詞**（verb of perception）の中で代表的なseeを考えてみましょう。下の表にまとめたように、知覚動詞には視覚、聴覚、嗅覚などを表すさまざまな動詞があります。

● おもな知覚動詞 ●

視覚：	see, look, watch
聴覚：	hear, listen
嗅覚：	smell
味覚：	taste
触覚：	feel, notice

この中の視覚を表す動詞のうち、seeは本来無意志の状態での知覚であり、意志を持って見ようとするwatchやlookとは区別されます。

10.1　**I *looked* [*watched*] but *saw* nothing.**

これは聴覚のhearが無意志であるのに対してlistenが意志動詞であるのと同じことです。

10.2　**I *listened* but *heard* nothing.**

しかし、seeにも意志を持って見る意味が派生しており、lookやwatchとの使い分けが言語学的にも興味あるところです。

日本語の「みる」を考えてみると、これには「観察する（様子を「見る」）」「見なす（大目に「見る」）」「調べる（辞書を「見る」）」「見物する（お祭りを「見る」）」「占う（手相を「見る」）」「世話をする（親を「みる」）」「経験する（痛い目を「みる」）」などの意味が派生しています。おもしろいことに、英語のseeにもこれとほとんど同じ意味が派生しています。果たして日本語と英語で同じ語の進化を遂げたのかどうかは今後の研究を待たなければなりませんが、このような目で意味の枝分かれ図を見てください。

seeの意味の枝分かれ図

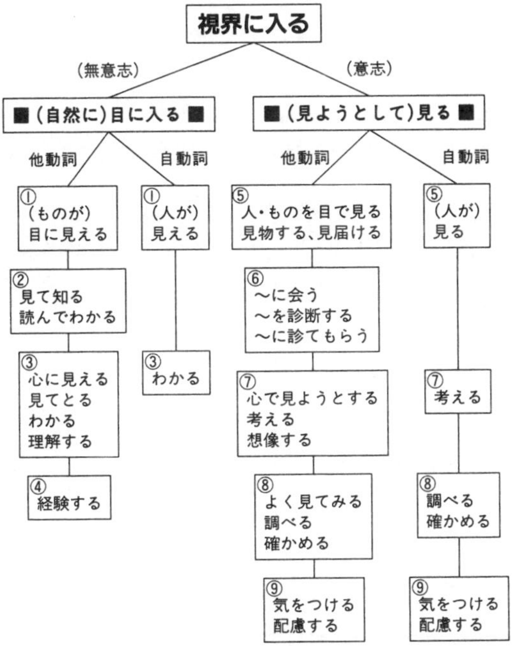

■ seeの中核的意味「視界に入る」■

seeの中核的意味は「視界に入る」、つまり「目に見える」であり、それから本来の無意志の「(自然に) 目に入る」と意志の「(見ようとして) 見る」に大きく二分することができます。

「見える」からは、他動詞の「～を見て知る」、「～が心に見える」→「～がわかる」、「～を経験する」と、自動詞の「(人が) 見える」、「心に見える」→「わかる」という意味が分化しています。

「見る」からは、他動詞の「人を見て話す」→「～と会う」、「心の中で見る」→「～を考える」、「調べる」、「気をつける」と、これらにほぼ対応する自動詞の意味が派生しています。こう考えると、「わかる」と「考える」のように一見似ている意味であっても、無意志と意志という違った範疇に分けられるということがおわかりでしょう。

■ 視界に入る→（自然に）目に入る（無意志）■

この意味では「実際にものが見える」ことから「（心に）見える」→「理解する」や「見えた知識や技術を自分のものにする」→「経験する」の意味が派生します。

① （自然に）目に入る
→「（ものが）目に見える」（他動詞）；「（人が）見える」（自動詞）

10.3 **The star *was seen by* lots of people.**
その星は多くの人々（の目）に見えた。

視覚の対象が自然に目に入ってくる状態を意味しています。したがって、文法的には、比較的意志動詞と連動しやすい進行形をとることはできません。

10.4 ***I *am seeing* the star.**

「（今）見えている」という状態を表したいときは、canをつけて、

10.5 **I *can see* the star.**

とするのが、日本語のニュアンスを最も良く表現する言い方です。

このseeは無意志なので、この意味では命令形や進行形にできません。注意が必要なのは、受身にした場合、視覚の対象が目に入ってくるというところからvisible to the naked eye（肉眼に［で］見える）と同様に、

10.6 ***The star *was seen to* lots of people.**

と言いたくなりますが、これは普通ではないようです。この点、同じ状態動詞のknowを受身形にする場合とは異なります。

10.7 **The star *was known to* lots of people.**
その星は多くの人々に知られていた。

10.8 **We *saw* her *cross* the street.**
私たちには彼女が通りを横断するのが見えた。

この場合、通例、横断歩道の渡り始めから渡り終えるまでを見ていたことを示し

ます。横断している途中に見た場合は、

10.9 **We *saw* her *crossing* the street.**

のほうが適切でしょう。受身形はそれぞれ、

10.10 **She *was seen to cross* the street.**
10.11 **She *was seen crossing* the street.**

となります。

Oの次にはこのように動詞の原形、現在分詞のほか、過去分詞が来ることもあります。

10.12 **I have often seen a bribery overlooked.**
私は賄賂が大目に見られるのを何度も目にした。

② （ものが）目に見える→「見て知る、読んでわかる」（他動詞）

10.13 **"Excuse me, could you tell me where the station is?"**
"Over there."
"I *see* it. Thank you very much."
「すみません。駅がどこにあるか教えていただけませんか？」「あそこです」「あれですね。どうもありがとうございます」

このseeは、「駅が見えた」ということと「駅がどこにあるのかわかった」ということの両方を意味しています。つまり、「見て〜だと知る」という意味なのです。①と③の両方の意味を併せもっていると言えるでしょう。類例をあげておきます。

10.14 **I *see* in the paper that stocks crashed.**
株が暴落したと新聞に出ている。

③ 見て知る、読んでわかる→「心に見える、見てとる、わかる、理解する」(他動詞);「わかる」(自動詞)

10.15 **"You must study harder." "I *see*."**
「もっと一生懸命勉強しなさい」「わかりました」

何やら耳の痛いフレーズですね。このseeは、*understand*と同義です。日本語では、「わかりました」と過去形で言いますが、英語では現在形を使います(*cf.* I am surprised.「驚いた」)。これはunderstandでも同じです【→1.17参照】。

10.16 **"*Do* you understand?" "Yes, I *understand*."**
「わかりましたか?」「はい、わかりました」

このseeは間投詞的に用いられることもあります。

10.17 **(You) *See*! You always say I'm wrong.**
ほら、君はいつも僕のせいにするんだね。

例文10.15〜10.17は自動詞の例でしたが、次は他動詞の例を見てみましょう。

10.18 **Tom laughed with others though he couldn't *see* that joke.**
トムはそのジョークが理解できなかったけれども、ほかの人と一緒に笑った。

このseeは、目的語にthat節やwh節が来たり、また①と異なりto不定詞がつくこともあります。

10.19 **They *saw that the dog went away.***
彼らは犬がいなくなったことに気がついた。

10.20 **I *see what you mean*.**
あなたのおっしゃった意味はよくわかります(→あなたのおっしゃったとおりです)。

10.21 **We *saw* him *to be eating* his breakfast.**
私たちには彼が朝食をとっているのがわかった（→とっているらしく思われた）。

例文10.21を、

10.22 **We *saw* him *eating* his breakfast.**
朝食を食べているところを（自分の目で）見た。

と混同しないように注意してください【→①参照】。なお、①の受身形の、

10.10 She *was seen to cross* the street.（再掲）

も能動形の直接的な知覚、すなわち身体的知覚とは異なっており、「道を渡ったようだった」という**間接的な精神的知覚**で、

10.23 **We *saw that she crossed the street*.**

の意味に近いということにも触れておきます。

④　心に見える、見てとる、わかる→「経験する」

10.24 **They have *seen* some good times together.**
彼らは何度か一緒に楽しく過ごした。

日本語の「〜な目に遭う」という意味です。これは〈もの〉や〈こと〉をSにとることができます。

10.25 **His old house has *seen* better days.**
彼の家は良かった頃を経験してきている（→だいぶ傷んでいる）。

このように「〈もの・こと〉が時代などを経験する」と言うことも、また次の例のように「時代などが〈こと〉に出会う」という言い方もできます。

10.26 **The next year *saw* further changes in the tablet markets.**
翌年には、タブレット市場にさらに変化が見られた。

■ 視界に入る→（見ようとして）見る（意志）■

本来の「実際にものを見る」は*watch*や*look*が存在しているので、seeがこの意味で使われる場合は限られています。「見に行く」などのように、視点が「見る」以外の語（ここでは「行く」）にあるときや、「（じっとものを見ないで）さっと何気なく見る」ような場合に使われます。間投詞的に用いられる場合もそうです【→10.17参照】。

10.27 ***See*! Here comes the teacher.**
ほら、先生がいらっしゃったよ。

さらに見る対象の違いによって、「会う」「考える」「調べる」「気をつける」などと意味が展開していきますが、あとのほうの語になればなるほど意志性が強くなり、lookに近づきます。

⑤ （見ようとして）見る→「人・ものを目で見る、見物する、見届ける」（他動詞）;「（人が）見る」（自動詞）

10.28 **He went to *see* a movie.**
彼は映画を見に行った。

これは「～へ行き、その結果として見えた」という意味合いが濃く、本来の無意志のseeとの境界線上に位置していると考えてください。「じっと見る」場合、静止しているものを見るときは*look*を、動くものを見るときは*watch*を使います。例文10.28ではwatchは使えませんが、テレビで映画を見るならwatch a movieとも言えます。例文10.28の場合は、go to the theater and see a movieを意味しており、視点がwentのほうにあるためseeが使えるのです。したがって、劇場・映画館・競技場などで芝居・映画・試合などを見る場合も「劇場・映画館・競技場に行く」ことが前提としてあるのでseeが用いられます。

10.29 **I *saw* a soccer game at the National Stadium last night.**
昨夜、国立競技場でサッカーの試合を見た。

もう１つの例として、

10.30 **She *saw* Paris last week.**
彼女は先週パリを見物した。

のような場合も、

10.31 **She *went to France and saw* Paris.**

と考えると、seeにもともとある無意志性が感じられるでしょう。

10.32 ***See* page 10.**
10ページを見よ。

なども同じで、

10.33 ***Open the book and see* page 10.**

の意であると考えられます。

10.34 **I'll *see* you home.**
家までお見送りします。

このhomeは副詞で、to your homeのことです。「家まであなたを見届ける」といった感じで、「駅まで見送る」なら、

10.35 **I'll *see* you to the station.**

となります。堅い言い方では*accompany*という動詞を使います。特に「歩いて見送る」のであれば、

10.36 **I'll *walk* you home.**

車の場合は、

10.37 **I'll *drive* you home.**

となります。日常生活でよく使われる表現なので頭に入れておくとよいでしょう。

⑥ 人・ものを目で見る
→「～に会う、～を診断する、～に診てもらう」(他動詞)

10.38 **I *saw* the doctor yesterday.**
昨日、(病院へ行ってかかりつけの) 医者に診察してもらった。

これは「昨日、医者を見た」「昨日、医者に会った」ともとれますが、普通の状況では「医者に会う」=「診察してもらう」ですから、上記のような訳になります。日本語では「医者が患者を診る」と言いますが、おもしろいことに英語ではsee a doctor (診察してもらう) もsee a patient (患者を診察する) もどちらの表現も可能です。なお、正式には前者は*consult*、後者は*examine*を用います。また、「眼や耳など (直接、眼で診られる、または心電図などで診られる特定の部位) を診てもらう」場合は、examineだけでseeは使えません。

10.39 **I had my left knee *examined* [**seen*] by Dr. Brown.**
私はブラウン先生に左ひざをを診てもらった。

10.40 **"*See* you tomorrow. Good-by until then."**
"*See* you."
「じゃ、また明日。さよなら」
「じゃ、またね」

別れ際の挨拶としてお馴染みの表現です。ただ、これはよく「さようなら」と訳されますが、よりていねいな表現である、

10.41 **I'll *see* you tomorrow.**
明日、お目にかかります。

のI'llが省略されたcasualな表現で、話し手の意志が含まれています。すなわち、ただ単にこれで別れてしまうのではなく、いついつにまた会うつもりであることを積極的に相手に伝えている、あるいは確認をとっているのです。消極的に別れるためだけなら、

10.42 **Good-by.**
10.43 **So long.**

といった表現があります（この中間に、*See* you later [again].が考えられます。"*See* you later." "Until later."「じゃ、また」「じゃ、またね」)。したがって、いったん部屋を出るけれど、午後に帰ってきたとき、相手に必ず部屋にいてほしい場合、

10.44 ***See* you in the afternoon.**

と言えば、相手に念を押していることになります。また、週末に仕事場から帰るとき、同僚に、

10.45 ***See* you next Monday.**

と言うと、自分も相手もvacationに出ないで来週は月曜日から一緒に仕事を始めるという確認をとっていることになります。同時に、病気やけがなどで欠勤することのないように願う意味合いもあります。

ちょうどこれは、２人でしゃべっていて用事で席を立つときに言う「ちょっと失礼」という表現に似ています。これに相当する英語はExcuse me.ですが、相手に席を離れずに自分を待っていてもらいたいときには、

6.23 I'll be right back.（再掲）

と積極的表現となります。

例文10.40が意志を持った発話であることは、この呼びかけに対する返事を考えれば容易にわかるはずです。つまり、この呼びかけに対して、承諾する場合は同じく、

10.46 ***See* you tomorrow.**

を繰り返すか、例文10.40で示したように単にSee you.だけでもよく、さらにごく親しい間柄では、

10.47 **Bye(-bye).**

などと答えます。明日会うことが不明、あるいは不可能の場合は、

10.48 **No, I can't *see* you tomorrow.**
10.49 **I am sorry, I'm going on a trip tomorrow.**

など、はっきり拒否する返事となるからです。このseeは*meet*と同義ですが、使用法に違いがあります。初めて会ったときの挨拶で、

10.50 **Nice to *see* [*meet*] you.**

の場合は、どちらも使えますが、上の例文を、

10.51 ******Meet*** you tomorrow.**

とは言いません。ただし、

10.52 **I will *meet* you tomorrow.**

は可能です。例文10.40のSee you tomorrow.と似た表現に、

10.53 **I'll be *seeing* you tomorrow.**

というものがあります。こちらのほうが「明日、会おうね」といった感じで、親しみの度合いが強い言い方です。それに対して、

10.54 **Please *see* me after the lesson.**

となると、事態は一変します。「必要があるから、来なさい」といった呼び出しの表現です。学年末などに先生からこんなことを言われないように注意しましょう。

⑦ ～に会う、～を診断する→「心で見ようとする、考える、想像する」(他動詞);「考える」(自動詞)

10.55 ***See* what you've done.**
おまえのやったことを考えてみろ。

この意味では、このようにwh節を伴うことが多いのですが、ほかの構文で用いられることもよくあります。

10.56 **My wife and I *see* things the same way.**
妻と私は物事を同じように考える。

10.57 **I can't *see* my son ever owning a car.**
私の息子が車を持つなんて想像できない。

ここで注意すべきは、①の意味では、

10.58 *I *was seeing* the full moon.
満月が見えていた。

と進行形にできないのに対し【→10.4参照】、この意味では「満月を心に描いていた」と進行形にできることです。したがって、進行形が出てくれば⑦の意であることをはっきり覚えておきましょう。

次に、この意味に対応する自動詞用法の例をあげておきます。

10.59 **Let me *see*.** (=Let's *see*.)
ええと...。

10.60 **"Won't you come for the weekend?" "I'll *see* (if I can)."**
「週末にいらっしゃいませんか？」「考えておきます」

⑧ 心で見ようとする→「よく見てみる、調べる、確かめる」（他動詞）;「調べる、確かめる」（自動詞）

10.61 **Let's do this experiment to *see* if the phenomenon is true.**
その現象が正しいかどうか調べるために、この実験をしよう。

このseeは、堅い言い方では*ascertain*、*examine*と同義です。また、用い方は異なりますが、*make sure*（上例では、... make sure that ... となります）と類義語です。seeはくだけた言い方で用いられる表現で、Oには名詞（句）のほかに例文10.61のようにif節、whether節やwh節が来ます。

10.62 **Let me *see* your belongings.**
あなたの持ち物を調べさせてください。

10.63 ***See* what it looks like [how it looks].**
どのように見えるか様子を見てください。

例文10.63はwhatとhowでlikeの有無に違いがあるのに注意してください。この意味の自動詞用法として、

10.64 **Go and *see* for yourself, if you don't believe me.**
私の言うことが信じられないなら、自分で行って確かめなさい。

があります。

⑨ よく見てみる、調べる→「気をつける、配慮する」(他動詞);「気をつける、配慮する」(自動詞)

10.65 ***See that*** **supper is ready by six today.**
今日は、夕飯を6時までにできているようにしてください。

これは形式目的語itを使って、

10.66 ***See to it that*** **supper is ready by six today.**

という形で言い換えることもでき(この場合は自動詞)、日常よく使われる言い方です。この場合、注意すべきはthat節中は未来のことでも現在時制を用いるのが普通だということです。なお、例文10.66のような形式目的語を使った構文では、

10.67 ***Look to it that*** **supper is ready by six today.**

のようにlookも用いられます。おもしろいことに、この自動詞用法では、

10.68 **I will *see* [*look*] *to* the dishes.**
皿洗いは私がやります。

10.69 **I'll *look* [*see*] *after* the children.**
子どもたちの面倒は私がみます。(look afterのほうが一般的)

のように、seeもlookも用いることができます。これはseeが初めに述べたように完全に意志動詞化しているからです。この意味では、例文10.12の構文を使って、次のように言うことができます。

10.70 **I'll *see* your suitcase *carried* into your room.**
あなたのスーツケースはお部屋へ運ばせるようにいたします。

第11章　think

■ 代表的な思考動詞think ■

think、consider、believe、expect、feel、guess、imagine、supposeなどの動詞の一群は**思考動詞**（verb of thinking, thinking verb）と呼ばれています。この章で取り上げるthinkは、その思考動詞の代表格と言えます。思考動詞は思考対象そのものを直接Oとすることは比較的まれで、of、aboutなどの前置詞によって**Oについての Sの考え方や判断を示す**ことがほとんどです【→自動詞用法②′, ③, ④′, ⑤′, ⑥′, ⑦′参照】。

動詞thinkの思考対象は、〈人〉〈もの〉〈こと〉といった具体的なものというよりは、ある命題（proposition）の真偽であって、「～に関しては ... である（と思う)」というSの考えや判断を示します。そのため、**SV＋〈that節〉**とか、堅い言い方では**SVO＋(to be) C**といった文構造をとります【→①参照】。

思考というのはだいたい人に限られた能力ですから、これまで扱ってきた基本動詞のように、通例、**物主語をとることはありません**。以上の２点が思考動詞の大きな特徴です。

■ thinkの中核的意味「頭を働かせる」■

thinkは「頭［思考力］を働かせている」を中核的意味とします。「思考」と漢字２文字で書くとおり、「思う」と「考える」という２つの意味に大別することができます。つまり、本来の無意志的な「思っている」（通例「思う」と言いますが、ここでは混乱を避けるために「思っている」とします）などの意味群と、意志的に思考する「(頭を使って）考える」などの意味群の２つです。

無意志の「思っている」からは、他動詞の「～であると思っている」「～であることがわかる、(自然に）思い出す」、そして自動詞の「評価する」「(自然に）思い出す」などに意味が分かれます。

意志の「考える」からは、他動詞の「～のことを考える」「～をよく考える［検討する]」「～を意図する」「～することを予期する」が派生し、そしてこれらに対応する自動詞も派生してきます。

おそらく、thinkは言語発生における一群の思考動詞の原点であり、さらに特別な意味をより明確に表すために、その他の思考動詞believe（信じる)、consider（熟慮する)、imagine（想像する)、judge（判断する)、guess（推測する)、expect（予期する)、feel（感じる）などが開発され、進化したものと思われます。

また、thinkの重要な側面として、ものごとを断定する表現を和らげるための「緩叙語」(downtoner) または「垣根ことば」(hedge word) としての役割があります。これについてもこの章ではthinkの類義語と比較しつつ解説します。

thinkの意味の枝分かれ図

```
                    頭を働かせる
              （無意志）        （意志）
            ■思っている■      ■考える■
         他動詞    自動詞    他動詞      自動詞
         ①        ③        ④          ④'
         ～であると  (～について) ～のことを   考える
         思っている 意見を持って 考える      思考する
         信じている  いる      思考する
                  評価する
         ②        ②'       ⑤          ⑤'
         ～である   (自然に)  ～を        よく考える
         ことがわかる 思い出す  よく考える   検討する
         (自然に)   思いつく   検討する
         思い出す
         思いつく
                            ⑥          ⑥'
                            ～しようと    思っている
                            思っている    意図する
                            意図する
                            ⑦          ⑦'
                            ～することを   予期する
                            予期する     予想する
                            予想する
```

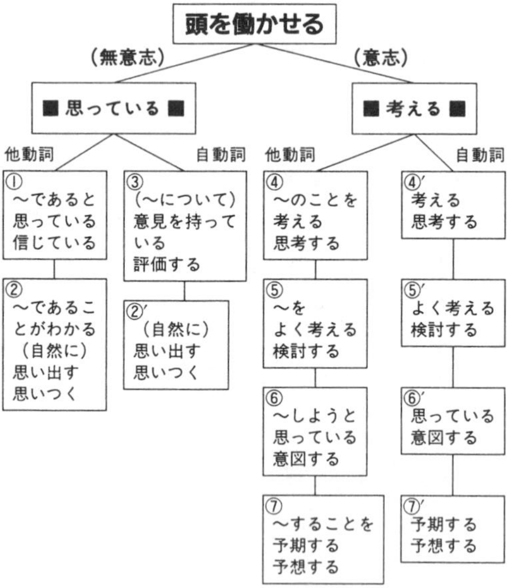

■ 頭を働かせる→「思っている」（無意志）■

① 思っている→「～であると思っている、信じている」（他動詞）

> **11.1** "Who broke this window?" "I *think* (that) Edward did it."
> 「この窓を壊したのは誰かね？」「エドワードがやったと思います」

このthinkは、思考の結果、出てきた意見・判断・結論などを述べています。ちなみにこのI thinkは、上例のように文頭に置くのが普通ですが、比較的比重が軽いので、状況によっては、

11.2 **Edward, *I think*, did it.**
11.3 **Edward did it, *I think*.**

といったように、文中、文尾に挿入句的に置くことも可能です。これはbelieve、imagine、suppose、guessなども同様です。このthinkは、通例、進行形では用いませんが、その意見・批判などが確定的でないときは可能です。

11.4 **I *am thinking* you are right.**
私はあなたが正しいものと思っておりますが. . . 。

この文のように、進行形にするとまだ思考過程の途中であるというニュアンスが感じられ、断定的にものを言わない一種の**礼譲表現**（courtesy expression）、または**丁寧表現**（polite expression）になります。さらに一例をあげておきます。

11.5 **"And I *was thinking* that you would come back to Chicago with me!"**
"But I will. Of course I will. What did you think I meant to do?"
——P. G. Wodehouse, *Black for Luck*
「あのう、私はあなたが私と一緒にシカゴに戻ってくれるといいと思っていたのですが. . . 」「いえ参りますわ、もちろんお供しますとも。私がどうするつもりだとお思いになって？」

例文11.5のように、thinkは緩叙語としての色彩が強いため疑問詞を伴う疑問文では、一般の動詞とは異なり、**疑問詞よりあと**に置かれます。この場合、答えもYes/ Noではないことに注意しましょう。

11.6 **"*Where* do you *think* [*suppose*] he lives?"**
"I *think* [*suppose*] he lives in Nagoya."
「彼はどこに住んでいると思いますか？」「名古屋に住んでいると思います」

thinkはまた、**直接話法の伝達動詞**としても用いられます。この用法は、ほかの思考動詞にはありません。

11.7 **He *thought* [**supposed*/ **guessed*], "I must be late."**
「遅れ（てい）るに違いない」と彼は思った。

thinkの目的語となるthat節は、代名詞soで代用されます。否定文の場合は堅い言い方ではnotで代用することもあります。これはほかの思考動詞guess、imagine、suppose、believeなどについても用いられます。

11.8 **"I *think* that he is wrong. Do you *think* so?"**
"No, I don't *think* [*suppose*] so. (=I *think* [*suppose*] not.)
「彼は間違っていると思います。あなたもそう思いませんか?」
「いいえ、そう思いません(=彼は間違っていないと思います)」

ちなみに、このI think so.はYesの代わりに、I don't think so.はNoの代わりにも使われます。これは日本人にはなかなか難しい使い分けです。次例でよく味わってください。

11.9 **"Could you help me?" "*I think so.* What can I do for you?"**
「手伝ってくれる?」「いいよ、何をすればいいんだい?」

11.10 **"How about a cup of coffee?"**
"*I don't think so.* I'm very tired and sleepy."
「コーヒーでもどうだい?」「いいや、やめておくよ。くたくたで眠いんだ」

I think so.に関して、アメリカに何年か住んでいた知人の話を思い出したので紹介しましょう。彼は非常に忙しく、Jimという友達と1年近く連絡を取っていませんでしたが、ある時、思い出して電話をしてみました。

11.11 **"This is Tom. Do you remember me?"**

とおそるおそる聞いたところ、しばらくして、

11.12 **"I think so."**

という答えが返ってきたそうです。"Yes, of course!"という答えを期待していた友人は、Jimがかなり怒っているなと感じたそうです。この場合、もし答えが"Yes, I do."であれば、"Yes, I remember you."という意味の直接的な表現であり、電話をかけたことを喜んでくれているとわかりますが、"I think so."は

11.13 **"I think that I remember you."**

のことであり、「覚えていると思いますよ」のように間接的な表現となるため、相手があまり喜んでいないと感じたのでしょう。

このようにI thinkには表現を間接的にする緩叙語としての働きがあり、普通の会話の中によく挿入されます。特に相手に向かって、相手の知らないことや相手が否定しそうなこと、相手の立場が悪くなりそうなことを述べるときにI thinkを使うと表現をやわらげることができます。

11.14 ***I don't think* (that) I understand what you mean.**
あなたのおっしゃったことがよくわからないのですが。

この場合、I don't think (that)をつけずに、

11.15 **I don't understand what you mean.**

とすると、「あなたが何を言っているのかわからない」とぶっきらぼうな言い方になってしまいます。

I think that ... という表現に否定語が入ってくる場合、論理的にはthat節の中に否定語が入るべきなのですが、いちばん言いたい部分（＝that節）を否定するので直接的に響き、I thinkを使う意味がなくなってしまいます。そこで通例、I don't think that ... の形をとるわけです。しかし、相手が親しい間柄で、論理的意味が先行する場合はthat節の中に否定語が入ることもありますし、次のように断言的にきっぱりと述べるほうが相手に安心感を与え、内容によっては好意的ととられる場合もthat節の中に否定語が入ります。

11.16 ***I don't think* you are wrong.**
11.17 ***I think* you are *not* wrong.**

例文11.16より11.17のほうが相手に対して失礼でないでしょう。
もう１つthinkの否定文に関する注意事項があります。

11.18 **I *don't think* he'll come.**

という否定文は、「彼が来るとは思わない」→「彼は来ないと思う」の意味ですが、同じ文でも、次の文脈で使われると意味が変わってくることに注意してください。

11.19 **I *don't think* he'll come; I *know* he'll come.**

僕は、彼が来ると（主観的に）思っているわけじゃなく、彼が来ることは（客観的に）わかっているんだ。

thinkよりknowのほうが確信の度合いが高い語ですが、この２つの類義語を対立させることによって、わかりきっていることを浮き立たせて明示的にしているのです。なお、knowよりrealizeのほうがさらに高い確信を表します。対照例としてもう１つあげておきましょう。

11.20 **He *knows*, but he doesn't *realize*.**
彼は頭では知っていても、腹ではわかっていないのだ。

11.21 **They *think* him (*to be*) a great musician.**
彼らは彼を偉大な音楽家であると思っている。

これは一般的には、

11.22 **They *think* (that) he is a great musician.**

とも言い、この構文のthat節の主語が目的語となってto be構文をとったものです。さらに堅い言い方では*consider*を使います。thinkでは、このようにC（ここではa great musician）を伴う場合はto beを略すのが普通です。ところがthinkより強い信念を表す類義語の*believe*ではto beを略すことはまずありません。

11.23 **They *believe* him *to be* a great musician.**

ここがthinkとbelieveの統語上の大きな違いです。ただし、

11.24 **She *thought* her husband *to be in his room*.**
彼女は夫が自室にいると思っていた。

のような場合のbeは「存在」を表すfull verbのbeですから、thinkでもto beを略すことはできません。このようにto不定詞は状態動詞か、進行形や完了形など状態を表す場合に限られます。

11.25 **The police *thought* him *to have gone* [**go*] to the park.**
警察は彼が公園へ行ったと考えていた。

この構文では、次のように仮主語を使う便利な言い方もあります。

11.26 **Do you *think it necessary to wait*?**
待つ必要があると思いますか？

② ～であると思っている、信じている
→「～であることがわかる、（自然に）思い出す、思いつく」

11.27 **She *couldn't think* why her son did it.**
彼女は息子がなぜそんなことをしたのかわからなかった。

このthinkは、*understand*と同義です。前章で扱った*see*にもこの意味がありましたが、このthinkは**cannotやcould notとともに用いられ、常にwh節・句を目的語**とします。

従節にshouldが使われている場合は、驚き・疑いを表すこともあります。

11.28 **I *can't think why she should* have said so.**
なぜ彼女がそんなことを言ったのかわからない。

thinkは「（自然に）思い出す」の意味でも用いられ、*remember*と同意です。やはり「思い出す」の意の*recall*という語は、堅い語であり、「努力して思い出す」という含意があります。

11.29 **I *couldn't think where* I met him.**
彼とどこで会ったか思い出せなかった。

次はこの意の自動詞用法です。この用法では前置詞ofを伴うのが普通です。

11.30 **No one *thought of* such an idea.**
誰もそのような考えを思いつかなかった。

11.31 **I often *think of* your children, especially when I go to the summer festival.**
特に夏祭りに行くときには、よくあなたのお子さんたちのことが思い出されます。

③ 思っている→「(～について)意見を持っている、評価する」(自動詞)

11.32 **I don't *think much of* his latest book.**
彼の近著をあまり高く評価しません。

think much[highly] of Oで「Oに高い評価を持っている」という意味です。この意味では必ずこのような**副詞を伴い**ます。

11.33 **I don't *have a good* [*high*] *opinion of* his latest book.**

とも言います。平叙文ではhighlyが好まれ、例文11.32のような否定文ではmuchが使われます。muchやhighlyの代わりに、ill、little、lightly、meanly、poorlyなどが来ると「～を軽んじる」という意味になります。

11.34 **He *thought little of* my work.**
彼は私の仕事［作品］を高く買ってくれなかった［大したものだと認めてくれなかった］。

また、これらに対する質問「どのように思いますか？」の疑問詞はwhatであって、howは使いません。日本語につられてよく間違えるので注意が必要です。

11.35 ***What* [******How*] do you *think of* his latest book [him]?**
彼の近著［彼のこと］をどのように思いますか？［ご意見をお聞かせください］(＝What's your opinion of ... ?)

この場合のthinkは他動詞です。自他両方で用いられるfeelと比較してみてください。

11.36 ***How* [〈まれ〉 *What*] do you *feel about* his latest book [him]?**
彼の近著［彼］をどう思いますか？

thinkもfeelも同じように「思う」と訳されますが、*feel*は根拠の薄弱な場合に用います。したがって、根拠の弱いことを表すas if節などを伴う場合は、feelのみ可能です。

11.37 **I *felt* [**thought*] *as if* he had been ill for a long time.**
彼が長い間病気であったかのように私は思った。

● 無意志のthinkの類義語 ●

believe:	「(十分な根拠があって) ～と信じている」
imagine:	「～と想像する」
suppose:	「(十分な根拠なしに) ～と推測する」
guess:	「～と推測する」(supposeよりも口語的)
know:	「～とわかる」(thinkよりも確信の度合が高い)
realize:	「(実感として) ～であるとわかる」
understand:	「～であることが (はっきりと) わかる」
remember:	「(自然に) 思い出す」
recall:	「(努力して) 思い出す」
feel:	「(なんとなく) ～と思う」(根拠が薄弱な場合)

■ 頭を働かせる→考える (意志) ■

④ 考える→「(～のことを) 考える、思考する」

11.38 **He was *thinking great thoughts*.**
彼は素晴らしいことを考えていた。

もともとは自動詞であったthinkは、このように同族目的語をとることによって、他動詞用法が発達してきたと考えられます。このthinkは辞書では他動詞として扱われていますが、自動詞から他動詞への中間地点に位置すると考えるとわかりやすいと思います。また、この場合では常に形容詞に強勢を置き、thoughtsは軽く発音されます。そのためか、このthoughtsが省略されて生まれた、

11.39 ***Think big.***
でかいことを考えよ。

という表現も、くだけた会話体でよく用いられます。
次は自動詞用法を見てみましょう。

11.40 ***Think* before you act.**
考えてから行動しなさい。

11.41 **He *thought* long and hard before coming to a conclusion.**
彼は結論を出すまでに長い間一生懸命考えた。

また、前置詞of、aboutとともに用いることもあります。

11.42 ***Think of* your family.**
あなたの家族のことを考えなさい。

11.43 **Wait a minute. I'm *thinking* (*about* it).**
ちょっと待って。(そのことを)今、考えているところなんだ。

⑤ (～のことを)考える、思考する→「～をよく考える、検討する」

11.44 **I'*m just thinking what* to do next.**
次に何をしようかちょうど考えているところです。

この場合はwh語を伴うのが普通であり、かつ進行形で用います。

11.45 **I *was thinking about* you.**
あなたのことをあれこれと考えていました。

11.46 **"Won't you come to the party?" "I'll *think about* it."**
「パーティーにいらっしゃいませんか?」「考えておきます」

例文11.46は、日本語でも同じような言い方をすると思いますが、遠回しに断る言い方で、日常よく用いられます。これに似た言い方に、maybeがあります。

11.47 **"Will you go with me?" "*Maybe.*"**
「一緒に出かけますか?」「さあ、どうしようかしら」

これは私の関係した辞書に取りあげた際、訳にずいぶん困ったものです。いずれにしても例文11.46と同じで、YesかNoかをはっきり答えたくないときに社会的潤滑油として用いられる便利な言い方です。なお、この意のthinkを強めて、

11.48 **Give me time to *think* the matter *over*.**
その件についてよく考える時間を下さい。

のように副詞overをつけて用いることもよくあります。

⑥ ～をよく考える、検討する
→「～しようと思っている、意図する」

11.49 **I *think* that we'll go to the zoo tomorrow.**
明日、動物園に行こうと思っている。

例文11.49のように他動詞で用いられているthinkは、決心や決定したことを表すため、①のthinkとは異なって、決定に達していないことを示す**進行形は不可**です。

11.50 ***I *am thinking* we'll go to the zoo tomorrow.**

自動詞用法では、だいたいがofを伴って用いられます。また、次のように通例進行形をとって、決心がまだ決定的でないことを表す言い方があります。

11.51 **We *are thinking of* going on a picnic next Sunday.**
次の日曜日にピクニックに行こうかと思っている。

このbe thinking of doingは*be planning to do*や*be going to do*と比較されます。be planning to doはその計画が進んでいることを示し、be going to doはさらに意味が強くなって「すでに計画済みの明確な意図」を示します。

11.52 **We *are planning to go* [*are going* (*to go*)] on a picnic next Sunday.**
次の日曜日にピクニックに行こうと思っている。

⑦ ～しようと思っている、意図する
→「～することを予期する、予想する」

11.53 **I *didn't think* I would find you here.**
ここにあなたがいるなんて思いもしなかった。

この意のthinkは、通例、**否定文や疑問文**で用いられますが、「予期する」意味では*expect*、「予想する」意味では*imagine*のほうが普通です。イギリス英語のくだけた言い方では、

11.54 **I *didn't think to find* you here.**

とも言いますが、アメリカ英語では古風とされ、通例expectを用います。

この意味に対応する自動詞として、

11.55 **The bus was not as crowded as I (had) *thought* [*expected*].**
バスは思ったほど混んでいなかった。

のような用法もあります。これは、ofとともに用いることも多々あります。

11.56 **I *couldn't think of* looking for my key in the drawer.**
私の鍵が引き出しの中にあるとは思ってもいなかった。

● 意志のthinkの類義語 ●

plan:	「～を意図する」
expect:	「～を予期する」
imagine:	「～を予想する」

第12章　leave

■ 出発を表す典型的な動詞leave ■

今回取り上げるleaveは、startとともに「出発」を表す典型的な動詞です。この一群の動詞の中ですぐ頭に浮かぶのは、leaveのほかに*go*や*depart*があります。やややくだけた言い方では*set off*、*be off*もあり、航空機では*take off*、自動車では*drive off*、列車などでは*pull out*、船では*sail*、*set sail*など、我々の生活に密着しているだけに、多彩な言い方が見られます。これらの動詞は、往来・発着の動詞（come、go、arriveなど）によく見られるように、現に確定している未来ならば、未来形を用いずに現在形で済ますことができ、また近い未来ならば進行形を用いて表すことができるのが特徴です。

12.1 **What time does the next train to London *leave* [*start from/ depart from/ go from/ pull out of*] here?**
次のロンドン行きの列車は何時にここを出発しますか？

12.2 **We're *leaving* [*starting*] for Europe in two days.**
２日後にヨーロッパに出発します。

● leaveの類義語 ●

go:	話し手［聞き手］から他のところへ移動する
start:	leaveの堅い言い方
depart:	移動の開始に重点がある言い方
set off:	ややくだけた言い方
be off:	ややくだけた言い方
take off:	飛行機が離陸する
drive off:	自動車が出発する
pull out:	列車がホームから出発する
sail, set sail:	船が出航する

ところで我々にとって、leaveは今ひとつ理解するのが難しい動詞です。筆者は学生の頃、夏休みを終えて学校に戻ってきた折りに、親しくしていたアメリカ人に、

12.3 **Did you *leave* your father and mother well?**

と聞かれて、一瞬答えに戸惑うと同時に、「お父さんやお母さんはお元気でしたか？」に当たるとすぐに気づいて、合理的な表現だなと感嘆しました。あえてパラフレーズを試みれば、

12.4 **Were your father and mother well, when you *left* them?**

とでもするところでしょう【→⑦参照】。

■ leaveの中核的意味「離れる」■

leaveの中核的意味は、「（ある場所をあとにして、またはあるものを残して）離れる」で、ここから「置き去りにする」「ほったらかしにする」といったような意味合いも生まれてきて、ちょっと複雑です。構文的にも特殊なものがあります。しかし、この中核的意味さえきちんと押さえておけば、「出発する」「卒業する」「辞める」「棄てる」は「場所・活動の場・心の拠り所などをあとにして離れる」の本義から出たものであり、一方の「何か（通例、〈もの〉・〈こと〉、特に〈人〉）を残して離れる」からは、意志的な場合には「残す」「預ける」「任せる」「～のままにしておく」などの意味が派生し、無意志的には「置き忘れる」「残る」「残して死ぬ」が派生するということが理解できるはずです。

leave の意味の枝分かれ図

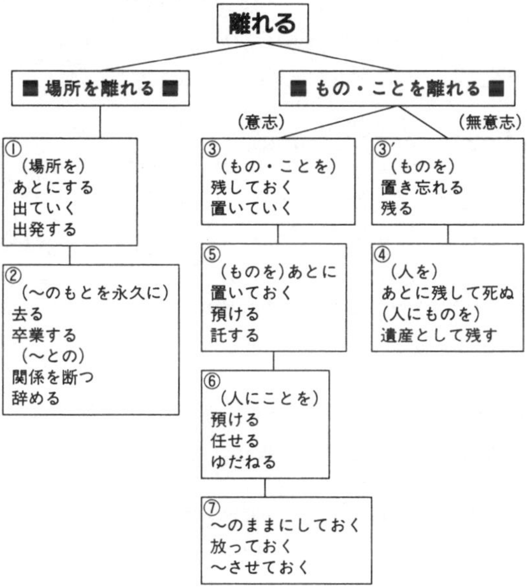

■ 離れる→場所を離れる ■

① 場所を離れる→「（場所を）あとにする、出ていく、出発する」

12.5 **He'll *leave* Japan *for* Australia tomorrow.**
彼は明日、オーストラリアに向けて日本をあとにする。

これは、leaveを使った典型的な表現として学校で最初に学ぶ構文だと思いますが、「（場所）から（場所）に」と**出発点**（＝**O**）と**目的地**（＝**for 〜**）を明示します。ただし次の例文12.6のように、目的地が明らかな場合には省略されることもあります。

12.6 **"Excuse me, Mrs. Mason. May I *leave* the classroom for a moment?" "Of course."**
「あのう、メイソン先生。ちょっと教室を出ていっていいでしょうか？」
「いいですよ」

このleaveは「(場所を) あとにして離れる」→「出ていく」ということです。ちなみに、アメリカの一部の学校では、日本のような校時表がなく、時限の始まりや終わりを知らせるチャイムやベルなどが鳴らない学校も多くあります。クラスによってまちまちで、用を足したいときなどは挙手をしてこのように言ったり、率直に、

12.7 **"May I go to the rest room?"**

と許可をとるのが普通のようです。

目的地を明示する場合は、例文12.5で示したようにfor ～ を伴います。

12.8 **I *leave* the classroom *for* the gym.**
教室を出て体育館に行きます。

このfor ～ は、場所を示す以外に、目的を表すこともあります。目的を示す場合、for ～ の代わりに不定詞句を用いることも可能です。

12.9 **They *left* his office *for* [*to have*] *dinner*.**
彼らは彼の会社をあとにして［出て］夕食をとりに行った。

次は自動詞用法です。

12.10 **I want to see you before I *leave* [*start/ depart*].**
出発する前にあなたにお会いしたいのです。

12.11 **They *leave* [*start/ depart*] *for* Japan in a few hours.**
彼らはあと2、3時間で日本へ発ちます。

これはOを省略してできたものですから、単に移動を開始して「出発する」ことを表すだけのstartなどと違い、出発点のOを暗示させる言い方です。departは堅い言い方で、日常会話ではgoを使って、

12.12 **They *go to* Japan in a few hours.**

とも言います。長い期間（あるいは永久に）帰ってこないような場合には、

12.13 **They *go away* to Japan in a few hours.**

のようにawayをつけます。このgoの場合は目的地は到達点を示してtoを使うのが、leaveやstartとは異なります。

12.14 **Well, I must be *leaving* [*going*] now.**
もうそろそろおいとましなければなりません。

これは人の家などを訪問していて、そろそろ帰りたいことを伝えるときの言い方です。

12.15 **Well, I must leave.**

でもよいのですが、進行形にすると日本語の「そろそろ」に当たる、クッションを置いた言い方になります。これは親しい間柄ならば、

12.16 **Well, I'm off.**
じゃ、失礼。

12.17 **Now I must go.**
もう帰るよ。

ぐらいの言い方になり、さらに急ぐ場合は、

12.18 **Now I must fly [dash].**
さあ、急いで帰らなくちゃ。

など、いろいろな言い方ができます。

①の意味では通例、〈人〉がSになり、意志性が出てきますが、意志を持たないもののうち、車・飛行機・列車・バスなどの乗り物は人の意志で動かせるので、例文12.1で示したように、主語とすることができます。

12.19 **The plane is about to *leave* [*take off*].**
飛行機はもうじき発ちます。

乗り物が主語の場合は、出発する場所の前にfromを伴うことがあります。

12.20 **That bus *leaves* (*from*) Tokyo Station at two o'clock tomorrow afternoon.**
そのバスは明日の午後２時に東京駅を出る。

ただし、人が主語の場合はleaveのあとにfromを使うことはできません。

12.21 **He *leaves* (**from*) Tokyo at two o'clock tomorrow afternoon.**

startにはfromが必要です。

12.22 **The bus [He] *starts from* [**starts*] Tokyo Station at two o'clock tomorrow.**

② 場所をあとにする
→「(～のもとを永久に) 去る、卒業する、(～との) 関係を断つ、辞める」

12.23 **He *left* (his) home at twenty to find a job in Chicago.**
彼はシカゴで職を探すため、20歳で故郷をあとにした。

①のleaveが一時的にある場所を離れるのに対し、これは永久にまたは長期間「～のもとを離れる」ことを意味します。ここから発展して生まれたのが、「学校を(永久に) 離れる」→「卒業する」の意味です。

12.24 **He *left* school this June and is working for a newspaper.**
彼はこの6月に卒業し、新聞社に勤めている。

このleaveは、正式には*graduate from*、またはまれに*be graduated from*と置き換えられます。graduateはアメリカでは通例、高校以上の学校（時にそれ以下の学校でも）からの卒業、イギリスでは大学からの卒業を意味します。イギリスの中等学校では卒業式がありませんから、単にleave schoolと言うのが普通です。この言い方は、時に「中退する」という意味になることもありますが、これを明確に言うときには*drop out*を用います。

「～のもとから離れる」の意味から、「(人・会社などと) 関係を断つ、棄てる」「(職を) 辞める」の意味が派生してきます。

12.25 **Bessy *left* the company to get married.**
ベッシーは結婚のために会社を辞めた。

12.26 **He promised he would never *leave* her.**
彼は決して彼女を棄てないと約束した。

12.27 **He suddenly *left* his position at the end of the month.**
彼は月末に突然、職を辞めた。

これらはいずれも*desert*と置き換えられますが、desertは「義務や約束を破って棄て去る」というニュアンスが強くなります。なお、例文12.26は、くだけた言い方では*walk out on*を使って、

12.28 **He promised he would never *walk out on* her.**

とすることもよくあります。このonは「**迷惑のon**」です（cf. a joke on me.「私にあてつけの冗談」)。以上の意味には、いずれもOを省略した自動詞用法があります。

12.29 **All we want to do is (to) *leave* at 16 and get a job.**
我々のやりたいことは16歳で学校を卒業して［やめて］職につくことだけだ。

12.30 **We are giving Tom a party when he *leaves*.**
トムが（会社を）辞めるときにはパーティーを開きます。

■ 離れる→もの・ことを離れる ■

③ もの・ことを離れる→「(もの・ことを) 残しておく、置いていく」(意志)；「(ものを) 置き忘れる、残る」(無意志)

12.31 **Mother *left* me some food.**
母は私に食べ物を少し残しておいてくれた。

これはSVO_1O_2の文型で、some food（$=O_2$）に重点がありますが、「この私に」という意味で「私」に焦点を当てると、

12.32 **Mother *left* some food *for me*.**

となります。この場合は①の行き先を示す場合と同じく、*to meとならないことに注意してください【→⑤参照】。この意では、O_1を略して、

12.33 **Don't *leave* your soup.**
スープを残さないで［きれいに飲んで］ちょうだい。

などの言い方もよく使います。

12.34 **We *have* a week *left until Christmas*.**
クリスマスまであと１週間ある。

このleftは、日本人にはなかなか難しいかもしれません。leftがないと、単に「クリスマスまであと１週間で、待ち遠しい」という意にすぎませんが、この語があると「それまでにまだやらねばならないことがある」という意味合いになります。アメリカのある言語学者から、亡くなられる数カ月前にいただいたお便りの中に、

12.35 **I *have*n't much pep *left* for anything.**
何をする気力ももうあまりないのです。

とあったのが忘れられません。ついでながら、このように感情を込めて言う場合、アメリカでもhaven'tと言うようです。

12.36 **Please *leave* your name, phone number and message after this.**
お名前、電話番号、ご用件をこのあとにどうぞ。

これは留守番電話（answering machine、answer-phone）に必ずと言っていいほど入っているフレーズです。このleaveは、「(メッセージを）留守番電話に残す」という意味です。不在の人あての用件を「私がうけたまわっておく」なら、

12.37 **Please *leave* a message (for him) with me.**

となります。

12.38 **I *left* my umbrella in the taxi last night.**
昨夜、傘をタクシーの中に（置き）忘れてきた。

わざとタクシーに傘を置き忘れる人はいませんから、このleaveは無意志と考えられますが、場合によっては意志ともとれる場合があります。その違いは脈絡に頼るしかないでしょう。

12.39 **Don't *leave* your belongings behind.**
持ち物をお忘れなく。

タクシーの中でこのような掲示を見かけることがあります。日本語では「忘れ

る」と言うため､forgetとしがちなので要注意です。leaveは物理的に「あとに残す」という原義から、常に場所を表す語を伴います。forgetは、

12.40 *__Don't *forget* your personal belongings *behind*.__

とは普通言えません。場所を示すbehindを除いて、

12.41 **Don't *forget* your personal belongings.**

ならば、少し意味が異なってきますが、構文的には可能です。これは、「～を持ってくる［持っていく］のを忘れないで」という意味になります。先日、ある私鉄に乗った折り、

12.42 **Don't *forget* anything.**

と大きく書かれ、持ち物を忘れて出ようとする乗客のポスターが目にとまりました。「お忘れもののないように」ということですね。

次のような物主語の場合はもちろん無意志です。

12.43 **The wound *left* a scar.**
けがの傷跡が残った。

12.44 **3 minus 2 *leaves* 1.**
=Two from three *leaves* (you) one.
３から２を引くとあとに１が残る［３引く２は１］。

例文12.44は次のようにも言います。

12.45 **If you take two from three, one is *left* [you are *left* with one].**

いずれも「結果としてあとに残る」の意味です。

④ （ものを）置き忘れる、残る→「（人を）あとに残して死ぬ、（人にものを）遺産として残す」（無意志）

12.46 **He *left* his wife.**
彼は妻を残して死んだ。

これは堅い言い方では、新聞などで見られるように、

12.47 **He (died last night and) *is* [**was*] *survived by* his wife.**

と言います。また、この意味で「妻に莫大な財産などを残して死んだ」と言う場合は、SVO_1O_2構文で用いられます。この場合、堅い言い方では*bequeath*を使います。

12.48 **He *left* his wife a large fortune.**

これはO_1（=his wife）に重点が置かれると、

12.49 **He *left* a large fortune *to his wife*.**

となり、この場合は*for his wifeとはなりません【→③参照】。受身形はそれぞれ、

12.50 **His wife *was left* a large fortune.**
12.51 **A large fortune *was left to* his wife.**

となります。ちなみに、例文12.46は

12.52 **He *left* his wife *when he went to Hawaii*.**

のように時間を限定する表現を加えると、「妻を残していった」→「連れて行かなかった」の意味になります【→③参照】。

⑤ （もの・ことを）残しておく
→「（ものを）あとに置いておく、預ける、託する」

12.53 **She *left* her suitcase in the cloakroom.**
彼女はスーツケースをクロークに預けた。

ものを「人に預ける」ならば、「with〈人〉」をつけて次のように言います。

12.54 **She *left* her suitcase *with* me.**
彼女はスーツケースを私に預けた。

これは比喩的に人を預けるときにも用います。

12.55 **She *left* her children *with* me while she was out.**
彼女は留守の間、子どもたちを私に預けた。

次の例文12.56は④と⑤の中間の構文と考えられます。

12.56 **His wife *left* him *with* three children to raise.**
彼は妻に死なれて、３人の子を育てねばならなかった。

⑥ （ものを）あとに置いておく→「（人にことを）預ける、任せる、ゆだねる」

12.57 **Let's *leave* the decision *to* the leader.**
決定はリーダーに一任しよう。

これは⑤から派生した意味で、SVO_2 to O_1が１つの定型としてよく用いられます。SVO_1O_2とはなりません。類例をあげておきましょう。

12.58 **I'll *leave* everything to you.**
すべて君に任せる。

ただし、O_2が不定詞の場合はこの限りではありません。

12.59 **We'll *leave you to look after* our children.**
子どもたちの世話はあなたに一任します［世話をよろしくお願いします］。

これは仮主語を使って、

12.60 **We'll *leave it to you to look after* our children.**

と言うこともできます。また、場合によっては不定詞句を動名詞句に代えて、

12.61 **We'll *leave looking after* our children to you.**

も可能です。

⑦ （人にことを）預ける
→「～のままにしておく、放っておく、～させておく」

12.62 **Don't *leave* the door *open*.**
ドアを開けっ放しにしないで。

これは「ドアを開けた状態を残して離れるな」からこのように訳されるもので、例文12.3と同じものです。これは、SVOC構文で用いられます。意味も構文もkeepに似ていますが、leave the door openは、「開けたドアをそのままにして［させて］おく」ということで、letと同様、放置・放任の意味であるのに対し、keep the door openは「ドアを開けてずっと閉めないようにしておく」という保持的な意味合いが強くなります【→9.28、9.29参照】。次の２文でも同様のことが言えます。

12.63 **She *left* her child *sick*.**
彼女は自分の子を病気のまま放っておいた。

12.64 **She *kept* her child *sick*.**
彼女は自分の子を（わざと）ずっと病気のままにしておいた。

この構文では、Cには形容詞のほかに、現在分詞、過去分詞、不定詞などが来ます。

12.65 **Bessy *left* her baby *crying* [*to cry*].**
ベッシーは赤ん坊を泣くがままにして［放って］おいた。

12.66 **Don't *leave* your homework *half-finished*.**
宿題を中途半端にしておくな。

12.67 **Who *left* the TV *on*?**
テレビをつけっ放しにしたのは誰ですか？

12.68 ***Leave* him *alone*.**
彼に構わないで［彼を放っておいて］。

例文12.68は、Oが〈もの〉ならば、

12.69 ***Leave* it *alone*.**
それはそのままにしておいてくれ。

となります。いずれも、

12.70 ***Let* him [it] alone.**

とletを使って言うことも多く、また、

12.71 ***Leave* him [it] *be*.**

とも言います。なお、Leave him alone.には「彼をひとりにしておいて」の意味もあります。

最後にCが句や節の場合の例をあげておきます。

12.72 ***Leave* me *out of this discussion*.**
私はこの討論からはずしておいてください（→私に質問しないでください)。

12.73 ***Leave* everything *as it was*.**
すべて元どおりにしておいて。

第13章　find

■ 極めて英語的な表現を生み出すfind ■

今回取り上げるfindも、前章で取り上げたleaveと同じように使いこなすのが難しい単語です。特に表現の面ではなかなかついていけないものがあります。筆者が、昔よく訪れたアメリカ人宅で、座っていたひじ掛け椅子がとても座り心地がよかったので、

13.1 **This armchair is very comfortable.**

と言ったら、

13.2 **Oh, do you *find* it comfortable?**

という答えが返ってきて、うまい表現だなと思ったことがあります。これで、

13.3 **How do you *find* Tokyo [your dormitory]?**
東京［寮］はいかがですか？

という言い方がなんとか呑み込めるようになりました。その後しばらくして、郷里でとれた干し柿を土産にあげたら、よほど珍しかったと見えて、

13.4 **Do you *find* lots of persimmons in Japan?**

と尋ねられました。「日本には柿がたくさんありますか？」ということで、日本語の「ある」や「いる」に相当するわけですが、日本人がこれを英語で言おうとしてもfindはなかなか浮かんでこないでしょう。どうしてこういう表現のギャップが生じるのか不思議です。これまでもたびたび触れてきましたが、おそらくこれは、日本人ならば物主語で言うところを、英語圏の人々は人主語を用いることが多いということに大きな違いがあるからのように思われます。

しかも、この構文は単なる物主語→人主語の転換（*e.g.* That store sells vegetables.→They sell vegetables at that store.）にとどまらず、対象を目の前にした〈人〉を中心とした展開となっており、一歩次元の高い、そしてより複雑な形になっています。この複雑さは我々学習者を悩ませるところではありますが、しかし同時に、対象が目の前にある、あるいはそれを想定しているために現実感にあふ

れた、共感を呼ぶ表現になっていることも見逃してはならないでしょう。例文13.4を、たとえば、

13.5 **Are *there* lots of persimmons in Japan?**

と尋ねた場合と比較してみてください。これは、英語と日本語のそれぞれの論理と深く関わる問題かと思います。たとえば、

13.6 **If you turn to the right at the next corner, you'll *find* the post office.**
次の角で右へ曲がると、郵便局があります。

は、英語では、「角を曲がる」という条件と「郵便局が見つかる」という結果の因果関係が明白であるのに対し、日本語を文字どおりに受け取って、ここを..., there'll be ... とすると「あなたが角を曲がる」ことが条件で、その結果として「郵便局が存在する」という変てこな関係が成立してしまうことになります（「あなた」が曲がろうと曲がるまいと、すでに郵便局はあるのですから)。日本語は、条件を切り離して、あるいはそれを呑み込んで、結果のみを独立させて表現していると言えるのかもしれません。

findではありませんが、次の例でも進行形にしている点がやはり同工と考えていいでしょう。ある時、アメリカ人と新幹線に乗り合わせたとき、たまたま富士山が窓の外に見えていて、それを見ていた彼が筆者のほうを振り向いて、

13.7 ***Am I looking at* Mt. Fuji?**

と聞いてきたのです。これも日本人の発想では、

13.8 ***Is that* Mt. Fuji (up there)?**

となるところではないでしょうか。このようなことを頭に置いておけば、findもactive vocabularyとなって、ぐっと身近なものになってくるはずです。

13.9 **"Where is my new tie?" "*Find* it in the drawers."**
「僕の新しいネクタイはどこ？」「たんすにあるわ（だから自分で探して)」

といった具合に使えるようになればしめたものです。

■ findの中核的意味「目に見える」■

　以上のことからほぼ推察されるように、findの中核的意味は第10章で述べたseeと非常に似ていて「目に見える」であり、そこから本来の無意志の「(自然に) 目に入る」と意志の「見つけ出す」の2つに大別されます。「目に入る」という直接的な肉体的知覚から「(経験して自然と) わかる、感じる」という間接的な精神的知覚の意味に発展し、「見つけ出す」からは「(人に) 見つけてやる」、さらに「(頭で) 考え出す、調べる」と派生していきます。以上のことを頭に置いて枝分かれ図を見てください。

find の意味の枝分かれ図

```
                目に見える
              ／         ＼
          (無意志)         (意志)
         ■目に入る■     ■見つけ出す■
            │              │
            ①              ③
          見つかる       見つけ出す
        (偶然に)見つける   手に入れる
          出会う       (時間など)作り出す
            │           工面する
            │              │
            ②          ┌───┴───┐
      (経験して自然と)    ④       ⑤
        わか(ってい)る  見つけてやる (頭で)考え出す
          知る        世話する    発見する
          思う                   調べる
        感じ(てい)る
```

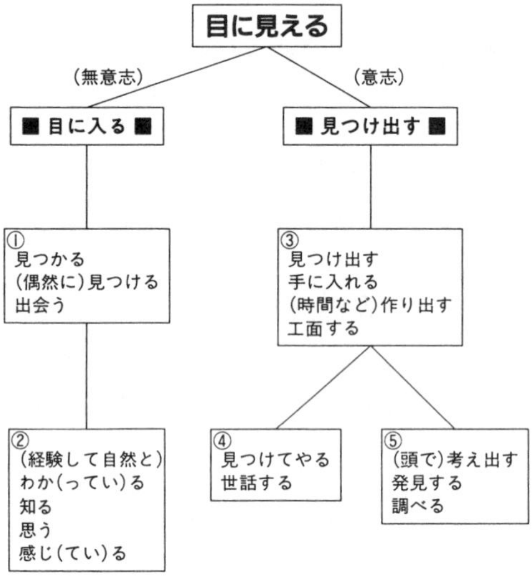

■ 目に見える→目に入る (無意志) ■

　この意味では「実際にものが目に入る」→「見つかる」という肉体的知覚から、「心に見つかる」→「わかる」という精神的知覚へと派生します。観察から直接わかるのが肉体的知覚、思考を必要として、人によって内容が違う可能性があるのが精神的知覚です。

① 目に入る→「見つかる、(偶然に) 見つける、出会う」(肉体的知覚)

13.10 **You *find* koalas only in Australia.**
オーストラリアだけにいる (←コアラはオーストラリアだけに見つかる)。

これはすでに触れたように、

13.11 ***There are* koalas only in Australia.**

と同義です。つまり、you、we、oneなどの総称的な主語をとって、単にものの存在を表す言い方です。これはまた受身にして、

13.12 **Koalas *are found* only in Australia.**

とも言いますし、あるいは「生息する」「実在する」ということですから、

13.13 **Koalas *live* [exist] only in Australia.**

とも言えます。

13.14 **She *found* a wallet on the street.**
彼女は通りで [通りを歩いていると] 偶然財布を見つけた。

これは例文13.10のような総称的な主語ではなく、具体的な主語になっていますが、明らかに無意志です。以下に類例をあげます。

13.15 **He *found* trouble everywhere he went.**
彼は行く先々、いたる所でひどい目にあった。

findが「偶然」を表す副詞句やそれに準ずる語句とともに使われているときは、必ず無意志を表します。

13.16 **There I *found by chance* a book I had been looking for.**
そこで偶然にも、それまで捜していた本を見つけた。
13.17 **I *happened to find* the missing boy in the woods.**
偶然にも、森の中で行方不明になっていた少年に会った。

13.18 **He arrived at midnight, *only to find* that everyone had gone.**
彼は真夜中に到着したが、みんな出ていったあとだった。

この意味のfindは、次のように現在分詞の目的格補語を伴って、SVOCの構文をとることもあります。たとえば、例文13.14は、

13.19 **She *found* a wallet lying on the street.**
彼女は（たまたま）通りに財布が落ちているのを見つけた。

としてもほぼ同意になります。

13.20 **You won't *find* many students *studying* Greek now.**
今どきギリシャ語を勉強している学生はあまりいないだろう。

13.21 **I *found* him *working* very hard in the office.**
行ってみると、彼が事務所で懸命に働いていた。【→②参照】

次はCが過去分詞の例です。

13.22 **We *found* the town completely *destroyed* by the storm.**
行ってみるとその町は嵐で壊滅していた。

以上のように、この意味では文脈によって「行ってみると～だ」「会ってみると～だ」「読んでみると～だ」などといった日本語を入れるとピッタリするようです。先にあげた例文13.10も「オーストラリアに行ってみるとコアラがいるよ」といった語感でしょう。これも、この意味のfindの大きな特徴の１つです。この語感を覚えておくとよいと思います。

② 見つかる、偶然に見つける、出会う→「（経験して自然と）わか（ってい）る、知る、思う、感じ（てい）る」（精神的知覚）

13.23 **I *found* that my watch had been stolen.**
気がついてみると、私の時計が盗まれていた。

このfindも①と同じく「経験してわかる」ということから、「～してみると」といったような含意があります。したがって、

13.24 **I called him to *find* that he was not at home.**
彼に電話してみると、彼が留守であることがわかった。

のように、「電話してその結果、〜がわかった」という「わかる」ための原因が先行するのが普通です。例文13.23は、that節を使わずに、

13.25 **I *found* my watch stolen.**
13.26 **I *found* my watch to be stolen.**

などと言い換えることができます。いずれも**SVOC**構文ですが、前者は個人的な経験を表し、(実際に目で見ての)肉体的知覚にも用いられるのに対し(後述)、後者は(頭の中での)精神的知覚です。また、例文13.23に比べて堅い言い方であり、客観的な伝達を表すと言われています。これを図示しますと、次のようになります【→13.32参照】。

● **肉体的知覚vs.精神的知覚と構文の関係** ●

	SVOC	SVO to be C / SV that節
肉体的	○	×
精神的	○	○

冒頭にあげた例文13.2(Oh, do you *find* it comfortable?)は、この例文13.25と同じ構文です。これはたまたま過去分詞の例ですが、that節を使った構文からSVOC構文への言い換えは形容詞、名詞、現在分詞の場合も可能です【→第10章see参照】。例文13.27から13.29までは精神的知覚の例です。

13.27 **I *found that* his lecture was boring.**
↔I *found* his lecture (*to be*) *boring*.
出席してみると先生の講義は退屈極まるものだった。
13.28 **I *found that* she was a true friend.**
↔I *found* her (*to be*) *a true friend*.
つき合ってみると、彼女は本当の友人であることがわかった。
13.29 **I *found that* he worked very hard for his family.**
↔I *found* him (*to be*) *working* very hard for his family.
彼が家族のために一生懸命働いていることがわかった。

例文13.28は次のように言い換えることもできます。

13.30 **I *found* a true friend *in her.***

また、例文13.29は、

13.31 **I *found* him *working* very hard *for his family.***

とすると、SVOCでCが現在分詞なので、すでに①で述べたように肉体的知覚となります【→13.19参照】。しかし、

13.32 **I *found* him *working* very hard.**

だけでは、「(行ってみると) 彼は一生懸命に働いていた」という肉体的知覚とも解釈できますし、「(考えてみると) 彼は一生懸命に働いていることがわかった」という観察からだけではわからない精神的知覚とも解釈できます。どちらなのかは文脈の力を借りなければなりません。注意していただきたいのは、精神的知覚の場合のみ、Cをthat節やto be句で言い換えられるということです【→13.26図解参照】。

さらに、この文型は仮目的語itをとって次のような言い方をすることもあります。

13.33 **I *found it* impossible *to do* research here.**
(来てみると) ここでは研究することは不可能であると思った。

13.34 **She *finds it* difficult *to start* a family while she is working.**
彼女は働きながら子どもをもうけるのはかなり難しいと感じている。

この構文ではしばしば「思う、思っている」とか「感じ (てい) る」などと訳されますが、thinkやfeelといった思考動詞とは異なり、「〜してみると」で表される「経験」の結果、「〜がわか (ってい) る」という意味になるわけですから、そうした含意のない場合にはfindが用いられることはありません。

13.35 **I *thought* [*felt*/ **found*] *it* polite to *take off* my hat in the church.**
教会の中では帽子を脱ぐのが礼儀だと思った。

この意味では、仮主語を使った次のような構文をとることもあります。たとえば、例文13.23を言い換えると、

13.36 ***It* was *found that* my watch had been stolen.**

となります。もう1つ類例をあげておきましょう。

13.37 ***It* has *been found that* cold water helps tired feet.**
疲れた足は冷水で冷やすとよいことはよく知られている。

● 無意志のfindがとる構文 ●

肉体的知覚の場合：	SVO
	SVOC（C＝現在分詞、過去分詞）
精神的知覚の場合：	S find that節
	S find O (to be) C
	（C＝現在・過去分詞、形容詞、名詞）
	S find it C to do
	It is found that節

■ 目に見える→見つけ出す（意志）■

この意味では、意志の「見ようとして見る」→「見つけ出す」→「手に入れる」から「（自分だけではなく）人に見つけてやる」が派生し、さらに「（研究・思考の結果、頭で）考え出す」が派生します。

③ 見つけ出す→「（捜して）見つけ出す、手に入れる、（時間・費用などを）作り出す、工面する」

13.38 **I looked for my bag but I couldn't *find* it.**
私のカバンを捜したが、見つからなかった。

このようにfindは、「行方がわからなくなったものや紛失したものを捜して見つけ出す」という意味で用いられます。この意味では堅い言い方の*discover*と類義語になりますが、discoverは、旅行会社の広告コピーで"Discover Japan"などと使われているように、これまで存在の知られていなかったものやその側面を初めて見つけ出す場合に用いられるところがfindとは異なります。

13.39 **Did you *find* [**discover*] the book you lost?**
紛失した本は見つかりましたか？

13.40 **I eventually *found* [**discovered*] what I was looking for.**
とうとう捜していたものを見つけ出した。

13.41 **Columbus *discovered* [**found*] America.**
コロンブスはアメリカを発見した。

13.42 **Penicillin was *discovered* [**found*] *by Alexander Fleming.***
ペニシリンはアレクサンダー・フレミングによって発見された。

「見つけ出す」から次例のように「(見つけ出して) 手に入れる」という意味にも発展していきます。*get*とほぼ同じ意味になりますが、違うのはfindは「何らかの努力をして捜す」という含みがあることです。

13.43 **"Hey, did you buy a new bicycle?"**
"Yes. Last week I *found* what I wanted."
「やあ、新しい自転車を買ったの？」
「うん。先週、ほしかったのを手に入れたんだ」

これも「自分がほしかったタイプの自転車をいろいろと捜してやっと見つけて買った」という意味合いがよく出ています。

また、次のように「(努力して) 作り出す」という意味もあります。

13.44 **I asked him how he *found* time to study.**
どうやって勉強する時間を作ったのかと彼に尋ねた。

13.45 **At last I *found* the courage to tell the truth.**
やっと私は本当のことを話す勇気を奮い起こした［思い切って本当のことを話した］。

このfindは物主語でも用いられますが、その場合は書き言葉にします。

13.46 **I hope *this letter finds you* in good health.**
お元気のことと思います。

13.47 ***The survey found that* 40% of women had been unfaithful to their husbands.** ——*Longman Language Activator*
その調査によると既婚女性の40%は不倫をしたことがあるという結果が出た。

さらにSVOCの形で、Oに〈人〉、補語に名詞、形容詞、分詞をとって「(捜して) Oが〜であるところを見つける」という意味でも用いられます。

13.48 **I *found her lying* dead asleep in her room.**
私は彼女が自分の部屋でぐっすり眠っているのを見つけた。

13.49 **He was *found dead* in the basement the next morning.**
彼は翌朝になって地下室で死んでいるのが発見された。

この場合、捜していて見つけたのか、偶然に見つけたのかは一文だけではわからず、文脈によるしかありません。

④ 捜して見つけ出す、手に入れる
→「(人にものを) 見つけてやる、世話する」

13.50 **He *found* his son an Easter egg.**
彼は息子にイースター・エッグを見つけてやった。

SVO_1O_2とOを2つとり、O_1は〈人〉、O_2は〈人〉〈もの〉〈こと〉が来ます。これはO_1を強調して$SVO_2$for O_1と書き換えることができます。

13.51 **He *found* an Easter egg *for* his son.**

ちなみに、イースター・エッグとは復活祭の卵のこと。キリスト教文化圏には、復活祭の日に色とりどりに彩色された卵を大人があらかじめ庭や家の中のあちこちに隠しておき、子どもたちがバスケットを片手に捜す (Easter egg hunt) という伝統行事があります。例文13.51は、小さな男の子が卵を見つけられず、父親に頼んで見つけるのを手伝ってもらったのでしょう。以下の類例も参考にしてください。

13.52 ***Find* me a taxi, please.** (=*Find* a taxi for me, please.)
タクシーを見つけてください。

13.53 **I'd like to *find* you a good job.**
(=I'd like to *find* a good job for you.)
君にいい職を世話してやりたいと思うが. . . 。

● findとその類義語の違い ●

find（わかる）*vs.* see:	seeはSVO do構文をとるが、findでは古風、または今は用いない。
find（発見する）*vs.* discover:	discoverはそれまで存在の知られていなかったものやその側面を「発見する」。findは紛失したもの・捜していたものを「発見する」。
find（見つけて手に入れる）*vs.* get:	findは手に入れるのに、何らかの努力があったことが含意される。
find（捜す・調べる）*vs.* find out:	find outは自動詞用法もあるが、findは他動詞用法のみ。

⑤ （捜して）見つけ出す、手に入れる
→「(調査・研究の結果、頭で) 考え出す、発見する、調べる」

13.54 ***Find* (*out*) how to use this dehumidifier.**
この除湿器の使い方を調べてくれ。

これも③の延長の意味です。「(使い方を) 見つけ出せ」→「調べろ」で、さらに「調べたことを自分のものにしておく」→「理解する」という意味になります。例文13.54は「使いこなせるようにしておけ」の意味になることもあります。この言い方は日常よく耳にするので覚えておくと便利です。

13.55 **Please *find* (*out*) when the plane takes off.**
飛行機はいつ出発するか調べてください。

13.56 **We *found* (*out*) that there is plenty of oil off our coast.**
我々は我が国の沖合いに多量の石油があることを発見した。

13.57 **"It's Mrs Brown from next door."**
"Well, *find out* what she wants."
「お隣のブラウン夫人がお見えです」「要件を聞いておくれ」

ここで類義語の*find out*が登場しますが、この意味ではfindよりもfind outのほうが明示的です。findは多義語ですが、find outはこれまでわからなかったこと、不明であったことをいろいろ調べた結果、「(主として抽象的なことを) 考え出す」という意味を明示的に表すのです。したがって、find outは「人・ものを見つける」という③の意味では用いられないことに注意してください。

13.58 **Will you *find* [**find out*] my glasses?**
メガネをなくしたが探してくれないか?

13.59 **No matter where you are hiding, I'll *find* you [**find you out*].**
たとえ君がどんなところに隠れようとも僕は見つけるよ。

Oに具体的な〈人〉〈もの〉が来ると、「その正体を見破る」の意味になります。

13.60 **I can't keep pretending I'm sick. They're bound to *find* me *out* eventually.**
いつまでも仮病を使っていられないよ。彼らはいつかきっと見破るよ。

また、find outはOを省略した自動詞用法もよく使われますが、findにはこの用法はありません。

13.61 **I won't tell you. You'll have to *find out* for yourself.**
言えないよ、自分で探り出さなくちゃ。

第14章　run

■ 人間の基本的な動作を表す動詞run ■

本章で取り上げるrunは、walkとともに人が地上に住む上で最も基本的な動作を表す動詞です。日本語の「歩く」と「走る」は速いか遅いかの区別しかありません。私の記憶が確かならば、昔、軍隊では「歩く」は１分間に85歩まで（並足と速足で区別がありましたが)、「走る」（これにも何種類かありました）は180歩以上と決まっていました。

これに対して英語のrunは、イギリスの代表的辞書の１つ*Concise Oxford Dictionary*（第９版）が、

run:　go with quick steps on alternate feet, never having both or all feet on the ground at the same time.

交互に足を速く動かして進み、決して両足または（動物なら）すべての足が同時に地に着かない。

と定義しているように、walk（*cf.* the walk、陸上競技の「競歩」）とは実に明快に区別されています。

ともかく人は、marathonの歴史を見てもわかるように、いかに目的地に早く着けるかということにこだわってきました。そのため、馬が使われるようになり、それが車となって、さらには（海の）船、（空の）飛行機となっていったことは周知のことです。したがって日本語でも「馬が走る」「車が走る」「船が走る」など、陸上・海上輸送機関に対して「走る」が用いられるように、英語でもrunを使うことが可能です。と同時に、これらの輸送機関は人との関係が深いため、人主語表現もよく用いられます。筆者がnativeの人と列車に乗り合わせたとき、スピードを上げてくると、

14.1　**We *are running* fast.**

と言い、トンネルに入ると、

14.2　**We *are running* through a tunnel.**

と言っていました。東京駅に着いたときも、

14.3 ***Here we are* at the station.**

と人主語を使っていたのが印象的でした。

■ runの中核的意味「連続して速く動く」■

少し前置きが長くなりましたが、runの中核的意味は「連続して速く動く」ということで、連続性と活動性がこの語の本質的な性質です。これは、

14.4 ***a long run***（ロングラン）
14.5 ***take* [*go for*] *a run***（ひと走りする）

などの名詞にも受け継がれています。

run の意味の枝分かれ図

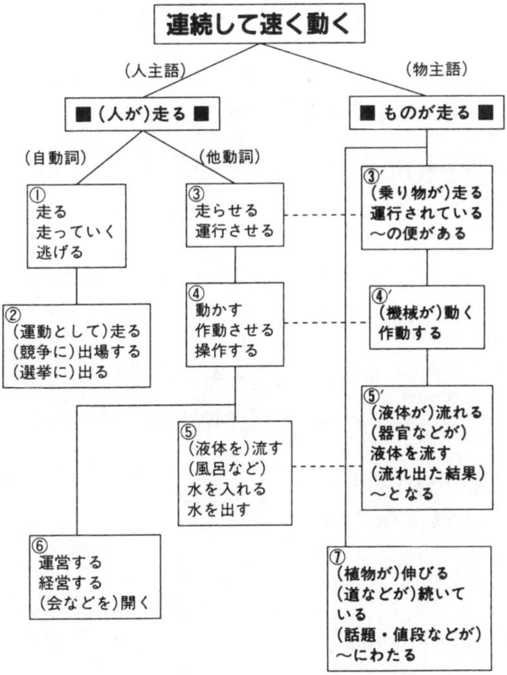

この中核的意味が、人主語をとる場合（意志的）と物主語をとる場合（無意志

的）に分かれます。人主語では自動詞「走る」と他動詞「走らせる」が派生し、「走らせる」はさらに「動かす」「（液体を）流す」「経営する」と分化していきます。一方、物主語の場合は「（乗り物が）走る」「（機械が）動く」「（液体が）流れる」「（植物などが）伸びる」と他動詞とほぼ対照的な意味の展開が見られます。

■連続して速く動く→（人が）走る（人主語）■

①（人が）走る→「走る、走っていく、逃げる」（自動詞）

14.6 **He can *run* fastest in the class.**
彼はクラスの中で最も速く走る。

この意味では、たいていこのように副詞句を伴って用いられます。このfastestは副詞の最上級ですが、くだけた言い方ではthe fastestのように形容詞の最上級と同様に定冠詞をつけることもよくあります。同じ意味をrunnerという名詞を使って表現すれば、

14.7 **He is the fastest *runner* in the class.**

となります。先ほども触れましたが、runもこれまでに出てきたいくつかの動詞と同様、しばしば名詞表現【→第3章take①など参照】をとります。

14.8 **John *took* [〈英〉 *had*] *a run* in the park before breakfast.**
ジョンは朝食の前に公園をひと走りした。

「走る」には、このように単に走る場合もありますが、何らかの目的があって走る場合もあります。その場合は、次のようにto ～ を伴います。

14.9 **He *ran* to her help.**
彼は彼女の救援に駆けつけた。

これは、to不定詞を使って、

14.10 **He *ran to help* her.**

と言い換えることもできます。例文14.9のrun to ～ は、「～のために走る」の意味ですが、

14.11 **He *ran* to her.**

となると、「彼は彼女のもとに駆けつけた」という意味になります。また、次のようにtoのあとに頼りがいのある人などが来る場合は「〜に援助を求める［頼る］」という意味も出てきます。

14.12 **That man *ran to* his lawyer.**
その男は弁護士に頼った。

to以外の前置詞句を伴う例をいくつかあげておきます。

14.13 **A group of fans were *running after* the star player.**
ファンの一群がスター選手を追っかけていた。

14.14 **We *ran for* the bus.**
我々はバスに乗ろうとして走った。（= We *ran to catch* the bus.）

また、次のように「(走って) 逃げる」という意味でもよく用いられます。

14.15 **He *ran away* (at) full speed.**
彼は全速力で逃げた。(atの省略はくだけた言い方)

14.16 **My cat's *running away*. Catch him.**
猫が逃げてしまう。捕まえて。

この意味では、だいたいこのようにawayをつけて用いられます。もちろん他の副詞句の場合もあります。たとえば、

14.17 ***run for one's life*** (必死に逃げる)

といった慣用表現などがよい例です。これは口語では単に、

14.18 ***Run for it*!**

とも言います。また、単独でも「逃げる」という意味で用いられます。

14.19 **Fire! *Run*!**
火事だ！　逃げろ！

② 走る、走っていく、逃げる
→「(運動として)走る、(競争に)出場する、(選挙に)出る」(自動詞)

14.20 **Every morning I *run* or play tennis.**
毎朝、私はランニングをするかテニスをする。

これは健康のために運動として「走る」こと (running) です。「ジョギング」(jogging) はそれよりもかなりゆっくり走ること、さらにゆっくりなら「ウォーキング」(walking) です。joggingとwalkingの間に、brisk walkingというのもあるようです。

14.21 ***go running*** (ランニングに行く)
14.22 ***take up running*** (ランニングを始める)

これが競技となると、

14.23 **I will *run* in the 400 meters.**
私は400メートルで走ります [400メートル競技に出場します]。

のように用います。そして その結果、「〜位になった」の意味も派生します。

14.24 **The horse *ran* first in the race.**
——*The Holt Intermediate Dictionary of American English*
その馬はそのレースで1着だった。

さらに、このrunは「選挙に出る」という意味にも用いられます。

14.25 **He will *run* in the next election.**
彼は次の選挙に出る [立候補する]。

選挙をレースにたとえたもので、自然発展的な意味と言えるでしょう。これは主にアメリカ語法で、イギリスでは通例standを用います。先にrunの「活動性」について述べましたが、runのほうがstandよりも選挙活動の持つ動的な感じが出ている気がします。

14.26 **He *ran* for mayor [the House of Representatives].**
彼は市長［衆議院］に立候補をした。

なお、例文14.26では役職を示す語の冠詞の省略にも注意してください。この意味のrunは、時に使役的に他動詞として用いられることがあります。

14.27 **They *ran* him for President.**
彼らは彼を大統領に立候補させた。

なお、runには、

14.28 ***run a race***（競争する）
14.29 **He *runs three miles* every morning.**
彼は毎朝３マイル走る。（＝He *runs* for three miles ...）

のように他動詞的な言い方（辞書では他動詞扱いをしています）がありますが、前者のa raceは同族目的語【→第11章think④参照】、後者のthree milesは副詞的対格（adverbial accusative）と言い、本来の意味の目的語とは異なります。したがって、これらのrunも本質的には自動詞であると考えてよいでしょう。

③（人が）走る→「走らせる、運行させる」（他動詞）

14.30 **I *ran* my horse along the county road.**
私は田舎道で馬を走らせた。

この例文14.30を別の動詞を使って言い換えるなら、

14.31 **I *caused* my horse *to run* ...**
14.32 **I *made* my horse *run* ...**

となります。makeやcauseという動詞からおわかりだと思いますが、使役用法のrunです。これは、乗り物やその他のものにも拡大して用いられます。

14.33 **They *ran* a special train for the occasion.**
その日のために特別列車を走らせた。

14.34 **My mother *runs* [*drives*] her own car.**
母は自分の車を運転する。

14.35 **He *ran* his eyes over my report.**
彼は私の報告に目を走らせた［ざっと目を通した］。

14.36 **She *ran* her fingers over the keys.**
彼女は鍵盤の上に指を走らせた。

例文14.35と14.36は自動詞用法で言い換えると、

14.37 **His eyes *ran* over my report.**

14.38 **Her fingers *ran* over the keys.**

となります。次のような比喩的用法もあります。

14.39 **He can't afford to *run* two cars.**
彼は車を２台走らせるわけにはいかない［持つ余裕はない］。

14.40 **The newspaper *ran* the scandal on the front page.**
新聞はそのスキャンダルを第１面に走らせた［第１面で扱った］。

④ 走らせる、運行させる→「動かす、作動させる、操作する」（他動詞）

14.41 **He *ran* the machine by himself.**
彼は１人で機械を動かした。

これは、

14.42 **He *caused* the machine *to run*.**

の意で、③と同じく使役の用法です。類例を見てみましょう。

14.43 **We don't need a degree to *run* a computer.**
コンピュータを操作するのに、別に学位は必要ではない。

これは「コンピュータを使うのに、大卒の必要はない」ということです。runは「動かす」の意味では、物主語をとることもあります。

14.44 **Water *runs* the turbines.**
水でタービンが回る。

これを人主語にして言い直すと、

14.45 **They *run* the turbines by water.**

となります。自動詞用法では、

14.46 **The turbines *run* by water.**

となります。

⑤ 動かす、作動させる、操作する
→「(液体を) 流す、(風呂などの) 水を入れる、水を出す」(他動詞)

14.47 **Please *run* water into the bathtub [〈英〉 bath].**
風呂に水を入れてください。

これは、「水を動かして［出して］浴槽に入れる」ということです。「風呂」をOにとって、

14.48 ***Run* a (hot) bath for me, please.**
14.49 ***Run* me a (hot) bath, please.**
私に風呂を入れてください。

のような言い方もできます。giveと同じSVO_1O_2 / SVO_2 for O_1の形式です。この意味でも物主語が可能です。

14.50 **Her eyes *ran* hot tears.**
彼女は熱い涙を流した。

これは自動詞用法では、

14.51 **Her eyes *ran with* hot tears.**

となります【*cf.* 14.68】。

⑥ 動かす、作動させる、操作する
→「運営する、経営する、（会などを）開く」（他動詞）

14.52 **He *runs* a coffee shop.**
彼はコーヒーショップを経営している。

「コーヒーショップを動かしている」→「経営している」となります。これは④の意味から派生したものです。この派生の仕方は、

14.53 **Who is *running* this country?**
この国を動かしているのは誰か？

という用例が「機械を動かす」→「国を動かす」と派生していったのと同じ流れです。
この形は非常によく使われると見え、くだけた言い方でしばしばshop（などに類する語）を略して、

14.54 **You are *running* a book?**
—— E. S. Gardner, *The Case of the Fugitive Nurse*
あなたは本屋をやっているのですね。

といった言い方も耳にします。

14.55 **She *runs* a home and goes out to work.**

なら、「彼女は家事をちゃんとこなして、かつ外に働きに出ている」といった意味になります。これは正式には*manage*を使うところです。
最近では、「（講習会などを）開く」などの意でも用いられます。

14.56 **We *run* a course for teachers.**
うちでは教員コース（の講座）を開いています。

14.57 **There was a Christmas party at the day-care center *run* by the City.**
市が運営する保育センターでクリスマスパーティーが開かれた。

■ 連続して速く動く→（ものが）走る（無意志）■

③´ 走らせる、運行させる

→「(乗り物が) 走る、運行されている、～の便がある」(自動詞)

14.58 ***The Shinkansen was running* at over 250 kilometers an hour.**
新幹線は時速250キロ以上で走っていた。

これは①の主語が〈人〉から〈乗り物〉に変わっただけのことです。冒頭でも述べたように、この新幹線に乗っている人ならば、

14.59 **We *were running* at over 250 kilometers an hour.**

と言うことができます。ここから、「(乗り物が) 運行されている」の意味が派生し、

14.60 **The bus *runs* between the two cities.**
その２つの都市の間にはバスが運行されている［バスの便がある］。

のように用いられます。「今日は雪でバスは運行していない」なら、

14.61 **The buses aren't *running* [**moving*] because of the snow on the ground today.**

となります。日本語につられてmoveとしがちですが、それは誤りです。

④´ 動かす、作動させる、操作する→「(機械が) 動く、作動する」

14.62 **My watch doesn't *run* well.**
私の腕時計はうまく動かない［調子が悪い］。

このような状況ではworkも使いますが、それは単に機械的に動くだけなのに対し、runのほうが連続性、つまり「動き続ける」の意が強くなります【→第19章work③参照】。これも日本語につられてmoveとしないように注意してください。

14.63 **How does your new engine *run* [*work*/ **move*]?**
新しいエンジンの調子はどう？

しかし、「列車［車］がゆっくり動き始めた」という場合は、

14.64 **The train [car] slowly began to *run* [*move*].**

とmoveも使えます。これは、実際に場所から場所へと進んで動くことを意味しているからです【→③′参照】。なお、「(機械が) 作動する」ということから、

14.65 **My car is *running*.**

は、車が止まっていても、エンジンが動いていれば使えることがわかっていただけるでしょう。

⑤′ (液体を) 流す、水を出す
→「(液体が) 流れる、(器官などが) 液体を流す、(流れ出た結果) ～となる」

14.66 **Water is *running* (all) over the road.**
水が道にあふれている。

これはthe roadという〈場所〉を主語にして、

14.67 **The road is *running* with water.**

と言い換えることができます。この意では、しばしばこの2つの構文があることをしっかり覚えておいてください。話し手の意識の中心がwaterにあるか、the roadにあるかによって自由に選択されるわけです。そのほかの類例をあげておきます。

14.68 **Hot tears *ran from* her eyes.**
↔Her eyes *ran with* hot tears. (14.51)
熱い涙が彼女の両眼からあふれ出た。

14.69 **Blood was *running* from his wound.**
彼の傷口から血が流れていた。

14.70 **Your nose is *running*.**
鼻水が出ているよ。

例文14.70は、youを主語にして、次のように言い換えることもできます。

14.71 **You've *got a runny nose*.**

ただし、次の言い方は誤りです。

14.72 ***You are *running at the nose*.**
14.73 ***You've *got* a *running nose*.**

ついでながら、主語に「才能」など素質を表す名詞が来ると、「血液の中に流れている」という意味から、

14.74 **Musical talent *ran* in his family.**
音楽的才能が彼の一家に流れていた。

という使われ方をします。
「(場所・器官から) 液体が流れ出る」の意は、「(流れ出た結果) ～となる」というSVC構文に発展していきます。

14.75 **The cow has *run dry*.**
その牛は乳が出きって干上がってしまった［出なくなった］。
14.76 **The river [well] has *run dry*.**
川［井戸］の水が涸れてしまった。

なお、流れがないように思われる井戸にもrunが使われるのは、地下水の流れがあるからです。流れなど考えられない人工的な溜め池とか雨などの溜まり水を表すpondの場合は、run dryとは言わず、

14.77 **The pond has gone dry.**
池の水は干上がった。

のようにgo dryを使います。類例をもう1つだけあげておきましょう。

14.78 **My blood *ran cold*.**
私はぞっとして寒気を感じた。

⑦ （ものが）走る→「（植物が）伸びる、（道などが）続いている、（話題・値段などが）～にわたる」

14.79 **The ivy is *running* up the wall.**
ツタが壁にはい上がっている。

これは、「（液体が流れるように）はって進む」感じです。次の例文のように、無生物主語でも用いられます。

14.80 **The road *runs* through the woods and along the coast.**
道は森を通って海岸沿いに延びている。

ただし、「山脈が北に走る」の場合は、

14.81 **A mountain range *stretches* [?*runs*] north.**

で、runはあまり使いません。最後に、「～にわたる」の意の例文をあげておきます。

14.82 **The story *runs for* a hundred pages.**
そのストーリーは100ページの長さだ。

14.83 **The bill *ran to* $100.**
請求額は100ドルに達した。

第15章　hold

■「保持」に至る過程までを含意するhold ■

「保持」を表す動詞には、*have*、*grasp*、*clutch*、*grab*、*catch*、*capture*、*pick up*、*grip*などさまざまなものがありますが、中でもここで扱うholdは意味的にその中心的な位置を占める動詞です。この本で取り上げてきた基本動詞の例にもれず、実に多様な意味を持っているため、日本人にはなかなかわかりにくい単語かもしれません。

第一の特徴は、holdは他のいずれの語とも違って、通例保持するに至るまでの過程が含意されていることです。

15.1　**He (picked up the club and then he) *held* it tightly.**
彼は（クラブを取り上げて）それを手にしっかりと握っていた。

もう１つのholdの特徴は、ある程度の期間にわたる持続性を含意しているということです。持続性と言えば第９章で扱ったkeepを連想するでしょうが、holdはこれよりも人に取られたり、落としたりしないように手でしっかりと握りしめる感じが強くなります。したがって、

15.2　**Will you *keep* my seat for me while I go to the rest room?**
トイレに行く間、この席をとっておいてください。

のkeepをholdに代えてみます。

15.3　**Will you *hold* my seat for me while I go to the rest room?**

この場合は、多くの人が殺到していて、そこを離れると座席を奪われてしまうといった状況などが考えられます。

電話などでは、よく継続を示す前置詞的副詞onが添えられて、

15.4　***Hold on* a minute, please.**
そのままちょっとお待ちください。

などと言います。これは正式には、

15.5 ***Hold the line*, please.**

と言うところです。ちなみにa minuteと言っても文字どおり「1分間」というわけではなく、単に「短い時間」を意味します。さらに短時間の場合は、

15.6 ***Hold on* a second.**

となり、さらには、

15.7 ***Hold on* a sec** (=second)**.**

などと言ったりしてその気持ちを表します。これは単に、

15.8 ***Hang on* a minute, please.**

と言うよりも「切ったらダメよ」という語調が強くなります。逆に言えば、

15.9 ***Don't hang up*, please.**

でもあります。

15.10 **"I want to speak to Bessy." "*Hold on*, I'll get her for you."**
「ベッシーはいますか？」「ちょっと待って、呼んできてあげるから」

のような場面を思い浮かべてください。このようにa minuteのような副詞がつかない場合でも、通例短い時間を意味し、決して長時間待たせるということにはなりません。

句動詞のhold upも、このholdの性格をよく示しています。アメリカで強盗などが使う脅し文句の、

15.11 ***Hold* 'em up.**

は、日本語では「手を上げろ」と訳されていますが、これは、

15.12 ***Hold* your hands up.** ('em=them=your hands)

であって、正確には「手を上げておれ」「上げた手を下ろすな」の意なのです。ですから、単に、

15.13 ***Raise* your hands.**

両手を上げろ。

と言う場合とは異なることに注意してください。これが今では比喩的な意味となり、たとえば、

15.14 **Sorry, I was *held up* by a visitor.**

来客があったものですから、遅くなってすみません。

のように、約束の時間に遅れたときの言い訳として使われます。hang up、retain、delayとは違って、しばらく拘束状態に置かれ、お手上げ状態といった感じが出ています。

● holdを使った句動詞 ●

hold on:	「(電話で) 切らずに待つ (＝don't hang up)、頑張る、続く」
hold up:	「上に持ち上げる、支持する、もちこたえる」
hold back:	「引っ込める、(情報などを) 出し渋る、(感情などを) 抑える、ためらう」
hold by:	「～に固執 [執着] する、同意する」
hold out:	「(手などを) 差し出す ;〈自動詞〉もちこたえる」
hold to:	「～にしがみつく、～を固守する」
hold with:	「～に賛成 [味方] する」

■ holdの中核的意味「手でじっと握りしめている」■

以上のことからほぼ推察されるように、この語の中核的意味は「手でじっとにぎりしめて放さない」状態の継続で、長期間の継続を表すkeepに比べ、短期間の一時的な継続状態を表すのが普通です。この語が持つ種々の意味は、この感じが文体的な違いに応じて派生していったと理解するとわかりやすいでしょう。

holdの意味の枝分かれ図

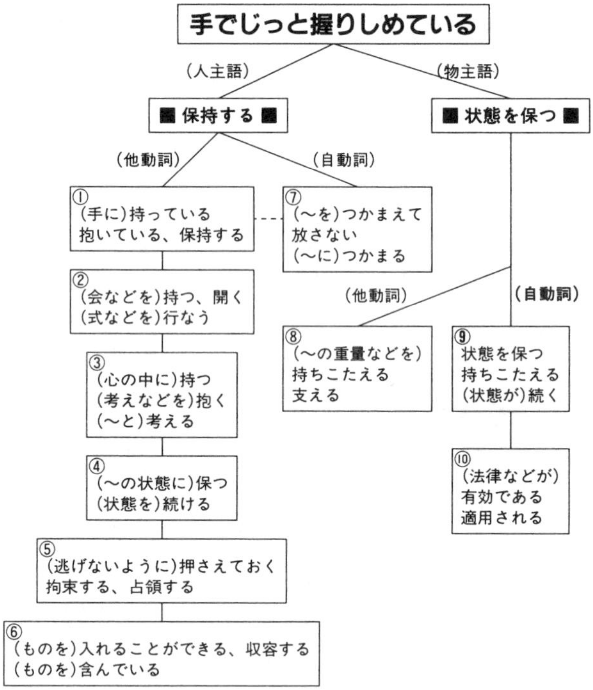

■ 手でじっと握りしめている→（人が）保持する（人主語）■

① 保持する→「(手に) 持っている、抱いている、保有する」(他動詞)

15.15 **He *held my* right arm.**
彼は私の右腕をつかまえていた。

このholdは「じっとつかんでしばらく放さない」ことを表し、この点が単に「つかむ」という意味の*grip*、*grasp*などと異なります。範例は〈人〉をOとして、

15.16 **He *held* me <u>*by*</u> the right arm.**

とも言います（くだけた非標準的な語法ではby *my* right armとも言う）。この2形

をとるのは、*catch*、*kiss*、*kick*、*knock*、*slap*、*take*、*pat*などのいわゆる「接触動詞」(surface-contact verb) のすべてに通じる特徴です。例文15.15は身体の一部(つまり右腕) に重点を置いた言い方であるのに対し、例文15.16は人に視点を向けた言い方です。前者は客観的で感情を交えない場合の表現に適し、後者は主観的で親愛の情などを含む表現とされ、ドイツ語の語法に起源を持つ由緒あるものです。

これに関連して、たとえば「彼は、ナイフを手に持ってそこに立っていた」と言うときに、日本語の「持って」につられて、

15.17 **He stood there *holding a knife in his hand*.**

と訳してしまいがちですが、これは通例、

15.18 **He stood there *with a knife in his hand*.**
彼はナイフを手に持って立っていた。

のようにwithという前置詞で表すのが普通です。さらに慣用的になると、

15.19 **He stood *knife in hand*.**

のように、前置詞も冠詞も所有代名詞も全部省略されます。この型もよく用いられるので、特につけ加えておきます。英和辞典では、withの項で説明されていることが多いのですが、この過程は次のように展開したものだと考えられます。

15.20 **holding a knife in his hand**
→with a knife in his hand
→a knife in his hand
→knife in his hand
→knife in hand

あとになるほどknife in handに注意が凝縮された堅い表現とされます。文学作品からの例を１つあげます。

15.21 **One would find him sitting in a corner, by himself, *chin in hand, elbow on knee*, to all appearances, in the profoundest meditation.**

—— A. Huxley, *Young Archimedes*

彼は1人で隅に座って、あごに手を当て、肘を膝につき、どう見てもひどく深い考えに落ち込んでいると思われるふしがよくあった。

15.22 The woman was *holding* a baby in her arms.
その女性は両手で赤ちゃんを抱いていた。

このholdの持つ「抱き上げて(pick the baby up)落とさないようにじっと抱いていた」感じが読み取れたでしょうか。

これを単に、

15.23 She *had* a baby in her arms.

と言った場合と比較してみてください。「赤ん坊を抱く」という意味では、

15.24 She *took* a baby in her arms.

とも言いますが、これはただ「腕に抱いた」という行為を表します。また、in one's armsがなくても「抱く」という意味に発展して用いられます。

15.25 He *held his baby until she went to sleep.*
彼は赤ちゃんを寝入るまで抱いていた。

そう言えば、かつて、

15.26 *Hold Me in Your Arms*

という歌もありました。この意味のholdは、*hug*、*embrace*、*cuddle*などで言い換えができますが、これらの語は通例holdより強い愛情を示すことになります。

「お互いの手と手を取り合う」は、

15.27 *hold hands*

と言いますが、これは、

15.28 *hold each other's hands*

が正式な言い方で、慣用的にeach other'sが略された成句的な表現です。

15.29 **They all sat in a circle, *holding hands*.**
彼らはみな車座になって手に手を取り合って座っていた。

ちなみに、

15.30 ***hold someone's hand***

は文字どおり「誰かの手を握る」ですが、それはしばしば相手を安心させたり慰めたりするための行為を意味をします。これは、日本でもよく行なわれる動作でしょう。

この「持っている」「つかむ」の意味のholdは、しばしば次のような名詞表現をとります。

15.31 ***take hold of ～***
15.32 ***get (a) hold of ～***
15.33 ***catch [seize/ grab] hold of ～***

これらは、holdを動詞として単独で使った場合より強調された表現になります。これはnotice（気づく）とtake notice（留意する）の関係に似ています。

15.34 **He *took hold of* my coat and snarled, "Don't you ever come in here again."**
彼は私の上着をつかんで、「絶対に２度とここに来るな」とどなるように言った。

以上の語義から「(ものを) 所有する、(地位などを) 保持する」意味が出てきます。

15.35 **You need to *hold* a license.**
運転免許証を所持する必要がある。

これは堅い言い方で、会話などでは*have*か*possess*が普通ですが、海外旅行などで、license、passport、permit（許可証）などにholdを使った例をよく見かけるので覚えておかれるとよいでしょう。以下にこの意味の類例をまとめてあげておきます。

15.36 **He *holds* a lot of land.**
彼はたくさんの土地を所有している。

15.37 **He *held* office in the Obama administration.**
彼はオバマ政権で職を有していた。

15.38 **He *holds* a Ph. D. in linguistics.**
彼は言語学の博士号を持っている。(*cf.* a Ph. D. holder「博士号保持者」)

15.39 **He *holds* the world record for the broad [〈英〉 long] jump.**
彼は幅跳びの世界記録保持者だ。(*cf.* a record holder)

② (手に) 持っている、抱いている、保有する
→「(会などを) 持つ、開く、(式などを) 行なう」(他動詞)

15.40 **We will *hold* the meeting next Sunday.**
来週の日曜日にミーティングを持つ [会を開く]。

これも堅い言い方で、日常会話では*have*と言うところです。「パーティーを開く」「コンパをする」場合も*hold a party*と堅い言い方をすることもありますが、*have a party*、*give a party*のほうが普通です。くだけた言い方では、*throw a party*という表現もよく耳にします。会そのものに重点を置けば、

15.41 **The meeting will be *held* next Sunday.**

のように受身形を用います。以下は類例です。

15.42 **The ceremony will be *held* in the auditorium.**
式は講堂で行なわれる。

15.43 **The flower show will be *held* in the village hall.**
花の展示会は村の公会堂で行なわれる。

③ (会などを) 持つ、開く、(式などを) 行なう
→「(心の中に) 持つ、(考えなどを) 抱く、(～と) 考える」(他動詞)

15.44 **I *hold* very strong opinions about political reform.**
私は政治改革には非常に強硬な意見を持っている。

これも堅い言い方で、日常会話ではやはり*have*を用います。これから発展して「〜を ... と考える」の意味となり、第11章で述べたthinkなどの思考動詞と同じくSVO (to be) CやSV that節の構文をとります。

15.45 **We *hold* him (to be) responsible for it.**
＝We *hold* that he is responsible for it.
我々は彼にその責任があると考えている。

これは単にthink、believeと言うより確信度が強い場合であると考えていいでしょう。

④ （考えなどを）抱く
→「（〜の状態に）保つ、（〜の状態を）続ける」（他動詞）

15.46 ***Hold* the door open, please.**
どうぞドアを開けたままにしてください。

これは、閉まるようになっているドアを、閉まらないようにじっと押さえていてくれ（または、何かを置いて閉まらないようにしておいてくれ）という意味です。これについて、

15.47 ***Leave* the door open.**
15.48 ***Keep* the door open.**

の２つの動詞の違い【→第12章leave参照】を思い出される方もいらっしゃるでしょう。今度はここで、holdを含めて３つの動詞の違いを改めて以下のように整理しておいてください。いずれもSVOC構文をとります。

● holdとleaveとkeepの違い ●

hold O C:	Oを自分の手で（あるいは、もので）Cの状態に保つ
leave O C:	OをCの状態のまま放置する（あとでどうなっても構わない）
keep O C:	OをCの状態で維持する（意図的）

SVOC構文をとるholdの例文をいくつかあげておきます。

15.49 **He *held* the ladder steady.**
彼ははしごをじっと動かさないようにしていた。

15.50 ***Hold* yourself still.**
（動かないで）じっとしていなさい。【*cf.* ⑨】

Cには前置詞句が来ることもあります。

15.51 ***Hold* it over the fire until it's dry.**
乾くまでそれをじっと火の上にかざしていなさい。

また、次のように「状態を保つ」の意味でも用いられます。

15.52 **The plane was *holding* a southwesterly course.**
飛行機は南西の針路を保って［たどって］いた。

⑤ （～の状態に）保つ、（～の状態を）続ける
→「（逃げないように）押さえておく、拘束する、占領する」（他動詞）

15.53 **Police are *holding* the man in connection with the robbery.**
警察はその盗難事件に関連してその男を拘束している（←逃げないようにじっとつかんでいる）。

この意味では、SVO_1O_2の型をとって、

15.54 ***hold* them *prisoner* [*hostage*]**
彼らを捕虜［人質］として捕らえる（→捕虜［人質］にする）

のような成句的表現があります。

15.55 ***hold one's breath***

も成句的表現で、「（洩れ出ようとする）声をじっと押さえる、息を殺す」という意味です。

15.56 ***Hold your tongue*!**
黙れ！

例文15.56はBe quiet!より語調が強い表現です。次例もこの中に入ります。

15.57 **The enemy *held* the city for a week.**
敵はその街を１週間占領した。

⑥（逃げないように）押さえておく、拘束する、占領する→「（ものを）入れることができる、収容する、（ものを）含んでいる」（他動詞）

15.58 **Will the car *hold* six people?**
その車は６人乗れますか？

これも「じっとつかんで、洩れ落ちないようにしている」といった感じをとらえれば、わかりやすいでしょう。

15.59 **The box isn't big enough to *hold* all the apples.**
この箱はリンゴを全部入れるだけの大きさがない。

15.60 **The movie theater *holds* [**contains*] about 1,000.**
その映画館は約1000人収容できる。

15.61 **This can *holds* two liters.**
この缶は２リットル入りです。

また、次の例文15.62のように比喩的に用いることもあります。

15.62 **Life *holds* many surprises.**
人生には驚くべきことがたくさんある。

⑦（手に）持っている、抱いている、保有する→「（～を）つかまえて放さない、（～に）つかまる」（自動詞）

15.63 ***Hold* tight, please.**
しっかりつかまっていてください。

これは、①の他動詞用法の目的語の省略から生まれた意味で、例文15.63はバスに乗ったときなどによく耳にします。

15.64 ***Hold*** **tightly.**

とも言いますが、例文15.63のように単純形副詞（flat adverb）【→第3章take②参照】のほうが語調が強くなります。電話では、よくこれにonをつけて、

15.65 ***Hold on*****, please.**

と言うことは冒頭で触れましたが、電話以外でもよく用いられる語句です。

15.66 ***Hold on*** **until help arrives.**
助けが来るまでがんばって。

つかまるものを明確にする場合には、

15.67 ***Hold on to*** **the rope.**
ロープにしがみつけ（→ロープを放すな）。

のようにto ～ で表します。比喩的な表現としては、次のようなものがあります。

15.68 ***Hold on*** **to this thought.**
この考えを決して捨てるな。

いずれも*hang on* (*to*)よりも語気が強くなります。ちなみに、on toはしばしばontoと1語に綴られます。

■ 手でじっと握りしめている→（ものが）状態を保つ（物主語）■

⑧ （ものが）状態を保つ
→「（～の重量などを）持ちこたえる、支える」（他動詞）

15.69 **This chair isn't very strong; it won't** ***hold*** **your weight.**
この椅子はあまりしっかりしていないから、君の体重は持ちこたえられないよ。

これは、「君の体重ではそのままの状態が保てない」→「君の体重は持ちこたえられない」となったものです。

15.70 **Don't be frightened—the rope will *hold* you.**
恐がらないで、ロープが君を支えているよ。

この他動詞の目的語の省略から、次の自動詞用法が生まれてきます。

⑨ (ものが) 状態を保つ
→「状態を保つ、持ちこたえる、(状態が) 続く」(自動詞)

15.71 **Will the good weather *hold*?**
この好天気は続きますか?

「この状態が保ちますか」→「続きますか」となったものです。類例としては、

15.72 **In spite of the heavy floods the dam *held*.**
大きな洪水にもかかわらず、ダムは持ちこたえた[決壊しなかった]。

この場合は特に人主語についても用いられます。

15.73 **They can't hold (out) for much longer without reinforcements.**
援軍がなければ、これ以上あまり長くはこの状態を保つことができない(→持ちこたえられない)。

15.74 ***Hold* still.**
(動かないで) じっとしていなさい。

例文15.74は④の、

15.50 *Hold* yourself still. (再掲)

のyourselfが落ちたものです。

筆者が第二次世界大戦時にビルマで敗戦を迎えたとき、連合軍からStand fast!という電文が届いたと聞きました。「移動禁止」と訳されていましたが「現在いる所から動かないでじっとしておれ」「その場を動くな」という厳しい命令であることがわかりました。Stay put! (おかれたままの状態でじっとしておれ→その場を動くな) と同意で、Freeze!とも言います。

⑩ 状態を保つ、持ちこたえる、（状態が）続く
→「（法律などが）有効である、適用される」（自動詞）

15.75 **The regulation *holds* good for all Asian countries.**
この規約はすべてのアジアの国に有効である［適用される］。

これは通例、hold good [true]で成句的に用いられますが、goodやtrueがないこともあります。

15.76 **My promise still *holds*.**
私の約束はまだ変わっていない。

15.77 **The theory *holds* in all cases.**
その理論はあらゆる場合に当てはまる。

第16章　go

■ comeと対をなし、「往来」を表すgo ■

第７章で取り上げたcomeは、日本語の「来る」と違い、相手との関係で「来る」とも「行く」ともなり、使い方の難しい語でした。それに比べるとgoは、比較的わかりやすい語だと言えます。しかし、筆者が勉強してきて、いくつかの問題にぶち当たったことがないわけではありません。まず、その話から始めましょう。

筆者が大学に勤めて間もない頃、授業を終えて控え室に戻ったとき、同僚のイギリス人に、

16.1　**Are you *going*?**

と言われました。しかし、すぐには何のことかわかりませんでした。要するに「もう帰るのか？」という意味なのですが、「家に帰る」＝go home, go backと几帳面に覚えていたので、ピンとこなかったわけです。そのくせ、

16.2　**Well, I'm afraid I must be *going* now.**
もうおいとましなくては。

などという表現は普通に使っていたのです。そう言えば、旧制の中学で*Letters from American High School Girls*という書簡集を副読本で使っていた折りに、

16.3　**I *go* to Sandy High School.**

とあったのを、若い英語の先生が「すでに高校生なのに、～高校へ行くとはおかしくないですか？」と真顔で尋ねられました。きっとこの先生は日本語の「どこの学校へ行きますか」の「行く」と同じように「進学する」（go on to）と解して疑問に思われたのでしょう。外国語で起こりがちな勘違いです。

また、アメリカに留学した折りには、マンション（apartment）に１人の男がやってきて、筆者の顔を見つめながら、こう尋ねました。

16.4　**Do you have *anything to go*?**

これは筆者にとって初めて聞く衝撃的表現でした。文法屋の筆者には、anything to goというフレーズをどう解釈してよいかわからなかったのです。もちろん、そ

の時のほかの言葉のやりとりから、この人がクリーニング屋であることがわかり、彼の用件もわかったのですが、その後この構文がずっと頭から離れませんでした。

ある時、たまたま飛行機で乗り合わせたアメリカ人がairportで降り、連れの人と次のような会話をしているのを耳にしたのです。

16.5 "Will you have the trunk checked?"
"The suitcase will *go with me*."

ここでハッと目からうろこが落ちたような気がしました。この頃にはアメリカの生活にも少し馴れて、このようなgoが*take out*の意味であることはわかっていましたが、この「自動詞構文」に引っかかっていたのです。つまり、例文16.4は本書でもすでに何回か触れた例の物主語表現で、

16.6 Do you have *anything to go with me*?

と考えればよかったのです。これでファーストフード店でハンバーガーや飲み物を注文すると、店員が早口で聞いてくる"Here, *to go*?(＝Is this for[to eat or drink] here or *to go*?)"のto go（to take outとも言う）も、なるほどと納得でき、みずからも、

16.7 Two hot dogs *to go*, please.
ホットドッグ、持ち帰りで２個、お願いします。

と使えるようになったのです。

なお、スポーツ関連の表現としてよく見られるtwo innings *to go*（残り２イニング）やthree laps *to go*（残り３周）なども上のto goの発展形と考えられます。

アメリカに一緒に連れてきた娘もこのto goの使い方に慣れて、滞在期間も残り少なくなったある日、たえず遊びに来ていた友人に、

16.8 I have only two weeks *to go* before I leave here.

と言ったら、「あなたもなかなか英語がうまくなったわね」(You are quite an American lady now.）と言われて喜んだのを思い出します。

■ goの中核的意味「ほかのところへ移動する」■

前置きが長くなりましたが、goは主語が「話し手［聞き手］のところからほかのところへ移動する」というのが中核的意味です。例文16.5や16.6のA goes with B.はB takes A.と同意になるわけですが、どちらの表現もAがBとともに話し手［聞き手］から離れてほかのところへ移動することを表しています。もっと簡単に言えば、comeが聞き手が意識の中心に置かれているのに対し、goは話し手中心の語で、話し手のいる場所からほかのところへ行く（発進・進行・到着・結果・状態）と考えれば、ほぼ当てはまります。

goの意味の枝分かれ図

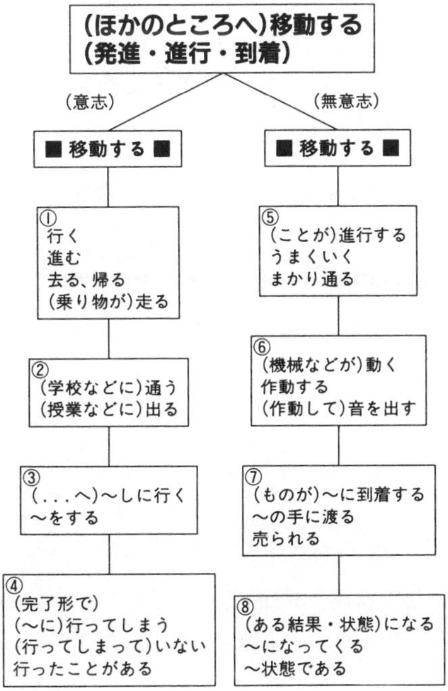

■ ほかのところへ移動する→移動する（意志）■

① 移動する→「行く、進む、去る、帰る、（乗り物が）走る」

16.9 **Where are you *going*?**
どこへ行きますか？

これは、最後にtoをつけて、

16.10 **Where are you *going to*?**

とも言います。タクシーの運転手がお客に行き先を尋ねるときは、これを縮めてWhere to?と言ったりします。ところで、日本人はよく挨拶代わりに「どちらへ？」とか「どこへ行くの？」と尋ねたりしますが、英米人にそういう習慣はなく、この質問はしばしば失礼になることもあるということを覚えておきましょう。この意味のgoの類例を以下にあげます。

16.11 **Bessy's *going* to a party. Can I *go*, Mom?**
ベッシーはパーティーへ行くの。ママ、私も行っていい？

16.12 **"Are you driving there?" "No, we're *going* by train."**
「車で行かれますか？」「いや、電車で行きます」

16.13 ***Go* ahead, please.**
どうぞお先へ。

例文16.13は、もう少していねいな言い方として、

16.14 **After you.**

とも言いますが、この場合は通例pleaseをつけません。この表現は「あなたの後で(私はやります)」ということです。主語が「私」になるので、pleaseをつけたらおかしいとわかります。

16.15 **I've got to *go*.**
行かなくちゃ。

という表現は、状況によってさまざまな意味に使えて便利です。「もう帰らなくちゃ」という意味にもなりますし、

16.16 **I've got to *go* to the bathroom.**
トイレに行きたい。

の遠回しな言い方としてもよく使われるようです。また、

16.17 **Where is the bathroom?**

の代わりに、このgoを使って、

16.18 **Excuse me, but where can I *go*?**

と尋ねることもできます。この意味では物主語、特に乗り物（人主語の一種とも考えられるので、一応ここに入れておく）についてよく使われます。

16.19 **This bus *goes* to the train station.**
このバスは駅へ行く。

尋ねる場合には、

16.20 **Which bus *goes* to Vancouver?**

のように言いますが、もっと簡単に、

16.21 **Which bus to Vancouver?**

と言うこともあります。筆者がSeattleのbus station[depot]でVancouver行きのバスを探していたとき、中年の夫婦が係の人に、

16.22 **Is this the Vancouver bus?**

と尋ねていたのを思い出します。これは、

16.23 **Is this the bus for Vancouver?**

から出てきた〈名詞〉+〈名詞〉表現です。もちろん、goを使って、

16.24 **Does this bus *go* to Vancouver?**

とオーソドックスな言い方もできます。乗り物を主語にとる言い方では、runと同じように、

16.25 **The train is *going* [*running*] (at) 50km an hour.**
列車は時速50キロで走っている。

のように用いられることもあります。話し手が乗り物に乗っていれば、

16.26 **We *are going* [*running*] (at) 50km an hour.**

と言うこともできます。

② 行く、進む、去る、帰る、(乗り物が) 走る
→「(学校などに) 通う、(授業などに) 出る」

16.27 **I *go* to college.**
私は大学へ通っています［大学生です］。

本章の冒頭で言及したように、このgoは習慣的に通っている (regularly go to college) ことを表しています。別の言い方をすれば、

16.28 **I am a college student.**
16.29 **I am in [at] college.**
16.30 **I study at college.**

ということです。ちなみに、collegeに対し、上級の修士、博士の学位を授与する権限を持つ総合大学をuniversityと言いますが、もちろんuniversityでもアメリカの学生は例文16.27〜16.30のようにcollegeを使うのが普通です。これに対し、イギリスでは、

16.31 **I *go* to university.**

と言います。ちょっと前までは、the universityとtheをつけましたが、go to school[church]などと同じように、現在では無冠詞が普通になりました。アメリカでもその傾向が見られます。go to the office (会社に出勤する) ではまだtheをつけますが、会社勤めが多い大都市では、theを用いない人も多くなりつつあるということです。

「授業に出る」も、go to[attend] classですが、これは1回限りの場合も指しま

す。同様に1回きりの行為として、go to (the) hospital（入院する）も、イギリスではtheをつけないのが一般的です。これに関連して、「歯医者に行く」はgo to the dentist、あるいはgo to the dentist's officeですが、前者は「歯科医師」に焦点を当てた言い方、後者は「医院」に重点が置かれた言い方です。イギリス英語では、go to the dentist'sと言い、officeを省略することが多いようです。

● go to ～のあとに来る名詞の冠詞の有無 ●

無冠詞で用いるもの：	(go to) church, school, college, university, kindergarten, class, bed, work, prison, *etc.*
両方使えるもの：	(go to) (the) office, hospital, market, *etc.*
冠詞の必要なもの：	(go to) the dentist('s) (office), the station, the party, the movies, the concert, the game, the sea, *etc.*

③ （学校などに）通う、（授業などに）出る
→「(...へ) ～しに行く、（～を）する」

16.32 She *went shopping* in town.
彼女は町に買い物に行った。

これは学校でよく教わる構文だと思います。これを日本語につられて、

16.33 *She *went shopping to town.*
16.34 *She *went to town for shopping.*

などとしてはいけないと言われたはずです。go shoppingは1つの決まったフレーズで、そのあとにshoppingをする場所の前置詞（at、in、on）が来ます。go toのように方向の前置詞とともに使われることはありません。つまり文法的には、

She→went←shopping in town

といった関係になっているのです。ですから、訳としては「行く」にこだわらずに「町で買い物をした」としてもよく、むしろこのほうが場所の前置詞が意識されてぴったりすることも多いのです。

16.35 **They *went sightseeing* in Nara.**

彼らは奈良を観光した［奈良観光を楽しんだ］。

ところで、go shoppingで１つのフレーズだから、例文16.33や16.34のように分割はできないが、

16.36 **She *went to town* to *go shopping.***

ならよい、といった説明を受けた方もいるかもしれません。これは、しばしば学習者を悩ますところですが、これも正しい英語です。また、場所を表す前置詞とは言っても、たとえば「私は昨日、川へ釣りに行った」と言うとき、

16.37 **I *went fishing* 〈？〉 the river yesterday.**

というところまではわかっても、〈？〉に入れるべき前置詞はatなのか、inかonかと迷ってしまうのではないでしょうか。atは、釣りをする場所としての「川、または川岸で」ということで問題はないと思いますが、ほかの場合はどうでしょう。inは長靴などをはいて川に入って釣る場合、onはボートなどに乗り込んだような場合に選ばれるようです。つまり、話し手の見る角度によっていずれかの前置詞が選ばれるのです。

ただし、「川へ」という日本語につられて、toを使うと「釣りをしながら川へ行った」という変てこな意味になってしまいます。以下の例も参考にしてください。

16.38 **We went *skiing on the hill.***

丘へスキーをしに行った。

16.39 **They *go boating on the lake* every weekend.**

彼らは毎週末、湖へボートに乗りに行く。

16.40 **Mother loves to *go shopping at the department store.***

母はデパートへ買い物に行くのが大好きだ。

もっとも、前置詞句のない場合ももちろんあります。

16.41 **Mother has *gone shopping.***

母は買い物に行って留守です。

このような言い方が定型化していくと、第14章runで取り上げたgo jogging、go

runningや、go walkingなどのように、

16.42 **I *went jogging* [*running/ walking*] in the park.**
公園にジョギング［ランニング、散歩］に行った。

という言い方が可能になり、いちいち、

16.43 **I *went to jog* [*run/ walk*] in the park.**

と言わなくてもよくなります。ちなみに、

16.44 **I *went jogging* [*running/ walking*] to the park.**

なら「ジョギング［ランニング、散歩］をしながら公園に行った」ことになり、この場合のjogging、running、walkingは分詞です。

また、ここで注目されることは、goは「. . . へ〜しに行く」という意味が薄れ、単なるdoingの補助語となってしまっている場合もよくあることです。したがって、go doingを訳す場合、必ずしも「行く」としなくてもよい場合もあります。

16.45 **I want to *go sightseeing* in Kyoto.**
京都を観光したい。

16.46 **Let's go to the Yodo River to *go fishing*.**
淀川へ釣りに行こう。

ところで、この言い方はスポーツや気晴らしを表す動詞に限られています。shoppingやjoggingのほかには、go hunting、go swimming、go dancing、go ridingなどの言い方があります。したがって、日本語の「〜しに行く」につられて、

16.47 ***I *went reading* [*studying*] in the library.**
図書館へ本を読みに［勉強をしに］行った。

としないように注意してください。正しくは、

16.48 **I *went to read* [*study*] in the library.**

となります。ついでながら、「〜しに行く」という場合、go and doの形を使った表現も覚えておくとよいでしょう。

16.49 ***Go and get* the book for me, will you?**
その本を買いに行ってくれないか？

このandは(in order) toの代わりに口語体でよく用いられます。これと同じ働きをする動詞にcome、tryなどがあります。

16.50 **I'll *go and get* a pen.**
ちょっとペンを買ってきます。

この形で用いられるgoは必ず現在形か未来形で、過去形では普通の意味になります。

16.51 **I *went and got* my pen.**
行ってペンを買った。

さらにアメリカ英語でくだけた言い方では、このandもよく省略されます。

16.52 **I'll *go see* her tomorrow.**
明日、彼女に会いに行く。

次のように人がヘマをしたことに驚いた気持ちを述べるとき、親しい間柄ではこの完了形を使って、

16.53 **You have *gone* and done it.**
とんだヘマなことをしたものだね。

と言うこともあります。

④ (...へ) ～しに行く、～をする→［完了形で］「(...に) 行ってしまう、(行ってしまって) いない、行ったことがある」

16.54 ***Has* he *gone* to America?**
彼はアメリカに行ってしまって（もうここに）いないのか？

第一義的にはこの意味ですが、アメリカ英語では、

16.55 **Has he (ever) been to America?**

と同じく「アメリカへ行ったことがあるか？」という経験の意味にもなります。もっともeverがついて、

16.56 ***Has* he *ever gone* to America?**

とすれば、英米とも経験の意味になって間違えることはないでしょうが、文脈がなく例文16.54だけだと、しばしばあいまいなことがあります。
「もう行って［帰って］しまったか」と言うとき、

16.57 ***Has* she *gone*?**

と言うより、

16.58 ***Is* he *gone*?**

のほうがよく用いられます。特に、〈もの〉については、このほうが普通です。

16.59 **All the money *is* [*has*] *gone*.**
金は全部なくなった。

このbe goneは、古い完了形の名残りですが、今の使われ方はhas goneに比べて結果に重点が置かれた表現になっています。has goneは「金はどこへ行ってしまったのだろうか」、is goneだと「もうスッカラカンだ」といった感じです。

16.60 **Spring *is gone*.**
春は過ぎ去った。

これは、次のように言い換えられます。

16.61 **Spring is over.**

もう１つ類例をあげておきます。

16.62 **My backache *is* [*has*] *gone*.**
腰の痛みはとれた。

■ ほかのところへ移動する→移動する（無意志）■

⑤　移動する→「（ことが）進行する、うまくいく、まかり通る」

16.63 **Everything is *going* [*working*] *well* with us.**
すべてが我々にとってうまく進行している［うまくいっている］。【→19.36参照】

これはSVMの構文で、通例wellのような様態の副詞（句）を伴うのが特徴です。

16.64 **How are things *going*?**
どんな具合ですか［うまくいっていますか］？

も日常よく用いられます。くだけた言い方では、

16.65 **How is it *going*?**

とも言い、「誰が」を言うときはwithを添えて、

16.66 **How is it *going with John*?**
ジョンはどんな具合ですか［うまくいっていますか］？

のように使います。類例を見てみましょう。

16.67 **How did the game *go*?**
ゲームはどうなりましたか？

16.68 **The story *goes* like this.**
その話は次のようなものです。

次のように副詞句なしで用いることもあります。

16.69 **We tried to make the party *go*.**
パーティーを成功させるように努めた。

16.70 **Anything *goes* (here).**
（ここでは）何をしてもよい［何でもまかり通る］。

これは、規則などが守られない、または甘い状態・態度を非難して使われます。

⑥ （ことが）進行する、うまくいく
→「（機械などが）動く、作動する、（鐘などが）音を出す」

16.71 **My watch won't *go* [*work/ run/ *move*].**
時計が動かない。【→第19章work③、第14章run④´参照】

このgoは、時計のほかにバイクや車などに使われます。

16.72 **He was trying to get his motorbike to *go* [*run/ *move*].**
彼はバイクを動かそう［のエンジンをかけよう］としていた。

16.73 **My car was *going* [*running/ moving*] smoothly.**
車は滑らかに動いていた［走っていた］。【→第14章run④´参照】

これは、「（作動した結果、鐘・時報・銃などが）音を出す」という意味に発展します。

16.74 **The bell is *going*.**
（ほら）ベルが鳴っている。

ただし、これは、

16.75 **There *goes* the bell.**

と言うほうが普通です。

16.76 **There *comes* the teacher.**
↔The teacher is *coming*.
（そら）先生がやってくる。

と比較してみてください。

16.77 **It has just *gone three*.**
ちょうど3時の時報が鳴った。

16.78 **The gun *went bang*.**
銃がズドンと鳴った。

これは、音を強調するために、しばしば、

16.79 ***Bang went* the gun.**

と倒置されます。陸上のトラック競技などで、

16.80 **On your mark, get set, *go* [*bang*]!**
位置について、用意、ドン！

というスタートの合図のgoも①より⑥に入れたほうがわかりやすいと思います。これは、

16.81 **Ready, set [〈英〉 steady], *go*!**

とか、あるいはもっと簡単に、

16.82 **One, two, three, *go*!**

とも言います。

⑦ （機械などが）動く、作動する→「（ものが）～に到達する、届く、（～に）与えられる、～の手に渡る、売られる」

16.83 **Does this rope *go* to the ground?**
このロープは地面まで届きますか？

ここでのtoは、到着点を示しています。

16.84 **This train *goes* to Tokyo.**

と言えば、「東京まで行く」ですが、

16.85 **This train *started for* Tokyo.**

は「東京のほうへ向かった」で、必ずしも東京まで行くとは限りません。the train to Tokyoなら、「東京行きの列車」です。

16.86 **I'm catching the seven o'clock *train to Tokyo*.**
東京行き7時の列車に乗ります。

などのように使います。ちなみに駅の表示でFor Tokyoというのは、the train starting[bound] for Tokyo（東京に向かって→東京行き）ということで、出発点に焦点を当てた言い方です。ここから「(賞などが)（人に）与えられる、手に渡る」の意味となります。

16.87 **A gold medal *went to* Saori Yoshida.**
吉田沙保里が金メダルを獲得した。

16.88 **All his money [estate] *went to* his niece.**
彼の金［財産］はすべて彼の姪のものとなった。

これらはいずれも*was given*で置き換えられますが、goのほうが直截簡明な感じがします。「手に渡る」から発展して、「売られる」（*be sold*）という意味にもなります。

16.89 **The lot *went to* the highest bidder.**
その土地（の区画）は、最も高い値をつけた人に売られた。

例文16.89には行く先を示すtoが使われてますが、交換のforを使うこともできます。

16.90 **The house *went for* $20,000.**
その家は20,000ドルで売れた。

筆者が滞米生活の終わりに、yard saleを行なおうと隣人のアメリカ人と相談し、次のような広告を地域の小新聞に出したことがあります。

16.91 **Back to Japan Sale. Fri., Sat., Sun. Everything must *go*. No early birds.**
日本帰国につきセール。金・土・日。全部売れてほしいです。(ただし）時間より早く来るのはご容赦ください。

⑧ （ものが）～に到達する、～の手に渡る
→「(ある結果・状態）になる、～になってくる、～の状態である」

16.92 **He's *gone Amerieean*.**
彼はアメリカ人のようになっちゃったね。

服装や行動が他国人のようになった人に対して使われる、マイナスイメージを含んだ表現です。こういった意味のSVC構文については、第７章come⑦を参照してください。

なお、これに似てまぎらわしい言い方に、

16.93 **Let's *go Japanese*.**

のような表現を耳にされた、または使われた方もおられるでしょう。食事などで何にしようか、どこにしようかと話し合っているようなfamiliarな雰囲気の中で用いられるので意味はわかると思いますが、これはLet's go to[go and eat at] a Japanese restaurant.ということで、アメリカ人のよく用いる省略表現の１つです。

第17章　say

■ 発話をそのまま伝える動詞say ■

今回は、人間だけに与えられた能力である「ものを言う」「言葉を発する」を表す発話動詞（verb of saying、saying verb）の中でも代表的なsayを取り扱います。この種の動詞はsay以外に、*speak*、*tell*、*talk*、*chat*、*state*、*announce*、*claim*、*remark*、*comment*など多数存在しますが、それぞれ使い方が微妙に異なるので注意が必要です。

speak、tell、talkの３語は、いずれも中学校の初めに習う重要な基本語でありながら、一筋縄ではいきません。たとえば、「さよならを言う」という意味で、

17.1　***say* good-by**

とは言えますが、

17.2　***tell* [**speak/ *talk*] good-by**

とは言いません。また、「うそを言うな」なら、

17.3　**Don't *tell* a lie.**

とは言いますが、

17.4　**Don't **say* [**speak/ *talk*] a lie.**

とは言いません。直接話法（direct narration）と間接話法（indirect narration）の転換でも、sayやtellは使えますが、speakやtalkは使えません。

17.5　**"Betty is in my class," he *said to* [〈まれ〉 *told*] me.**
　　　→He *told* [〈まれ〉 *said to*] me that Betty was in his class.

以上の例から、sayとtellは、speakやtalkとは違っていることがわかると思います。sayもtellも人が話したことを伝える動詞ですが、間接話法ではtoldが普通で、said toは〈まれ〉、直接話法ではsaid toが普通でtoldが〈まれ〉とされています（もっとも、最近ではこの２つの頻度の差は接近しているあるいはほとんど差はないという学者もいます）。このことから考えて、sayは人の発話をそのまま伝えるのに対し、

tellは発話された内容を伝える場合に多く用いられることがわかります。逆に言えば、sayは内容を伝えるのには馴染まず、tellは発話をそのまま伝えるのには相性が悪いということです。

それぞれの動詞がとる目的語を比較しても明らかなように、sayは「言葉をそのまま発する」（*e.g.* say good-by）ということであり、tellはその「発話された内容を述べる」（*e.g.* Don't tell a lie.）ということなのです。以下の２例も参考にしてください。

17.6 ***say* cheese [yes/ hello,** *etc.*]

17.7 ***tell* a story [a joke/ a secret,** *etc.*]

ところで、sayとtellは、次の２つの例文のように必ずしも口頭でなくても使えますが、speakとtalkには必ず「口に出して」という含みがある点が異なります。たとえば、say to oneselfは「心に念じる」といった意味で、声に出しているとは限らず、胸の中の思いを描写するのに適しています。それに対して、talk to oneselfは「独り言をいう」で、必ず声に出しています。

17.8 **The writer *says* <u>*in the preface*</u> it took him eight years to complete the book.**

作家は序文の中で、この本を完成させるのに８年かかったと述べている。

17.9 **She <u>*wrote to*</u> *tell* me she was getting married before long.**

彼女は近々結婚すると手紙で知らせてきた。

talkとspeakの違いについては、100の説明よりも次の２例を見れば十分理解できるでしょう。

17.10 **He and his wife *spoke* sometimes, but seldom *talked*.**

—— H. James, *Pandora*

夫婦の一方が一方に話しかけることはあっても、おしゃべりに発展することはめったになかった。

17.11 **A fool may *talk*, but a wise man *speaks*.**

馬鹿はしゃべるが賢人は話す。 —— *Webster 3rd*

■ sayの中核的意味「言葉を発する・内容を伝える」■

以上のように、sayは基本的に他動詞であり、その中核的意味は「言葉を（そのまま）発する」、「内容を（そのまま）伝える」です。そこから、同じ「言葉を発する」にしても直接に発するか間接的に発するかによって2つに分かれます。

直接に「口に出す」は、直接話法のほかに「（語を）発音する」「（祈りを）唱える」「（学科などを）暗唱する」などの意味があります。

間接的に「伝える」は、間接話法の「述べる」「暗示する」から「（世間の人が）うわさをする」「（命令形で）仮に言うと（すれば）」となり、最後には物主語を通して、人が「言う」「語る」へと展開していくと考えられます。

say の意味の枝分かれ図

```
            言葉を発する
            内容を伝える
          ／         ＼
     (人主語)        (物主語)
    ■口に出す・伝える■    ■伝える■
     ／      ＼           │
  (他動詞)  (自動詞)    (他動詞)
  ①        ①'         ④
  ～と言う、述べる  言う、述べる  ～と言っている
  伝える    伝える     ～と書いてある
  意見を述べる 意見を述べる (時刻などを)示している
  暗示する  暗示する   (～のことを)表している

  ②
  (世間の人が)～と言う
  うわさをする

  ③
  [命令形で]仮定して言う、仮に～としたら
  [間投詞的に]言ってみれば、たとえば、約
```

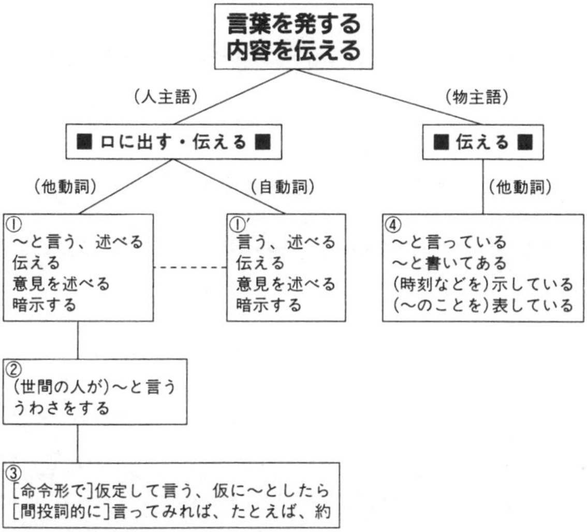

■ 言葉を発する・内容を伝える→口に出す・伝える（人主語）■

① 口に出す・伝える

→「～と言う、述べる、伝える、意見を述べる、暗示する」（他動詞）

17.12 **“You’ll be late for the meeting,” she *said*.**
「会合に遅れますよ」と彼女は言った。

すでに述べたように、これは直接話法です。she saidを文頭に置くこともできます。

17.13 **She *said*, “You’ll be late for the meeting.”**

しかし、次のように、誰に言ったかをつけ加える場合は、文末に来ることが多いようです。

17.14 **“You’ll be late for the meeting,” she *said to me*.**

文法家によっては、

17.15 **She *said to me*, “You’ll be late for the meeting.”**

を不可とする人もいるくらいですから、気をつけておいたほうがいいでしょう。例文17.12を間接話法にすると、原則として次のようになります。

17.16 **She *told* me that I would be late for the meeting.**

直接話法と間接話法の転換に関しては、上のようにsay to ... をtell ... にするという以外にも、youを I にするとか、hereをthereにするとか、あるいはyesterdayをthe day beforeとしたり、場合によってはしなかったり... といった細かな規則がたくさんありますが、その中で１つだけ、時制の一致に関する注意点を述べておきます。

17.17 **He *said*, “The earth goes round the sun.”**

というような一般真理を述べる文を間接話法にする際、

17.18 **He *said* that the earth *goes* round the sun.**

と現在形にしなければならず、過去形にするのは間違いであると思い込んでいる人

がいます。しかし、これは、

17.19 He *said* that the earth *went* round the sun.

と言っても決して誤りではありません。

過去にした場合は、話し手または書き手がこの文の主語Heの言葉をそのまま受けて、何の見解も話さずに述べているか、あるいは「そんなことがあるのかな」と不信を抱きながら伝えていることを表します。

過去形にせず、現在形で述べた場合は、「彼がそう言った」という事実を伝えるほかに、話し手あるいは書き手も「自分もそう信じている」(I also believe that ...) ということを暗示する表現になります。たとえば、私がMegに向かってTomが言ったことを伝えているときに、

17.20 "Meg is very clever," Tom *said* to me.

を間接話法で言った場合、

17.21 Tom *told* me that you *are* very clever.

とするのが普通です (youにも注意)。これを、

17.22 Tom *told* me that you *were* very clever.

と言ってしまうと、目の前にしている相手 (この場合Meg) はどう思うでしょうか。上で述べたことから容易に想像がつくと思います。

このような問題は、sayやtellなどの**伝達動詞** (reporting verb) だけに起こるものではありません。少し脇道に逸れますが、ちょっと考えてみましょう。

17.23 I am very glad you won the game.

という文の主節を過去にすると、

17.24 I was very glad you won the game.
17.25 I was very glad you had won the game.

の2つが考えられますが、この文は文の主語と話し手が同じなので、前者のほうが自然に聞こえます。後者はいかにも間のびしており、喜びが今ひとつ伝わってこな

いのです。

ここで、sayと同じように直接話法の伝達動詞として用いられる類義語の例を少しあげておきましょう。

17.26 **She *remarked*, "I like your new dress."**
彼女は「あなたの新しいドレスが気に入ったわ」と言った。
(=She remarked that she liked my new dress.)

17.27 **He *commented*, "This book is better than that."**
彼はこの本はあの本よりよいとコメントした。
(=He commented that this book was better than that.)

17.28 **"That is a mistake," I *pointed out* [*mentioned*] to him.**
私は彼にそれは誤りだと指摘した［述べた］。
(=I *pointed out*[*mentioned*] to him that that was a mistake.)

17.29 **"Do your best," I *urged* him.**
私は彼に最善を尽くすように強く促した。
(=I *urged* to him that he (should) do his best.)

これらはいずれもsayと言い換えられますが、少しずつ意味合いが異なることを例文によって味読してください。ただ、私たちは日常生活において、同じ言葉を使うことを意図的に避けて、なるべく違った言葉を使うことが多いでしょう。特にジャーナリズムの世界では普通のことで、いかに言い換えるかに苦心するようです。これを「上品言い換え語法」(elegant variation) と呼ぶ人もいます。sayの代わりに単なるバリエーションとして上のような語がしばしば代用されることも、知っておかれるとよろしいでしょう。

17.30 **He *said* 'Go away' to the children.**
彼は子どもたちに「あっちへ行け」と言った。

冒頭でも触れたように、直接に言った言葉をOとして述べることができるのは発話動詞の中でsayだけです。tellを使う場合は、

17.31 **He *told* the children to *go away*.**

17.32 **He *told* the children *that they should go away*.**

としなければなりません。アメリカ英語では、sayのあとにも不定詞を用いて、

17.33 **He *said* for the children to go away.**

と言うこともありますが、これはくだけた言い方です。

発話された言葉が、そのままsayの目的語となっている例をいくつかあげておきましょう。

17.34 ***Say thanks so much* to Margaret.**
マーガレットに「どうもありがとう」と言っておいて。

17.35 **Don't *say uncle*.** (=Never say die.)
〈米〉参ったと言うな。
(uncleをアイルランド語anacol「慈悲」にかけた表現)

17.36 **"Ashley, *say you love me*! I'll live on it for the rest of my life."**
——M. Mitchell, *Gone with the Wind*
「アシュレ、お願いだから愛していると言って！　あたし、死ぬまでその言葉を頼りに生きて行くわ」

言った言葉をそのまま述べることから、sayは文字どおり「発音する」「唱える」「暗唱する」という意味にも用いられます。

17.37 **How do you *say* [*pronounce*] this word?**
この語はどう言う［発音する］の？

17.38 **He *says* [*chants*] his prayers every morning.**
彼は毎朝お祈りをしている。

17.39 **She *said* [*recited*] Longfellow's *Psalm of Life*.**
彼女はロングフェローの『人生賛歌』を暗唱［吟唱］した。

17.40 **What do you think the writer is *saying* in his novel?**
作家はその小説の中で何を言っていると思いますか？

このsayは「それとなく言う、暗示する、(問題などを）提起する」などの意味で、正式には*imply*や*suggest*を使います。類例を見てみましょう。

17.41 **What are you *saying*?**
一体どういうことだい？

次の例文17.42のように現在形を使って、

17.42 **What do you *say* (to that)?**

とすると、「あなたは（それを）どう思うか［あなたの意見は］？」という意味になり、ここから、

17.43 **What do you *say* to a cup of coffee?**
コーヒーはいかがですか？

のような表現も生まれてくるわけです。

17.44 **I am not *saying* [*implying/ suggesting*] that you are not sincere.**
私はあなたがまじめじゃないと言っているのではありません。

この文で進行形が使われているのは、例文17.41と同じように話し手の気持ちを強調しているためです。

17.45 **Let's meet next week. Shall I *say* Friday?**
来週会いましょう、金曜日はどう？

17.46 **I *say* [*suggest*] we stay here.**
ここにとどまったらどう？

Shall I say ... はLet's say ...【→③参照】とも言います。

② ～と言う、述べる、伝える
→「（世間の人が）～と言う、うわさをする」

17.47 **They *say* that the Ebola virus is spreading rapidly in west Africa.**
西アフリカでは、エボラウイルスが急速に広がっているそうだ。

これは、やや堅い言い方では、*People say ...* とも言います。逆に、They say ...

よりもくだけた言い方では、I hear ... という言い方もします。ただし注意すべきは、They say ... は、People say ... と違ってoften、recentlyなどの副詞をつけることはできないということです。つまり、They say ... はそのままの形で使い、People *often* sayなどのようには言えません。書き言葉では受身形にして、

17.48 ***It is* (often) *said that* the Ebola virus is spreading rapidly in west Africa.**

と言うこともできます。さらに、仮主語itを使わずに、

17.49 **The Ebola virus *is said to be* spreading rapidly in west Africa.**

とすることも可能です。「うわさ」ということを明示的にすると、やや堅い言い方になりますが、

17.50 ***Rumor says* that the Ebola virus is spreading rapidly in west Africa.**

17.51 **The Ebola virus *is rumored to be* spreading rapidly in west Africa.**

と言うこともできます。なお、

17.52 **Jim *is said to be* stupid.**
ジムはばかったれだそうだ。

という文を能動態にして、

17.53 ***They *say* Jim *to be stupid*.**

という言い方はできません。

③ （世間の人が）～と言う、うわさをする→［命令形で］「仮定して言う、仮に～としたら」；［間投詞的に］「言ってみれば、たとえば、約」

17.54 ***Say* you were left a large fortune, what would you do (with it)?**
あなたに莫大な遺産があったとしたら（それを）どうしますか？

これは、

17.55 ***Let's say* you were left a large fortune, what would you do?**

と言うこともできます。この(Let's) sayは「仮に～としよう、そうしたら」というifに近い意味で、接続詞的に用いられるものです。例文17.54は仮定法（過去）が使われていますが、くだけた言い方では直説法（現在）も用いられるようです。

17.56 ***Say* you *are* left a large fortune, what would you do?**

これが発展して、sayが間投詞的にfor exampleの意味にも用いられます。

17.57 **Do you play a musical instrument, *say*, a violin?**
楽器を演奏しますか、そうですね、バイオリンはどうですか？

17.58 **You may have to pay a lot, *say*, more than two hundred dollars.**
君はたくさんの金を払わねばならないかもしれない、およそ200ドル以上ね。

このsayは次のような意味（*let's imagine*）でも用いられます。

17.59 **The witch turned into, *say*, a dog.**
魔法使いは、なんと、犬に変わっちゃったのよ。

①´ ～と言う、述べる、伝える
→「言う、述べる、伝える、意見を述べる、暗示する」(自動詞)

17.60 **"Why did John leave?" "I don't know—he didn't *say*."**
「ジョンはどうしてやめたの？」「知らない―彼は何も言わなかったから」

これは①の目的語の省略から生まれたもので、他動詞なら、

17.61 **He didn't *say* anything.**

と言うところでしょう。

17.62 **Do as I *say*.**
私の言うとおりしなさい。

のような例もありますが、主として例文17.60のように否定文か疑問文で用いられるのが普通です。

17.63 **"When will Daddy be back?" "I can't [couldn't] *say*."**
「お父さんはいつ帰るの？」「さあ、よく知らないね」

これは一種の慣用的な言い方ですが、語気を強めて、

17.64 **Who can *say*?**
そんなこと誰が知るものか。

と言うこともあります。

I can't say.は、I can't tell.とも言い、I don't know[understand].と同意と考えていいでしょう。なお、

17.65 **I have to *say* for Arnold.** —— A. Lawrence, *Columbo* #2

と言えば、「アーノルドに代わって意見を述べる→の代弁をする」で、この他動詞用法は、

17.66 **What can I *say* for myself?**
私自身のためにどう弁明できるか？

のようなものを考えればよいでしょう。これは堅い言い方では、

17.67 **What can I *say* [*speak*] *in justification of myself*?**

というところでしょうか。

■ 言葉を発する・内容を伝える→伝える（物主語）■

④ 伝える→「（新聞・ラジオなどが）～と言っている、～と書いてある、（時刻を）示している、（～のことを）表している」（他動詞）

17.68 **Today's paper *says* that postage prices are going up again.**
今日の新聞に郵便料金がまた値上げになると書いてある。

これを見て、読者の中には第２章haveに出てきたConan Doyleの、

2.18 "Please tell me what the newspaper has to *say*?"（再掲）

を思い出された方もあるでしょう。これは①の人主語に対する物主語タイプの文です。物主語とは言っても、新聞や本、ラジオなどは、その裏にそれを媒体として扱う人間の存在が感じ取れるものです。つまり、基本的には〈人〉が新聞やラジオを通じて「言う」「語る」ことから形成された表現だと言えます。さらに堅い言い方では、

17.69 ***It says* in today's paper *that* postage prices are going up again.**

のようにも言えます。なお、新聞や雑誌ではしばしば次の例文のように伝達動詞が倒置されます。

17.70 ***Said* the Japanese Prime Minister yesterday evening: "..."**
日本の首相は昨夜「...」と語った。

新聞のほかにも、さまざまな主語が用いられます。

17.71 ***The TV says* it will be fine tomorrow.**
テレビでは明日は晴れだと言っている。

17.72 ***The notice says* ‘Keep out.’** (〈英〉**...** ***says*** **‘Keep out’.**)
掲示には「立ち入り禁止」と書いてある。

17.73 **Yesterday, I had *a letter* from him *saying* that he had been sick in the hospital for two weeks.**
昨日私は彼から彼が２週間病気で入院していた、という手紙を受けとった。
(*cf. His letter says* that he had been sick in the hospital for two weeks.)

17.74 ***The timetable* says that there are no trains on Sundays.**
時刻表によると、日曜日には列車が（運行され）ないことがわかる。

また比喩的にも用いられます。次の例文はあとになるほど、比喩的度合いが広がっています。

17.75 ***The law says* this is quite legitimate.**
法律上はこれはまったく合法だ。

17.76 **She was smiling, but *her face said* that she was disappointed in me.**
彼女はにこにこしていたが、顔の表情から私に失望していることが読み取れた。

17.77 **The *fact* that he did not give the money back *says* a lot about his dishonesty.**
彼がその金を返さなかったことは彼が誠実でないことを多分に物語っている。

薬の使用法などの指示には、that節の代わりに不定詞を用いることもあります。

17.78 **The *instructions say to take* two tablets every morning.**
説明書には毎朝２錠服用することとある。

もちろん、目的語には名詞（句）が来ることもあります。

17.79 **“What does your watch *say*?” “My watch *says half past ten*.”**
「あなたの時計では何時ですか」「私の時計では10時半です」

これはsayを使わずに、普通の言い方をすると、

17.80 **“What time is it by your watch?” “It’s 10:30 by my watch.”**

ということです。

第18章　start

■「往来・発着」を表す動詞start ■

第12章で往来・発着を表す動詞としてleaveを取り扱いましたが、本章はそれと関連してstartを取り上げることにします。この語はleaveと対照的な顔を持つと同時に、事の始まりを示すbeginとも深い関わりを持っています。日常よく使う語でありながら、なかなかわかりにくい動詞です。

まず往来・発着のleaveとの比較から始めてみましょう。leaveはすでに述べたように、「ある場所をあとにして（またはあるものを残して）離れる」ということでした。a leaving[going-away] party（お別れ会）、a leaving present[gift]（餞別）などのように、「別れ」という後ろ向きな感じがつきまとっています。ちなみに、「送別会」に対して「壮行会」という前向きの言葉がありますが、和英辞典を見てみてもa send-off partyぐらいしか訳語がありません。これは、学生のゼミなどの「追い出しコンパ」のように送る側からの表現で、送られる側からすれば、もし'a starting party'のような言い方があれば、そう言ってもらったほうが嬉しいはずです。卒業式を人生のスタートと考えてcommencement (excercises)と言うアメリカではなおさらでしょう。

■ startの中核的意味「動き出す」■

このleaveに対して、startの中核的意味は「（それまで止まっていたものが）動き出す」ということです。

18.1 **They *started* for Boston in the early hours of the morning.**
彼らはその朝早く、ボストンに向かって出発した。

このように行動開始に焦点があるため、その時の状況を示す副詞（特に時の副詞）を伴うことが多いようです。ニューヨークから出発したとすれば、例文18.1は、

18.2 **They *started* from New York for Boston.**

と言い換えることもできますが、出発点を明記する場合はleaveを使うことが多いせいか、こちらの形はあまり見受けられません。

また、start forはアメリカ人が好む表現です。start forの持つ歯切れのよさや、

前向きなイメージからでしょうか。この場合、leaveを用いると、その本義から推察されるように、通例離れる場所［離れる人］を伴って、

18.3 **They *left* New York for Boston.**

と言うのが普通です。これは、leaveが本来他動詞ということを考えれば、当然でしょう。

18.4 **They *left for* Boston.**

も可能ですが、これは、

18.5 **They *started for* Boston.**

に比べ、はるかにまれであるような気がします。こうした本義を理解しておけば、

18.6 **The bus *starts* [*leaves*] in a few minutes.**
バスは2、3分したら出ます。

のような場合、両者のニュアンスの違いを推察することもできるはずです。leaveは単に「離れる」というだけですが、startを使うとまるでエンジンの始動から始まる一連の行動開始の状況が伝わってくるような感じがします。したがって、

18.7 **At last our bus *started* [**left*].**
ようやく私たちの乗ったバスは出発した。

で、leftを使うと不自然になるというのは、At lastとあって、「ようやく待ちに待った . . .」という感じが出ないからです。

以上のことから、日常茶飯事的な行動、たとえば「学校へ行く」とか「会社に行く」と言う場合には、startを使った次のような言い方は、決して誤りではありませんが、特別の場合を除いて、あまり用いられないと考えてよいでしょう。

18.8 **?The children *start for school* at 7:00 every morning.**
子どもたちは毎朝7時に学校に出かける。

18.9 **?John *started for the office* when the telephone rang.**
ジョンが会社に出かけようとしたとき、電話が鳴った。

■ 線的なstart、点的なbegin ■

次にbeginとの関係に移りましょう。startは「動き出す」ということで、leaveとの対比では「移動」の意味でしたが、先にあげたバスの例文のように「(機械が)始動する」という移動を含まない意味になる場合もあります。機械以外にも、

18.10 ***The meeting starts* at [*from] 1:00 [〈英〉1.00] p.m.**
会議は午後1時から始まる。

のような主語をとることができます。こうなると、単に「始まる」「開始される」という意味のbeginと類義語になり、例文18.10は次のように言い換えることも可能です。

18.11 **The meeting *begins* at [*from] 1:00 p.m.**

例文18.10と18.11の違いは、startが行動開始に焦点はあるもののこれから目標に向かっての過程をも含意するのに対し、beginが開始の第一歩だけを問題にしている動詞だということから来ます。つまり、startは線的であり、beginは点的であると言ってよいでしょう。したがって、日本語で開始点を表す「〜から」を英語に訳す場合、それが〈時間〉であれば、動詞がstartでもbeginでもat、場合によってはon、in【→18.40、18.41参照】で、fromは使えないのですが、〈場所〉であれば、次のような使い分けが必要になってきます。

18.12 **Today we *start* [*begin*] at page 20.**
18.13 **Today we *start* [**begin*] from page 20.**
今日は20ページから始めます。

atは開始点だけを表すのに対し、fromは過程をも表す前置詞だということを頭に留めておいてください。

これで、startを取り巻くシノニム群の中でも代表的なleaveとbeginとの関係について、だいたい明らかになりました。以上のことをふまえて、意味の枝分かれ図を見てみましょう。

start の意味の枝分かれ図

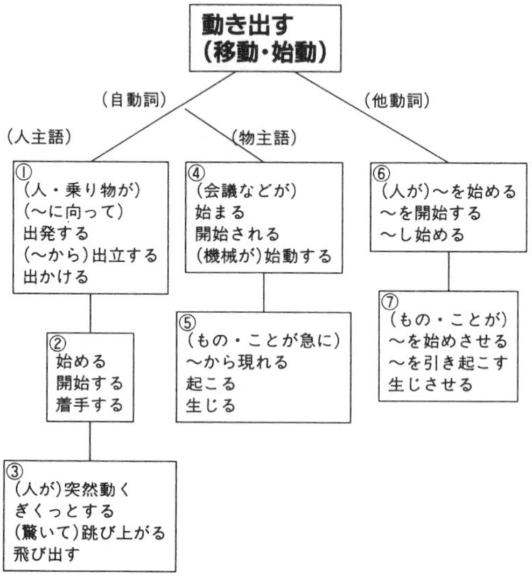

■ 動き出す→自動詞のstart ■

① 自動詞のstart→「(人・乗り物が) (～に向かって) 出発する、(～から) 出立する、出かける」(人主語)

18.14 **When did he *start for* Los Angeles?**
彼はいつロスアンゼルスに出発したのか。

これは、出発地を問題にした場合に、fromを用いて、

18.15 **He *started from* Atlanta.**
彼はアトランタから出発した。

とすることはすでに触れました。そして、すでに述べたように、乗り物も一種の人主語なので、以下のような表現が可能になります。

18.16 ***The Shinkansen starts for*** **Tokyo at nine o'clock.**
新幹線は9時に東京に向かって出発する。

18.17 **On July 16, 1969, *Apollo 11 started for* the moon.**
1969年7月16日、アポロ11号は月を目指して飛び立った。

次の例文18.18のように、off、out、backなどの副詞を伴った言い方に注意してください。

18.18 **It's a long trip; we'll have to *start off*[*out*] early and *start back* home in the afternoon.**
—— *Longman Dictionary of English Language and Culture*
長道中だから早く出て午後には帰途に着かなくちゃいけない。

次のような名詞表現もよく用いられます。

18.19 **He *made an early start.*** (=He *started early.*)
彼は早く出発した。

18.20 **We *made a fresh start*.** (=We *started afresh.*)
我々ははじめからやり直した［再出発した］。

18.21 **He *made a good start* in the election.**
(=He *started well* in the election.)
彼は選挙で好調なスタートを切った。【これは次節②の意味】

類義語表現の*set off*と*set out*は、startと同じく行動開始に焦点を当てた言い方でほぼ同じように用いられます。

18.22 **What time do you have to *set off*?**
何時に出かけなくてはいけないの？

set outは、遠い旅行に出かけるような場合によく用いられます。

18.23 **They *set out* for Africa on April 10.**
彼らは4月10日、アフリカに出発した。

② (人・乗り物が) 出発する、出かける
→「(人が) 始める、開始する、着手する」

18.24 **He *started in business* with only $10,000.**
彼はたった1万ドルで商売を始めた。

これは、くだけた言い方では*set up in business*とも言います。inはいずれも広い世界に入っての行動開始を強調すると考えてよいでしょう。inを省いて、

18.25 **He *started business* with only $10,000.**

と言うこともできます。こうなると、他動詞表現になります。類例を見てみましょう。

18.26 **Have you *started on your work* yet?**
↔Have you *started your work* yet?
もう仕事に取りかかったのか?

onを伴ったほうは、目的語となる仕事などがやや長くかかることを含意します。くだけた言い方では、

18.27 **Have you *got started on your work*?**

も可能です。この意味のstartの類義語として*set about*がありますが、set aboutはOがかなり難しいことで、それに決然と取りかかる、といったニュアンスが出てきます。

18.28 **Have you *set about your work* yet?**

これは、冒頭で述べたように、startは日常茶飯事的な行動にはあまり用いられないということに通じるものです。

18.29 **"So far I haven't had time." "*Start* [**Begin*] right now, then."**
「これまでは時間がなかったんです」「じゃ、今すぐ始めなさい」

この文脈では、beginではぴったりこないことを実感として覚えておいてください。また、startは、くだけた言い方では強意のinやonが加わって、

18.30 **She *started in to talk* to a foreign visitor.**
＝She *started on talking* to a foreign visitor.
彼女、外国の観光客と話を始めちゃったんだ。

のようにも用いられます。

演説や仕事などについて、「〜から始める」という場合に、start by doingを用いることがあります【*cf.* 18.12、18.13】。この場合、beginも可能です。

18.31 **I *started* [*began*] by collecting information about it.**
私はまずそれについての情報収集から始めた（→手始めに情報を収集した)。

「〜から」に入るものが名詞の場合は、start[begin] with Oとなります。end by doingは反対語で、「〜して終わりにした、最後に〜をした」という意味です。

18.32 ***Start* [*Begin*] *with* easy questions. Then introduce more complicated ones.**
簡単な問題から始め、それから複雑な問題を教えるようにしなさい。

startを使った成句としてお馴染みのto start[begin] withは、文頭で「まず第一に」(in the first place)、文尾で「初めは」(at the beginning) の意味で用いられますが、これは、例文18.32のような言い方が多用された結果、遊離し独立したと考えるとわかりやすいでしょう。

18.33 ***To start with*** (=In the first place)**, he is unexperienced and secondly he is not diligent.**
第一に彼は経験は浅いし、第二に勤勉でない。

18.34 **He was nervous *to start with*** (=at first)**, but he soon got used to it.**
彼は最初は緊張したが、すぐにそれに馴れた。

③ （人が）始める、開始する、着手する

→「（人が）突然動く、ぎくっとする、（驚いて）飛び上がる、飛び出す」

18.35 **He *started from his seat* when he heard the gun.**
彼は銃声を聞いて座席から飛び出した。

これは、「無意識で急激な動作を始める」ということで、startとともに用いられる前置詞によっていろいろな意味合いを持ちます。

18.36 **I *started at the noise*.**
私はその音を聞いてびくっとした。

18.37 **I *started* (*up*) angrily *to my feet*.**
私はカッとなって立ち上がった。

18.38 **He *started with* [*in*] *surprise* of seeing her there.**
彼はそこで彼女の姿を見て驚いてギクッとした。

もちろん前置詞句のない場合もあります。その場合は、「ギクッとする」の意味であることが多いようです。

18.39 **The touch on my shoulder made me *start*.**
肩にふれられてギクッとした。

④ 自動詞のstart

→「（会議などが）始まる、開始される、（機械が）始動する」（物主語）

18.40 **Examinations *start* on Monday next week.**
試験は来週の月曜日から始まる。

この場合の前置詞はat、on、inであり、fromは用いられないことは例文18.10～18.13ですでに触れました。同じ意味でbeginも使えます。類例を見てください。

18.41 **School *starts* [*begins*] in September.**
学校は９月から始まる。

ちなみに、アメリカの学校の年度末は6月で、20日頃になるとほとんどの学校は夏休みになってしまいます。スーパーマーケットなどは、7月に入るやBack-to-School[-Campus] Sale（新学期準備セール）と銘打って、文房具、ランチボックス（学校のランチルームなどで売っているランチをhot lunch、家からランチボックスに入れて持ってくるランチをcold lunchと呼んだりします）、バックパック（＝backpack、rucksack「リュックサック」のことで、日本のようなランドセルはありません）などが約2カ月間安売りされます。

さて、この物主語構文は、⑦の他動詞構文と関係があり、例文18.40は場合によって、

18.42 **We [They] *start* examinations on Monday next week.**

と言い換えることができます。Weならば、自分を含めた先生側から、Theyならば、自分を含め生徒の側から見た言い方です。

次は拡大用法です。

18.43 **Prices *start* at 100 yen.**
値段は100円からいろいろある。

18.44 **The alphabet *starts* [*begins*] with A.**
アルファベットはAから始まる。

また、次のようにも用いられます。

18.45 **The bus *started* (*up*).**
バスのエンジンがかかった。

この場合、upを除くと、バスのエンジンの始動か、実際に「動き出した」のかは文脈によらなければなりません。後者の意味の場合、次のような文脈で使われます。

18.46 **Hurry up, the bus is just *starting*.**
急いで、バスが今、出るわよ。【→①参照】

ちなみに、この他動詞表現は次のようになります。

18.47 **The driver *started* (*up*) (*the engine of*) *the bus*.**
運転手はバスのエンジンをかけた。

⑤ 始まる、開始される、始動する
→「(もの・ことが) 急に～から現れる、起こる、生じる」

18.48 **Blood started from the wound.**
傷口から血が突然吹き出した。

このstartは、急にある場所から出る場合に用います。類例をあげておきます。

18.49 **Tears *started from* her eyes.**
涙が突然彼女の目から溢れ出た。

18.50 **The fire *started in* the kitchen.**
火事は台所から起こった。

この場合もwithが用いられます。

18.51 **"How did your troubles *start*?"**
"Our troubles *started with* the fire."
「君たちの不幸のきっかけは何だったの」
「私たちの不幸のきっかけはあの火事だよ」

■ 動き出す→他動詞のstart ■

⑥ 他動詞のstart→「(人が) ～を始める、～を開始する、～し始める」

18.52 **I *started* my work at dawn.**
夜明けに仕事を始めた。

これは②で述べたように、自動詞表現では、

18.53 **I *started on* my work at dawn.**

となるところです。類例をあげます。

18.54 **Our teacher usually *starts* the lesson five or ten minutes late.**
私たちの先生はだいたい授業を５分から10分遅れて始める。

この意味では、文脈上Oが明らかな場合は次のように省略されます。

18.55 **We'd better *start* now if we want to finish this work today.**
今日中にこの仕事を終えたいなら、今、始めたほうがいいよ。

この場合は、start this workのthis workが省略されているわけです。このような自動詞、〈自動詞＋前置詞句〉、他動詞としてのstartの使い方を整理しておきましょう。

18.56 **I started.**（自動詞）
↔I started on the work.（自動詞＋前置詞）
↔I started the work.（他動詞）

詳しくは、②を参照してください。

ここで、start to do、start doingの構文について見てみましょう。

18.57 **You had better *start to get ready*, otherwise you'll miss the train.**
準備しなさい。でないと列車に遅れるよ。

これはdoingを使って、

18.58 **You had better *start getting ready*, ...**

と言い換えることができます。to doとdoingの違いは、原則としてto doは動作の開始に重点があり、doingは現実の動作の継続に重点があるということです。しかし、

18.59 **You have *to start getting ready*.**

のように、前にtoがある場合（start自体が不定詞になっている場合）はdoingを用い、

18.60 **I am *starting to get ready*.**

のように、startが進行形の場合にはto doを用います。これは、好音調（euphony）と呼ばれるもので、英米人はto ... toや〜ing ... 〜ingのように同じ音が続くのを嫌う傾向があるためです。我々日本人は案外気づかないことがあるので、覚えておくと便利かもしれません。start以外でも同様の現象が見られるので、ついでに見ておきましょう。たとえば、「彼に会いに行きたい」と言う場合、

18.61 **I want *to go to see* him.**

で文法的には正しいのですが、適当ではなく、

18.62 **I want *to go and see* him.**

とするほうが普通のようです。want toがなければ、

18.63 **I'll *go to* [*and*] *see* him.**

のようにどちらでも用いられます。この場合、beginにも同じことが当てはまります。

18.64 **I'm *starting* [*beginning*] *to cook* [**cooking*] the supper.**
私は夕飯の準備に取りかかります。

しかし、beginのほうは、doing形を目的語にとることはまれです。また、startもbeginも感情や思考を表す動詞を目的語にとる場合は、to doのほうが普通です。

18.65 **If we go on meeting like this, people are *going to start* [*begin*] *to think* we're having an affair.**
—— *Longman Language Activator*
このように続けて会っていると、世間の人は私たちが浮気をしていると思うようになりますよ。

Sが〈もの〉や〈こと〉の場合は、一般にto doが普通です。

18.66 **The thermometer *started to fall* last night.**
寒暖計は昨夜から下がり始めた。

18.67 **The ice *started* [*began*] *to melt*.**
氷が溶けだした。

ただし、次のような場合は先に述べた好音調のためto doに限られます。

18.68 **It's *starting* [*beginning*] *to rain* [**raining*].**

この言い方で注意すべきは、次のようにOの種類によって文脈上動詞が明らかな場合は、その動詞が省略され、startだけですまされるということです。

18.69 **The cook *started* [*began*] (*cooking*) the dinner at eleven o'clock.**
料理人は11時に正餐の準備を始めた。

18.70 **The choir *started* [*began*] (*singing*) *'Messiah'* at three o'clock.**
聖歌隊は３時に「メサイア」を歌い始めた。

18.71 **She *started* [*began*] (*knitting*) a sweater yesterday.**
彼女は、昨日セーターを編み始めた。

18.72 **The writer *started* [*began*] (*writing*) his novel after a holiday.**
作家は休暇のあと、小説を書き始めた。

これらの文の（　）内の動詞を省略すると、例文18.52の構文と同じになるのです。

⑦（人が）～を始める、～を開始する、～し始める
→「（もの・ことが）～を始めさせる、～を引き起こす、生じさせる」

18.73 **It was my father that first *started* me on English conversation.**
英会話を始めたきっかけは私の父でした。

この場合は、前置詞は通例onまたはinを用います。

18.74 **What *started* you *on* the piano [*in* business]?**
どうしてピアノ［事業］を始めたの？

次は「引き起こす」の意味です。

18.75 **The avalanche was *started* by a small rockfall.**
そのなだれは小さな落石によって生じた。

この意味ではSVO doingの形をとることもあります。

18.76 **The smoke *started* most of the passengers *coughing*.**
煙のせいで乗客はせきをしだした。

次は、アメリカ言語学会発行のB. Bloch & E. H. Jorden著、*Spoken Japanese*（1945年刊）の第１章の冒頭にある注意書きです。これを読むと、startの用法の復習になると思いますので、少し長くなりますが、引用します。

18.77 **Don't *start with* this until everyone has read the Introduction and you are sure you are *starting right*.**
To the leader: Read the following to the group before *starting in with* the Guide or records on the Basic Sentences. Be sure everyone understands what is going to be done.

第19章　work

■ 物理的・精神的に「働く」の意を表すwork ■

今回は「働く」、あるいは学校などでは「勉強する」の意味でよく使われる基本語workを取り上げます。学校で先生が生徒に向かって「よくできましたね」とほめるとき、“Good job!”とよく言いますが、それに対して、

19.1　**Good *work*!**

は、工作などの作品を目の前にしてほめる場合以外はまず聞かれません。一方、やはり先生がよく口にしそうな「もっと勉強しなければいけませんよ」は、

19.2　***Work* harder.**

が使われます。しかし、日本語の「頑張れよ」「頑張って」「しっかりね」に当たるような単なる励ましの言葉としては、アメリカ人はworkを使わず、“Take it easy.”という表現を使います。こんなことも文化の違いとして覚えておきましょう。このフレーズはいろいろな状況で使われ、時には「じゃあまた」といった別れの挨拶にも使われる便利な言い方です【→第３章take②参照】。

機械などが壊れていて使えないようなとき、貼り紙に書くのは“Out of order”とするのが普通ですが、会話ではdoesn't workを使います。たとえば、公衆トイレで、詰まって使えないトイレの前や水の出ない水道の前には、貼り紙に“Out of order”と書かれていますが、誰かが「壊れてますよ」と教えてくれるときには、

19.3　**It doesn't *work*.**

と言うのが普通です。これは、主語のItを省略して、“Doesn't work.”としても使われます。

次は、難聴の女性との会話です。

19.4　**“You can hear!” “Yes.” “It *worked*.” “Yes, it *worked*.”**
「耳が聞こえるのですね」「ええ」「あれが効いたのですね」「ええ、効いたのですわ」

また、次のような例もあります。

19.5 "Does it *work* for you?" "It *works* for me."
「うまくいっているか」「うまくいってるよ」

これもItを省略して、"Works for me."と言うことがあります。このような会話が理解でき、また自分でも使うことができれば、相当英語になじんできた証拠です。

■ workの中核的意味「うまく機能する」■

本来、workは自動詞で、その中核的意味は「うまく機能する」です。何がうまく機能するかによって、次のように意味が展開していきます。「(〈人〉が社会貢献などのために) うまく機能する」→「働く」、「(〈人〉が自分自身の向上などのために) うまく機能する」→「勉強する」、「(機械などが) うまく機能する」→「作動する」、「(薬などが) うまく機能する」→「効く」、「(計画・試みが) うまく機能する」→「うまくいく」という具合です。このほかにも「(目が) 見える」「(耳が) 聞こえる」「(鼻が) 利く」「(歯が) かめる」「(手が) 使える」など、さまざまな日本語を対応させることができます。

他動詞のworkは、使役動詞（causative verb）として使われ、人主語では「働かせる」「働かせて〜の状態にする」となり、物主語では「ある状態をもたらす」と発展していきます。

work の意味の枝分かれ図

```
                    うまく機能する
                   ╱            ╲
            (自動詞)              (他動詞)
          ■機能する■              ■機能させる■
          ╱        ╲              ╱        ╲
       (意志)    (無意志)        (意志)    (無意志)
         ①         ③            ⑤           ⑦
       (人が)    (機械が)       (人が)(人などを)  (もの・ことが)
       働く      作動する       働かせる      (ある状態を)
       仕事をする (順調に)       勉強させる     もたらす
       勤める    動く          (人・ものが)(機械を) 引き起こす
       就職する                 動かす        生じさせる
                               操作する
         ②         ④
       (人が)    (薬が)効く
       勉強する   (計画・試みなどが)
       研究する   うまくいく         ⑥
                 (うまくいって結果が) (〜を働かせて)
                 〜となる           〜の状態にする
                                   〜させる
                                   〜にする
```

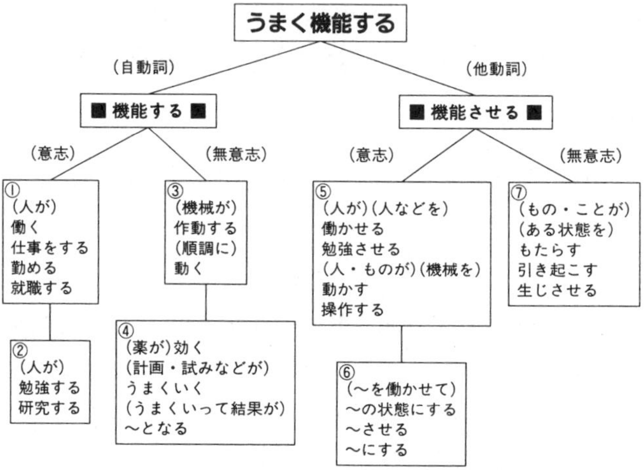

■ うまく機能する→機能する（自動詞）■

① 機能する→「(人が) 働く、仕事をする、勤める、就職する」（意志）

19.6 **"Who do you *work for*?" "I *work for* a mortgage company.**
「どこにお勤めですか？」「不動産会社に勤めています」

これは、日本語的にWhereを用いて言うこともできます。

19.7 **"Where do you *work*?" "I *work in* [*at*] a mortgage company."**
「どちらにお勤めですか？」「とある抵当証券会社に勤めています」

類例をもう1つあげておきましょう。

19.8 **I *work in* [*at*] the hospital.**
病院で働いています。

働いている場所を表すための前置詞は、inを用いた場合は組織の一員であることが意識され、atは単にその場所に通っているというニュアンスになります。例文19.6の答えにforを用いると、その内部にいる人が主体となり、仲間意識とともに「雇われている」という意識が強調されるようです。

19.9 **I *work for* Sony.**
私はソニーに勤めている。

例文19.6の質問は、「誰の代わりに働くのか」の意味にもなりますから、注意を要します。

19.10 **I will *work for* you while you are absent.**
君が休んでいるときは、私が代わりに働くよ。

19.11 **Right now, I'm *working for* Tom, who is out sick.**
今は、病気で休んでいるトムの代わりに働いている。

例文19.6はパーティーなどで初対面の人に、名前を聞いたついでに勤め先を聞くといった場合に用いることが多いようなので、覚えておくと便利でしょう。

そのほか、一般に「仕事をする」という意味でもよく用いられます。

19.12 **I'm not *working* any more.**
私はもう働いていない。

19.13 **Most people have to *work* in order to live.**
たいていの人は生きるために働かねばならない。

19.14 **He had to stop *working* part-time because he was so sick.**
彼は病気が重いため、パートタイムの仕事をやめなければならなかった。
(このpart-timeは副詞)

19.15 **I *worked* as a waiter for a while when I was in college.**
大学生のとき、しばらくウエイターとして働いた。

なお、次例のgo to workのto workは動詞(=不定詞)のように見えますが、実は〈前置詞to+名詞〉なので注意してください。

19.16 **I got up and got ready to *go (out) to work*.**
私は起き上がって、仕事に出かける用意をした。

これは、go to schoolと同じく、無冠詞で使われる慣用的な言い方です。次のworkも名詞です。

19.17 **I can't *leave work* till five.**
5時まで職場を離れることはできない。

② (人が)働く、仕事をする→「(人が)勉強する、研究する」(意志)

19.18 **How many hours do you *work* every day?**
毎日何時間勉強するの？

この質問に対して、受験生の方たちからは、

19.19 **I *work* more than eight hours every day.**

といった答えが返ってくることでしょう。学校などで使われる場合は「勉強する」の意味で使われることが多く、ほとんどstudyと同じように使われます。

19.20 **She *works* [*studies*] hard.**
彼女はよく働く［勉強する］。

同じ内容を表すのに、work hardを一語化したhardworkingという形容詞が使われることもあります。

19.21 **She is *hardworking*.**
彼女は働き者［勉強家］だ。

この意味では、しばしばawayをつけて努力を強調することがあります。

19.22 **I'm still not very good at speaking English, but I'm *working* (*away*) on [〈英〉 at] it.**
私はまだ英語を話すのはあまり上手ではありませんが、（懸命に）頑張ってやっています。

すでに述べたように、workの中核的意味は「うまく機能する」ですが、これには「うまく機能するように努力する」という意味合いも含まれているわけです。ここから「深く勉強する」→「研究する」という意味が生じてきます。

19.23 **The scientist is *working* on [〈英〉 at] behavioral psychology at present.**
その科学者は現在、行動心理学の研究をしている。

しかし、「研究する」の意味では、research、studyのほうが普通です。

19.24 **He is *researching* [*studying*] in economic history.**
彼は経済史を研究している。

ただし、researchは動詞よりも名詞を使って、

19.25 **He is *doing* [**making*] *research* in economic history.**

ということもよくあります。この場合、researchは無冠詞であることに注意してください。

work on＋〈人〉という形で使うと、「〈人〉に働きかける」の意味になります【*cf.* ④】。

19.26 **I'll *work on* John, and I am sure he will agree.**
ジョンに話したら、彼は同意してくれるよ。

次の例のように、医者が患者の治療に、また外科的な手術に取り組んでいる場合などにも用いられます。

19.27 **The doctor is still *working on* our cousin.**
医者はまだいとこの治療［手術］中だ。

③ 機能する→「(機械が) 作動する、(順調に) 動く」(無意志)

19.28 **The car *works* on electricity.**
その車は電気で動く。

これは、次のようにrunやgoで置き換えられます。

19.29 **The car *runs* [*goes*] on electricity.**

類例を見てみましょう。

19.30 **My watch is *working* [*running/ going*] well.**
私の時計は順調に動いている。【→第14章run④´、第16章go⑥参照】

この場合、workは「正常に動く」ということを表すのに対し、runは「動き続ける」、goは「順調に動く」といった意味合いになります。ですから、冒頭で述べたように、

19.3 It doesn't *work*. (再掲)

と言うと、「正常に動かない」→「故障している」の意味となるわけです。日本語につられて、moveを使わないようにしてください。moveは、ある位置から別の位置に「動く」ということで、主語自身が移動することになるからです。この意味の類例をもう少しあげておきます。

19.31 **This pump doesn't *work* well.**
このポンプは水の出があまりよくない。

19.32 **My stomach is *working* badly today.**
今日はお腹の具合が悪い。

④ (機械が) 作動する、(順調に) 動く→「(薬が) 効く、(計画・試みなどが) うまくいく、(うまくいって結果が) ～となる」(無意志)

19.33 **This medicine *worked* on me, but didn't *work* on him.**
この薬は私には効いたが、彼には効かなかった。

これは③とほぼ同じ意味で、中核的意味から考えると「薬がうまく機能する」ということです。「〈人〉に効く」と言う場合は、work on +〈人〉ですが、「～の病気に効く」と言う場合は、work for +〈病名〉の形をとります。

19.34 **This medicine *works for* heart [kidney] trouble.**
この薬は心臓［腎臓］の病気に効く。

もちろん、onやforを伴わない場合もあります。例文19.4の対話の例を参照してください。類例としてもう１つあげましょう。

19.35 **How long does this sleeping pill take to *work*?**
この睡眠薬が効くのに、どれくらいかかりますか？

19.36 **Has your plan *worked* [*gone*] well?**
あなたの計画はうまくいきましたか？ 【→16.63参照】

これも主語が抽象名詞に代わっただけで「うまく機能する」という中心義に変わりはありません。

19.37 **I don't think that idea of yours will *work*.**
君のそのアイディアはうまくいかないと思う。

この場合、しばしばoutをつけてwork outとして用いられることもあります。outを使うと、「うまくいく」という語調が強くなります。

19.38 **I hope all your plans *work out* as you expect.**
君の計画がすべて君の思うとおりにうまくいきますように。

ここから、「(うまくいって) 結果が〜となる」という意味に発展していきます。次にあげるように、「万事うまくいくよ」「最善の方向にいくさ」といった意味の口語的慣用表現には、さまざまな言い方があります。

19.39 **Everything will *work out* (all right).**
19.40 **Things will *work out* (all right).**
19.41 **Everything will *work out* for the best.**
19.42 **Things will *work out* for the best.**

例文19.41や19.42のように、for the bestを使う言い方は、特に悪い状態が好転して、結局はいい方向に向かうといった場合に用いることが多いようです。

19.43 **Eight hours a day at 1,000 yen an hour *works out* at 8,000 yen a day.**
時給1,000円で８時間働けば、１日8,000円となる。

なお、work outは他動詞として「(問題などを) 解く、理解する」の意味でも用いられます。この場合、outのない言い方も時に見受けられますが、この意味ではoutがついているほうが一般的ですし、「苦労して解く」という感じがよく出ていると思います。「結果を出す」の「出す」がoutに当たると考えるといいでしょう。

19.44 **I can't *work out* what you think.**
あなたの考えが (どうしても) わからない。
19.45 **We can *work* it *out*.**
やればできるよ。(人を励ます言葉)

■ うまく機能する→機能させる（他動詞）■

⑤ 機能させる→「(人が)（人などを）働かせる、勉強させる、(人・ものが)（機械を）動かす、操作する」(意志)

19.46 **They *work* us too hard in this office.**
この会社の人（=They ... in this office）は我々をあまりにも働かせる（→この会社は従業員をこき使う)。

これは、workの使役動詞としての例で、work us = make us workということです。

19.47 **Our teacher *works* us hard.**
先生は我々をよく勉強させる。

このような言い換えは、work以外の動詞でも行なわれます。

19.48 **He *walks* his dog every morning.**
彼はイヌを毎朝散歩させる。【→第14章run③参照】

このworkは、目的語として再帰代名詞を従えて、次のような言い方もできます。

19.49 **He *works himself* too hard.**
彼は働き［勉強し］すぎる。

これは①の自動詞用法で言い換えれば、

19.50 **He *works* too hard.**

と同じですが、再帰代名詞を用いたほうが、「自分を鼓舞して」といった感じで、自分に強いている印象が強くなります。

目的語に機械などが来ることもあります。

19.51 **He was *working* a new personal computer.**
彼は新しいパソコンを動かして［使って］いた。

19.52 **He *works* the biggest machine in the factory.**
彼は工場最大の機械を扱っている。

19.53 **Please show me how to *work* this engine.**
このエンジンの操作法を教えてください。

なお、「(状況を) 機械のように動かし操作する」という意味で、次のような口語的慣用表現があります。

19.54 **How did you *work it*?**
どうしてそれをやってのけましたか［どのようにそれを取り計らいましたか］？

このwork itは、work thingsに言い換えられます。

19.55 **Can you *work it* [*things*] so that we can all go together?**
みんな一緒に行けるようにうまくやってくれますか？

⑥ (人などを) 働かせる、勉強させる、(機械を) 動かす
→「(～を働かせて) ～の状態にする、～させる、～にする」(意志)

19.56 **He *worked* his ox *to death*.**
彼は牛を酷使して死なせてしまった。

このto deathのtoは結果を示す前置詞で、このようなtoを使った前置詞句とともに用いられると、「～の状態にする」という意味になります。

19.57 **He tried to *work* her *to tears*.**
彼は彼女を泣かせようとした。

toの代わりに、intoを用いることもあります。

19.58 **You should *work* the butter *into the dough* carefully.**
バターをていねいに混ぜ合わせて生地を作りなさい。

19.59 **He *worked* a play *into a novel*.**
彼は脚本を小説に仕立て上げた。

19.60 **She *worked* herself *into a rage*.**
彼女は興奮して怒りだした。

結果の状態を表すのに形容詞を用いて、SVC構文をとることもあります。

19.61 ***Work*** **the wedge** ***loose.***
くさびを（上下左右に動かして）ゆるめなさい。

19.62 **The screw has** ***worked*** **itself** ***loose.***
ねじが（上下左右に動いて）ゆるんでしまった。

19.63 **Don't** ***work*** **yourself** ***sick.***
働きすぎて病気にならないように。

⑦ 機能させる→「(もの・ことが)（ある状態を）もたらす、引き起こす、生じさせる」（無意志）

19.64 **This medicine** ***works wonders*** **for my cold.**
私の風邪には、この薬は驚くほどよく効く。

この意味での使われ方に関しては、特に説明するまでもないと思いますので、類例をあげるにとどめておきます。

19.65 **The hospital life** ***worked a change*** **in my living habits.**
その入院生活は、私の生活習慣に変化をもたらした。

このほかの表現として、*work harm*（害をもたらす）、*work a cure*（病気を治す）などがあります。

最後に、動詞workと関連してworking＋〈名詞〉について触れておきます。

19.66 ***a working*** **woman**（働く女性）
19.67 ***a working*** **mother**（子育てしながら仕事を持って働く母親）
19.68 ***working*** **people**（働く人々、労働者）

などがその例です。a working womanはa woman who works（毎日勤めに出て働いている女性）ということですが、「(今、現に）働いている女性」（＝a woman who is working）の意味もあります。また、

19.69 ***working*** **knowledge**

と言えば、「実際に役に立つ知識」のことで、この頃は外国語の学習に関して、

19.70 **We must have a *working* (=*practical*) *knowledge* of English.**
英語は実際に使えなくっちゃ。

といったように用いられます。

この意味から何か作業をする上での「基礎的な」という意味に発展していきます。

19.71 ***a working theory*** (基礎的理論)

科学の分野で、

19.72 ***a working dilution***

というと、反応に有効な希釈度（a dilution that works for reaction）のことです。近年、ビジネス分野でよく聞かれる言葉として、

19.73 ***a working* breakfast [lunch]**

がありますが、これは超多忙なビジネスマンなどが仕事の打ち合わせをしながら朝食［昼食］をとったりすることです。日本語では、なんと訳したらよいのでしょうか。

19.74 ***a working* party** (=a party for working)
19.75 ***a working* group**

ある特別の問題やプロジェクトなどを研究調査するために編成された人々の一団を指します。19.74はイギリス英語です。「特別調査委員会」と訳されますが、もっと一般的に「作業部会」「分科会」などの意味で用いられます。

第20章　help

■「助ける」を表す最も基本的な動詞help ■

この章では、我々が社会生活を行なう上で最も大切なhelpという単語を取り上げます。helpというと、受験勉強に励んでおられるみなさんは、

20.1 **Heaven *helps* those who help themselves.**
天は自ら助くるものを助く。

という有名なことわざを思い出されるかもしれませんね。また、海外旅行の準備にと英会話を学んでいる真っ最中の方は、

20.2 **May I *help* you?**【→①参照】

という文が思わず口から出てきたかもしれません。２世代くらい前の方ならビートルズのあのフレーズ、

20.3 **Won't you please, please, *help* me?**

を懐かしんでおられるかもしれません。1994年に出版された翻訳書でラム・ダス（他）著、吾妻典子訳『ハウ・キャナイ・ヘルプ？――助け合うときに起こること』というのがありました。原著の題名をカタカナにしただけの珍しい訳本ですが、

20.4 **How can I *help*?**

という表現が、それだけ日本語の中に入り込んできているということでしょう。

私が受験生の頃、「(危ないから) 助けてくれ」はHelp!で、Help me!は「手伝ってくれ」の意味だと習ったことがあります。どうしてそうなるのか、わかりませんでした。確かに前者は、

20.5 **Help, *help*, call the police.**
助けて、助けて、警察を呼んでください。

20.6 ***Help*, I'm drowning.**
助けてくれ、溺れそうだ。

などのように使われていますが、Help me!がどうして「私を助けてくれ」とならないのか、疑問に思っていたのです。しかし、その後、

20.7 ***Help me*, I'm falling.**
助けて、落ちそうだ

といった用法でも使われているのを見て、これは必ずしも正しくないことがわかりました。つまり、Help!は「助けてくれ」ですが、Help me!は「手伝ってくれ」というほかに、Help!の意味にも使えるということになります。

このように、helpは馴染み深い語であるにもかかわらず、これを使う段となるとなかなか自由に操れないものです。

■ helpの５つの基本構文 ■

日本語の「手伝う」は、「仕事を手伝う」のように手伝う〈こと〉が目的語に来ます。そこで、英語にする場合にも、

20.8 ***Please *help* my work.**

などとしてしまいそうですが、英語のhelpは、〈もの〉〈こと〉が擬人化されたような特別の場合を除いて、目的語に〈人〉をとるということを、まず頭に叩き込んでおきましょう。「助ける相手」が目的語になると考えてもいいでしょう。その次に、その人の何（O_2）を助けるかということをつけ加えます。その仕方に応じて、O_2の表現方法が変わってきます。helpの基本構文と用法を整理しておきましょう。

基本構文 （1）**help O**
（2）**help O to do**
（3）**help O with [in] ～**

（1）が基底形となります。この形は、次のように前文があるか、あるいはそのような状況的文脈（situational context、私が宿題で困っているときに、お母さんが部屋に入ってきたといった状況）がある場合でないと使えません。

20.9 **I can't do my homework. Will you *help* me?**
宿題ができません。どうか手伝ってください。

そうした状況がなく、初めてこれを切り出すような場合には、はっきりとO_2を

示し、（2）を使って次のように言います。

20.10 **Will you *help* me to do my homework?**

あるいは（3）の構文で次のようにも言えます。

20.11 **Will you *help* me with my homework?**

このように（2）や（3）の構文でO_2が示されても、発音する場合にはいずれもhelp meの次に若干のポーズが置かれます。このことからしても、基底形はやはり（1）にあることがわかります。このほかに（2）のOを略した、

基本構文（4）help to do

があります。これは文脈によってOがわかる場合、または一般的な人の場合です。

さらに、Oの次にくる自明の動詞は略して、次のような構文をとることもあります。

基本構文（5）help O (do) prep./ adv.

例文で見てみましょう。toの有無については、②を参照してください。

20.12 **He *helped* his mother (*go*) up the stairs.**
彼は母が階段を上がるのに手を貸した。

さらに、大きく略して、

20.13 ***Help* her (*get up*) *to her feet.***
彼女を助けて起こしてやれ。

とすることもあります。これもhelpに特徴的な、重要構文です。

■ helpの中核的意味「人の役に立つ」■

以上のことからわかるように、helpは基本的には他動詞で、〈人〉を目的語にとり、その中核的意味は「〈人〉の役に立つ」ということです。あくまでも〈人〉が中心になっていることを繰り返し強調しておきたいと思います。拡大用法や物主語の場合などでは微妙に語義が変化しますが、この中心義は貫かれていると思われます。

helpの意味の枝分かれ図

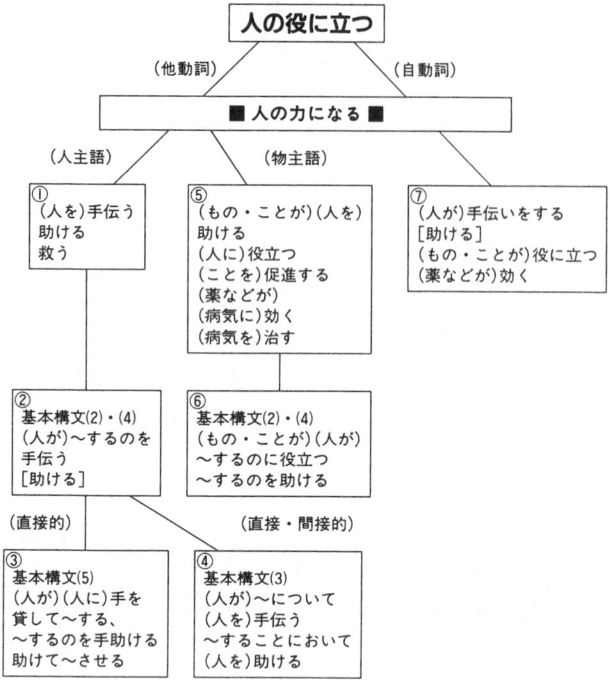

■ 人の役に立つ→（人が）人の力になる（他動詞）■

①（人が）人の力になる→「(人を）手伝う、助ける、救う」（人主語）

20.14 **"Can I *help* you?" "I'm just looking. Thank you."**
「いらっしゃいませ、何にいたしましょうか」「ただ見ているだけです。どうも」

これは、店などでよく聞かれる言葉で、よりていねいな言い方として、

20.15 **May I *help* you?**
20.16 **Could I *help* you?**

も使われます。筆者がWashington D.C.にいた頃よく通っていた本屋で、若い女の

店員（shop assistant）はCanを、中年の女性はCouldを使っていたのが印象に残っています。もっと具体的に「何にいたしましょうか」「何を差し上げましょうか」ということに焦点を絞って、

5.6 What can I do for you?（再掲）
20.17 What can I get for you?

といった言い方をします。また、道に迷って困っている人などに、「どうなさいましたか」と聞くときにも用いられることはご存知でしょう。ともかく、この"Can I help you?"は日常よく耳にする言葉ですから、もう少しつっこんで考えてみることにしましょう。

これは、文字どおりには「あなたの助けになれるか」ということで、彼らが相手の立場に立ってものを考える（you attitude）という文化的な面を表しているのではないかと思います。この点では敬語法の発達している日本語の「何のご用ですか」「何にいたしましょうか」などのレベルのていねいさとは文化の方向性に大きな隔たりがあります。

誰かが困っていたり、何かを相談してきたりした場合には、

20.18 How can I *help* (you)?

もよく使う表現です。「どうして差し上げたらあなたのお役に立てるのでしょうか」といった意味で、日本語にはなかなかうまく訳すことができません。冒頭で言及した翻訳書の訳者もさぞ困ったあげく、あのような形にされたのだと考えられます。通常、助けを頼む側は、

20.19 Would you *help me by calling* me the doctor at once?
すぐ医者を呼んでくださいませんか。

のように、by ～以下によってさまざまな頼み事を具体的に表しますが、How ～という疑問文は、その頼み事を予期しておりそれに応える用意があるという話し手の姿勢、心的態度を裏づけるものだと思われます。聞き手にとっては、何ともいえずありがたい質問形式と言えるでしょう。こうした表現を耳にするとき、単に日本語に訳して考えるだけでなく、英米人の思考過程を同時に味わってみてください。

このhelpは、*assist*、*aid*と類義語関係にあります。ただし、helpがアングロサクソン系の本来語（native word）であるのに対し、他の２語は借入語（loan word）

です。ちょうど日本語における和語に対する漢語に当たります。いずれも堅い表現で用いられ、日常英語では普通用いられません。たとえば、assistはhelpの基本構文（3）とほぼ同じ構文をとります（(2）は非標準)。

20.20 **I *assist* him *in doing* [*with*] his work.**

また、helpと同じように、

20.21 ***I *assisted his work* yesterday.**

と、仕事などを目的語にとることはできません。一方、aidは主に政治向きの語で、

20.22 **The government grant is intended to *aid* small business.**
その政府補助金は小規模ビジネスを援助するためのものである。

のように使われます。他の類義語表現としては、

20.23 ***give* [*lend*] O *a* (*helping*) *hand***

もよく用いられます。これもhelpと同じ使い方をします【→⑦参照】。

② 人を手伝う、助ける、救う
→「(人が）～するのを手伝う、助ける」(人主語)

20.24 **I *helped* my mother to wash the dishes.**
母が皿を洗うのを手伝った。

基本構文（2）あるいは（4）で用います。この場合、toを省略して、

20.25 **I *helped* my mother *wash* the dishes.**

という言い方もよく使われます。toのない形はアメリカ英語だとしていることがありますが、今ではイギリス英語でも普通になっているようです。上例は、Oが文脈で明らかな場合やその他の理由（Oを明示したくない、など）で省略され、

20.26 **I *helped* (*to*) *wash* the dishes.**

とも言います。アメリカでは逆に、toのあるほうも以前から使われています。次は

アメリカの観光案内（United States Information Service,〈略〉USIS）の記事ですが両方併行して使ってあります。

20.27 **American liberty was born in Boston, and the numerous historic shrines and ancient burial grounds ... *help to keep* the vital period of America's past alive. Thousands of visitors come to Boston each year to see these landmarks, and to *help guide* them in the confusing tangle of streets, the city has marked a route known as "Freedom Trail."**

—— *USIS*, 1960

アメリカの自由はボストンに生まれた。そしてその歴史に名高い聖地や昔の墓地が多く残っていて、それが、アメリカの過去のこの重大な時期を今も死なせないでいるのである。毎年、数多くの観光客がこの名所を見にボストンにやってくる。この錯綜した通りの案内を助けるために、ボストン市はふつう「自由の道」という名で知られている道筋にしるしをつけている。

それでは、toのあるなしでどのような違いがあるのでしょうか。アメリカの言語学者D. Bolinger氏が著書*Meaning and Form*の中で「形が異なれば意味も異なる」と言っています。Bolinger氏によれば、toのないほうは知覚的で直接的（immediate）、toのあるほうは観念的で間接的（mediate）に手伝うことを指しているということです。例文20.25を例にとれば、toがある場合は、食器をまとめたり運んだりする、あるいは励ましや慰めの言葉をかけたりするという意味の「手伝い」であって、一緒に洗ったわけではなく、例文20.26のように、toがない場合は、一緒に洗ったということになります。

そう考えると、上の*USIS*の記事は、初めのほうのhelpは、漠然とBoston市当局が名所旧跡を保存したり、その手引き書を作るなどして観光客にPRするといった、間接的な援助を表しており、あとのhelpは、そこを訪れた人にはすぐそれとわかるようにその道筋に白い印をつけて、直接的・具体的な援助をしていることを指しているのだと考えれば、理解しやすいのではないでしょうか。類例を見てみましょう。

20.28 **He *helped* her *to eat* the pudding.**

20.29 **He *helped* her *eat* the pudding.**

例文20.28は、彼女が病気で伏しているため、自分では食べられないといったときに、口元まで持っていってやるなどして、食べるという行為を「手伝った」ということであり、例文20.29は、彼女が全部食べられないので、半分食べるのを手伝ってやったということです。したがって、下のような文では、どちらか一方が選ばれるということになります。

博士のあげている例を借りて説明しましょう。いずれもby以下の違いに注意してください。

20.30 **He *helped* me *to climb* the stairs by cheering me on.**
彼は私が階段を上がるとき、私をずっと（下から）励ましてくれた。

20.31 **He *helped* me *climb* the stairs by propping me up with his shoulder.**
彼は私が階段を上がるとき、ずっと肩で私を支えてくれた。

toは方向を示す前置詞なので、toのある例文20.30は行為に至るまでの援助を指し、toのない例文20.31は行為そのものの援助（とその達成）を指すと考えてもよいでしょう。この考え方は、他の前置詞の有無にも通じることが多いですから、よく覚えておかれるといいでしょう。たとえば、prepare dinnerは、料理などを直接手を加えて準備するのに対し、prepare for dinnerは食器洗いなど間接的な準備を指します。

また、

20.32 **They prevented me (from) going.**
彼らは私を行かせないようにした。

では、fromがあると言葉などで間接的に押し止めたのに対し、fromを除けば、直接的に物理的に妨害したことになります。したがって、

20.33 **Illness prevented me from going to school.**
病気で学校へ行けなかった。

では、fromは省けないことも理解できるでしょう。

③ （人が）～するのを手伝う［助ける］→「（人が）（人に）手を貸して～する、～するのを手助けする、助けて～させる」（人主語）

20.34 **Let me *help* you *off with* your clothes.**
お前さんの服を脱がせてあげるよ。

これは、基本構文（5）の形で用いられます。「手伝って着せてあげる」という場合は、

20.35 **Let me *help* you *on with* your clothes.**

と言います。もっと省略した言い方として、

20.36 **Let me *help* you (*get*) *out of* your clothes.**
20.37 **Let me *help* you *into* your clothes.**

という言い方もよく聞かれます。全部省略せずに言えば、

20.38 **Let me *help* you to *take off* [*put on*] your clothes.**

というところですが、to takeやto put（ここでは語義から明らかなように、直接的援助ですから、本来ならば省略された動詞はtoなしの不定詞）を省略し、offやonという前置詞的副詞（prepositional adverb）でこの意味を含意した、きわめて歯切れのよい表現となっています。

また、基本構文（5）の説明のところでも述べたように、場合によっては動詞全部を呑み込んでしまう言い方もあります。その手掛かりとなるのは、残された前置詞ないし前置詞的副詞です。類例をあげておきます。

20.39 **I *helped* my mother *across* the street.**
母に手を貸して通りを渡してあげた。

20.40 **She *helped me in* with the suitcase.**
彼女はスーツケースを持って入ってくれた。

なお、例文20.39は、get acrossのgetが省略され、前置詞acrossが残ったもので、例文20.40はbring the suitcase in のbringが省略され、前置詞的副詞inが残ったものです。

④ （人が）～するのを手伝う［助ける］→「（人が）～について（人を）手伝う、～することにおいて（人を）助ける」（人主語）

20.41 **Can I *help* you *with* [*in*] your work?**
お仕事のお手伝いをしましょうか。

これは、基本構文（3）の形です。時に、動名詞を伴って、

20.42 **Can I *help* you *with doing* your work?**

と言うこともあります。withは、だいたいこのように日常的で、簡単にできる（と思われる）仕事などに用い、困難な（と思われる）仕事の場合はinを用いるようです。したがって、例文20.41はwithを使った場合とinを使った場合とで、その仕事の内容が異なります。homeworkのようなものなら通例with、次の例のように、難しい骨の折れるような仕事ならinと考えてよいでしょう。

20.43 **We will *help* you *in your escape* [*in escaping*] from here.**
我々はあなたのここからの逃亡を手助けします。

なお、この意味では直接的な援助を表すのが普通ですが、間接的援助の意味にとれることもあるので、省略された動詞を補ってパラフレーズする際に注意が必要です。たとえば、例文20.41は、

20.44 **Can I *help* you (*to*) do your work?**

となり、どちらにもとれるわけです。

■ 人の役に立つ→（ものが）人の力になる（他動詞）■

⑤ （ものが）人の力になる
→「（もの・ことが）（人を）助ける、（人に）役立つ、（ことを）促進する、（薬などが）（病気などに）効く、（病気を）治す」（物主語）

20.45 **This money will be used to *help* starving children in Africa.**
この金はアフリカの飢えた子どもを助けるために用いられる。

これは、①の意味に対応する物主語表現です。類例を見てみましょう。

20.46 **My knowledge of English *helped* me a lot in America.**
英語を知っていたのでアメリカではたいへん役に立った。

20.47 **This project was intended to *help* development in this area.**
このプロジェクトはこの地域の発展を促進するためのものである。

20.48 **This medicine will *help* your headache.**
この薬は頭痛には効きますよ。【→⑦参照】

❻ （もの・ことが）（人を）助ける、（ことを）促進する→「（もの・ことが）（人が）～するのに役立つ、～するのを助ける」（物主語）

20.49 **Use of this dictionary will *help* learners *avoid* such errors.**
この辞書を使用すれば、学習者はそうした誤りを避けるのに役立つ。

②に対応する物主語表現で、やはり基本構文（2）あるいは（4）の形（help (O) to do）で用います。toの有無についてはすでに②で触れたとおりです。例文20.50は辞典の広告からとった文で、直接助けになることを表そうとしていることが汲み取れるでしょう。通例ならtoのある形を用いるところです。

20.50 **This will *help* (you) *to understand* the meaning of the sentence.**
これによって文の意味がわかりやすくなる。(youは読者)

20.51 **Borrowing money won't *help to solve* our financial problems.**
借金しても財政問題の解決にはならないだろう。

■ 人の役に立つ→人の力になる（自動詞）■

⑦ 人の力になる→「（人が）手伝いをする、助ける、（もの・ことが）役に立つ、（薬などが）効く」

20.52 **Is there anything I can do to *help*?**
（あなたに）役立つことで何かできることがありますか（→何かお手伝いすることがありますか）？

類例として、次のような言い方も同じ状況で使えます。

20.4 How can I *help*?（再掲）

どちらもhelp youのyouが省略された形で、例文20.52は基本構文（3）を使って、

20.53 **Is there anything I can *help you with*?**

と言うこともできます。この際、withを忘れないように注意してください。他の類例をあげておきます。

20.54 **He *helped with* the dishes this evening.**
今夕は、彼が皿洗いを手伝った。（meかusの省略）

20.55 **When my children were small, my mother was always ready to *help* greatly.**
私の子どもが小さい頃、私の母はいつでも喜んで大いに助けてくれた。

また、他の言い方として、すでにあげた*give*[*lend*] O *a helping hand*のほか、be *of some help*も用いられます。このような表現は、help 1語だけでは物足りないと感じられるようなときによく代用されます。

20.56 **Can I be *of any help* to you?**

ちなみに、誰かに向かって「手伝ってくれる？」と言う場合、

20.57 **Will you *help* (me)?**

よりも

20.58 **Will you *give* me *a hand*?**

のほうがよく使われるようです【→20.23参照】。この句もhelpの用法とだいたい同じです。

20.59 ***Give* me *a hand with* [*to move*] the piano.**
ピアノを動かすのを手伝ってくれ。

20.60 **This desk is really heavy. Can you *give* me *a hand with* it?**
この机は本当に重いよ、手伝って。

自動詞用法は、次のように物主語でも用いられます。

20.61 **Every little *helps*.**
どんなつまらぬものでも役に立つ。(ことわざ)

20.62 **This medicine will *help*.**
この薬は効きます。

20.63 **It won't *help* to cry.**
声を出してもむだだ。

例文20.63は仮主語itに注意してください。また、it ... thatの形も可能です。
最後にひと言。

20.64 **Let's *help* each other to pass the coming exam!**

第21章　put

■ 副詞的修飾語を必要とする動詞put ■

本章では、我々の日常的な行動として身近な動作であるputを取り上げます。この語は「〈もの〉を〈場所〉に置く」ということを意味し、常に置かれる場所を表す語を伴う動詞です。日本語の「置く」にはその必要がないので、「その時、私は本を置いた」という言い方ができますが、英語では、

21.1 ***Then I *put* the book.**

という言い方は不可能です。どうしても、

21.2 **Then I *put* the book *on the table*.**

などとしなければならないのです。ただし、

21.3 **Then I *put down* the book.**

ならばOKです。なぜなら、downが場所の副詞の代わりになっているからです。文型的に言えば、putは場所を表す**副詞的修飾語**（M）を必ずとって、SVOMとなり、日本語に置き換えれば「どこどこに置く」という表現になっている必要があるということになります。これがまず、putについて第一に重要なことです。この必須のMは、この語の**句動詞**（phrasal verb）を理解するためにもなくてはならないものです【→⑥参照】。英語には、ほかにもputのような、自動詞でMが絶対に必要な動詞があります。たとえば、日本語では「誰かが隠れて［潜んで］いる」だけで文として成立しますが、英語では、

21.4 ***Someone is *lurking*.**

だけでは不可で、

21.5 **Someone is *lurking in the shadows*.**
誰かが物陰に潜んでいる。

などのようなMを工夫しなければなりません。

次に重要なのは、たとえば日本語では「戸口に傘を置いた」というように場所を

先に言うのが普通ですが、英語ではそうではないということです。私が滞米中ホームステイしていた家で、この日本語に干渉されて「戸口に傘を置いたのだがどこへいったかな」と言うつもりで、

21.6 ***At the door* I'd *put* the umbrella but I couldn't find it.**

といったような英語が口を突いて出てしまいました。みなさんは、このような場合、

21.7 **I'd *put* the umbrella *at the door* but I couldn't find it.**

と言うことはご存知でしょう。普通の状況下では、英語では文末に強勢が置かれますから、「戸口の所に」という感じはこれで十分出るのです。At the door I ... というような語順をとるのは、at the doorを特別に強調する場合です（この場合、そのあとにコンマがよく置かれます)。あるいは次のように、the doorに話し手の関心が移っている場合です。

21.8 **I walked to *the door. At the door* I *put* the umbrella and I came back.**

このように話し手が（傘を持って）戸口まで歩いて行ったという文脈があり、それによってすでに話し手の関心が戸口に移っているため、そのdoorという語があたかも一種の係り結び的構造の中心語の役を果たすのです。これをもし、

21.9 **I walked to *the door.* I put the umbrella *at the door* and I came back.**

としたのでは、そのつながりというか、流れがぷっつんと切れてしまったような感じがします。この例文21.8と21.9を何回も読み比べてください。例文21.9は文法的には正しい文ですが、例文21.8のほうが談話文（discourse）として、この場合適切と言えるわけです。しかし一方、初めに私の使った例文21.6ではそうした文脈もないのに、日本語につられていきなりAt the door ... と言ってしまったので不適切だったわけです。こうしたMの位置についての制約の奥には、日英比較の問題と談話構造の問題が潜んでいます。こういった問題をputを通して十分研究しておくことが必要です。

putとは別の例を見てみましょう。

21.10 **a. I weigh 60 kilograms.**
b. My weight is 60 kilograms.
私の体重は60キロです。

21.11 **a. I have a long nose.**
b. My nose is long.
私の鼻は長い。

この２組の文は、a.b.とも文法的には正しい文です。しかし、初めて話題を切り出す場合は、それぞれa.の文が適切です。b.でも一応可能ですが、やはり例文21.6のAt the door I'd put the umbrella ... と同じように唐突さを感じます。b.を使うのは、繰り返しますが、話し手の関心や話題が「体重」や「鼻」にある場合に限られます。そして、その場合には、a.では逆に適切でないということになります。これが文を超えた談話の文法というものなのです。

■ putの中核的意味「ある場所に位置させる」■

以上のことから、putの中核的意味は「〈もの〉をある場所に位置させる」であり、構造的には、〈もの〉を置く場所として必ず〈場所〉の副詞（M）が要求されます。その〈場所〉とその〈もの〉との関係によって、「置く」「載せる」「入れる」「出す」などの意味が生まれます。前置詞toを伴うと、「つける」「当てる」「持っていく」、比喩的に「～のせいにする」「～に提案する」などの意味に発展します。in、intoの前置詞をとる場合も同様です。我々は、put on a hatで「帽子をかぶる」と成句的に覚えますが、これは考えれば、「ものをある場所に位置させる」という本義が一貫して、ここにも流れていることが容易に理解できるでしょう【→⑥参照】。

① ものをある場所に位置させる
→「（場所）に置く、～に載せる、～に入れる、～から出す」

21.12 ***Put* the plates on the table, will you?**
皿をテーブルの上に置いて。

これが、putの基本的な型であり、すでに冒頭で述べたように、よほど特別な場合以外は、このSVOMの語順は変わりません。また、構成要素の脱落も考えられません。類例を見てみましょう。

putの意味の枝分かれ図

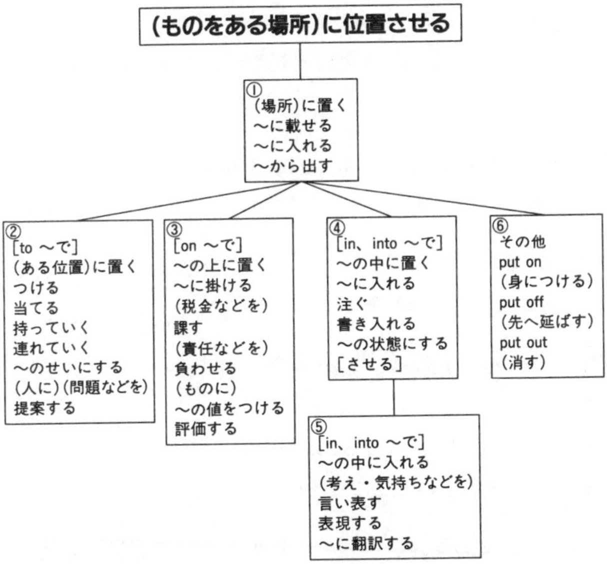

21.13 **Don't *put* your head *out of the car window.***
車の窓から首を出すな。

21.14 ***Where* did you *put* my book?**
私の本をどこに置いたの？

21.15 **Is there a place to *put* this (*in*)?**
どこかこれを入れる場所はありますか。

例文21.12で、SVOMの構成要素は基本的に脱落することはないと述べましたが、このようにplaceを修飾する不定詞句のときは特別で、通例前置詞は省略されます。以下の例文を比べてみてください。

21.16 **There's no *place to sleep.***
眠る所がない。

21.17 **There's no *bed to sleep in*.**
眠るベッドがない。

なお、putとともに使われる前置詞の種類によって、どのように意味が違ってくるかについては、②、③、④で述べます。

putの類義語として、まず*place*があげられます。これは堅い語で、「整然と置く」の意味になります。

21.18 **Please *place* a lemon slice on the fish.**
レモンの薄切りを魚に添えてください。

*lay*は「横たえるように注意して置く」、*set*は「立てるように、特定の位置を定めて（しばしば動かないように）置く」の意味です。

21.19 **She *laid* her baby on the sofa.**
彼女は赤ちゃんをソファに寝かせた。

21.20 **He *set* the bottle in a cool place.**
彼はその瓶を涼しいところに置いた。

例文21.12は、これらの類義語を使って次のように言い換えることも可能ですが、それぞれ上のようなニュアンスの違いがあるということに注意してください。

21.21 ***Place* [*Lay*/ *Set*] the plates on the table, will you?**

さて、置く場所を示すMは通常〈前置詞＋名詞〉で構成されますが、here、there、anywhereなどの副詞も使われます。

21.22 **"What shall I do with this?" "Oh. *Put* it there [anywhere].**
「これをどうしましょう」「ああ、そこへ［どこへでも］置いておいて」

これと関連して、アメリカではput itを*sit down*の意味で用いることがあります。ごく親しい間柄だけに用いるくだけた言い方で、itはおしり（buttock）の婉曲な言い方です。

21.23 **Come in and *put it there*.**
入って、そこへ座れよ。

また、Put it there.で、「握手してください」(*Shake hands with me.*)の意味になることもあります。この場合のitは、相手の手(your hand)を指します。「あなたの手を私の手の中に置け」ということで、交渉が妥結したり仲直りしたときなど、手を差し出しながら用います。

21.24 **I think that's settled all the differences, hasn't it? *Put it there*, then, John.**

—— M. H. Manser, *A Dictionary of Contemporary Idioms*

それで食い違うところはすべて解決したのじゃないかと思う。じゃ、ジョン、握手しようよ。

● putの類義語 ●

place:	「整然と置く」(堅い語)
lay:	「横たえる」(「注意深く」を含意)
set:	「立てかける、特定の位置に置く」

② (場所)に置く→ [to ~ を伴って]「(ある位置に)置く、(ものを)つける、当てる、持っていく、連れていく、~のせいにする、(人に)(問題などを)提案する」

21.25 **He *put* a new handle to the knife.**

彼はナイフの位置に新しい柄を置いた(→ナイフに新しい柄をつけた)。

これは、基本形のMにtoを使った前置詞句が来る場合です。特に説明の必要はないと思いますので、いくつか類例をあげるにとどめます。

21.26 **He *put* two horses *to the cart*.**

彼は馬車に2頭の馬をつないだ。

21.27 **She *put* her fingers *to her lips*.**

彼女は指を唇に持っていった[当てた]。

21.28 **He *put* a match *to his cigarette*.**

彼はタバコに火をつけた。

21.29 **I have to *put* the baby *to bed*.**
赤ん坊をベッドに連れていかない（→寝かしつけない）といけない。

21.30 **They *put* us all *to work*.**
彼らは我々全員を働かせた。

次のput a stop [an end] toはよく使われる成句です。

21.31 **We must *put a stop to* these rumors.**
この噂話を止めさせねばならない。

次は、putが比喩的に用いられている例です。

21.32 **It's time I *put* my mind *to it*.**
それに専念する時だ。

21.33 **He *put* his failure (down) *to lack* of experience.**
彼は自分の失敗を経験不足のせいにした。

to以下に〈人〉をとって、「持ち出す」「提案する」の意味にも用いられます。

21.34 **He *put* a question *to me*.**
彼は私に質問した。

21.35 **He *put it to me* that she hasn't told the truth.**
彼は私に、彼女は本当のことを言っていないと言った。
(itはthat以下を受ける仮目的語)

③ （場所）に置く→ [on ～ を伴って]「～の上に置く、～に（もの・ことを）掛ける、（税金などを）課する、（責任などを）負わせる、（ものに）～の値をつける、評価する」

21.36 **Let's *put* the lid *on the jar*.**
瓶に蓋をしておこう（←瓶の上に蓋を置こう）。

「上に置く」という意味から、いろいろな訳語が生み出されます。

21.37 ***put* a stamp *on the envelope*** (封筒に切手を貼る)

21.38 ***put*** **a coat** ***on the hanger***（ハンガーにコートをかける）

比喩的用法として次のようなものがあります。

21.39 ***put*** **a tax** ***on wine***（ワインに税金をかける）
21.40 ***put*** **the blame** ***on him***（彼に責任を負わせる）
21.41 ***put*** **much value** ***on his idea***（彼のアイディアを高く評価する）

「～に値をつける」「～を課する」の意でも用いられます。

21.42 **He *put* a price of ten dollars *on the used book*.**
彼はその古本に10ドルの値をつけた。
21.43 **We are intending to *put* pressure *on the government*.**
我々は政府に圧力をかけるつもりだ。

④（場所）に置く→［in/ into～を伴って］「～の中に置く、～に入れる、注ぐ、書き入れる、記入する、～の状態にする・させる」

21.44 **Please *put* some money *in* [*into*] *this box*.**
この箱の中にお金を置いて（→入れて）ください。

ここで使われるinとintoは、どちらでも同じように用いられることが多いのですが、intoは「入れる」動作自体に関心があるのに対し、inは「入れてしまっておく」という感じが強くなります。

21.45 **He *put* his wallet *in* [*into*] *his pocket*.**
彼は財布をポケットに入れた。

しかし、inとintoは必ずしも常に交換可能なわけではありません。

21.46 **Do you *put* milk *in your coffee*?**

のような場合は、intoも絶対に不可ではありませんが、あまり用いられないようです。ミルクを入れる動作よりも、結果としてのコーヒーの状態に関心があるのでしょう。以下の場合は、どちらか一方が好まれます。次のそれぞれの例文は、動作と状態のどちらかに関心があるかに注意してみてください。

21.47 **Why don't you *put* your chair *in the sun*?**
君の椅子を日の当たるところに持っていったら［きたら］どうだ。

21.48 **Mother *put* me *in kindergarten*.**
母は私を幼稚園に入れた。

21.49 **He *put* all his time and energy *into his business*.**
彼は自分の持てる時間とエネルギーのすべてを事業に注ぎ込んだ。

「書き入れる」という意味のときは、inになります。

21.50 **I *put* it *in my note*.**
私はそれをメモに書き入れた。

次のように、inが現われないこともあります。

21.51 ***Put* your name *here*, please.**
ここへお名前をどうぞ。

次例は「〜の状態にさせる」の意味です。

21.52 **Please *put* your room *in order*.**
部屋をちゃんと整頓しなさい。

21.53 **His words always *put* me *in a bad mood*.**
彼の言葉は私をいつも悪い気分にさせる。

「〜の状態にさせる」の状態を表すのに、in以外にもいろいろな前置詞が使われます。また、時には前置詞ではなく、形容詞となり完全なSVOC構文となることもあります。

21.54 **Please *put* yourself *at ease*.**
どうぞくつろいでください。

21.55 ***Put* the machine *out of action* right away.**
すぐ機械を止めろ。

21.56 **He *put* me *right* on that point.**
彼はその点において私の勘違いを直してくれた。

⑤ ～の中に置く、～に入れる→［通例in/ into～を伴って］「～の中に入れる、(考え・気持ちなどを）言い表す、表現する、～に翻訳する」

21.57 **I cannot *put* my thoughts *in* [*into*] *simple words*.**
私は自分の考えを簡単な言葉の中に入れる（→言葉で言い表す）ことはできない。

これは、④の延長で「置く」という本義がよく出ています。

21.58 ***Put* this sentence *into English*.**
この文を英語に訳しなさい。

21.59 ***How* do you *put* it in English?**
これは英語ではどのように言うの？

前置詞を略して、次のように言うこともできます。

21.60 **Let me *put* it *this way*?**
それをこう言ってみたらどう？

21.61 **He *put* the point *well*.**
彼は要点をうまく表現した。

21.62 **I feel—*how* can I *put* it—very happy.**
なんと申したらいいでしょうか —— とても嬉しく思います。

to put it＋〈副詞〉は、成句的に次のように使われます。

21.63 ***To put it frankly*, I was surprised by his actions.**
率直に言って、彼の行動に驚かされたというところだ。

21.64 **These shoes are very expensive, *to put it mildly*.**
この靴はとても値段が高いよ、控えめに言ってもね。

⑥ putを使った句動詞

putもtakeやgetなどと同じように、前置詞的副詞を伴って多数の句動詞を作ります。

21.65 **Please *put* the books *back* on the shelf.**
本を元の棚に戻して。

21.66 ***Put* the picture books *away* where you found them.**
絵本を元の場所にしまっておきなさい。

backやawayは副詞で、それだけで場所を表していますから、次のようにon the shelfやwhere you found themは省略することができます。

21.67 **Please *put back* the books.**
本を戻してください。

21.68 ***Put* away the picture books.**
絵本を片付けなさい。

冒頭（例文21.1, 21.2）でも述べたように、I put the book on the table.の"on the table"を省略することは不可能ですが、I put down the book.という言い方は可能だということを、もう1度改めて認識してください。以下に述べるput on、put off、put outを理解する上で、この認識が極めて重要になってくるのです。

⑥-1 put on（身につける）

21.69 **Please wait till I *put on* my clothes.**
服を身につける（→着る）まで待ってください。

これは、詳しく言えば、... I *put* my clothes *on* my body（服を体の上に位置させる→身につける）です。my bodyは自明のことですから省略され、put onが独立して慣用的に用いられるようになったものです。「〜に位置させる」という本義がここまで働いていることがおわかりになるでしょう。このput onは、服のほかに次のようなものも目的語にとります。

21.70 ***put on* my shoes**（靴を履く＜*put* my shoes *on* my feet）

21.71 ***put on* my glasses**

(眼鏡をかける＜*put* my glasses *on* my nose[over my eyes])

21.72 ***put on* my hat** (帽子をかぶる＜*put* my hat *on* my head)

21.73 ***put on* my tie** (ネクタイを締める＜*put* my tie *on* my neck)

21.74 ***put on* make-up** (メイクする＜*put* make-up *on* my face)

このように個々の訳語は変わってもすべて「身につける」ことであり、「〈もの〉をそれぞれの場所に位置させる」という本義にさかのぼることができます。ちなみに、動作を示すput onに対し、「身につけている」という状態を表すのがwearです。これは、have ... onと言い換えることもできます。

21.75 **She wore[had] a diamond ring on her finger.**

彼女はダイヤの指輪をはめていた。

⑥-２ put off（先に延ばす）

21.76 **Let's *put off* the meeting till tomorrow.**

会議は明日まで延ばそう（→明日に延期しよう）じゃないか。

これは、おそらく今日やると決まっていた会議を延ばすわけですから、put the meeting off today、つまり「今日から離して位置させる」というのが本義であることがおわかりでしょう。そして、put the book on the tableのon the table、つまりMに当たるのがここではtill tomorrowになるわけです。このような意味と構造をつかむと、この成句も身近なものになってくるでしょう。理屈から言うと、put onとput offは対立語で、put offは「着る」に対する「脱ぐ」の意味になりますが、今はこの用法は〈まれ〉で、普通にはtake offが使われます。このあたりの語法の変化は、なかなか複雑で一筋縄ではいかないのです。

なお、put offの類義語に*postpone*がありますが、これはput offのようにMに当たる語を必要とせず、単に漠然と「延期する」場合に用いられます。

21.77 ***Postponed* in case of rain.**

雨天の場合は延期（される）。(掲示)

⑥-3 put out（消す）

21.78 **He *put out* the candle.**
彼はろうそくを消した。

これも「ろうそくを燃えている状態の外に置く」→「燃えていない状態にする」と考えるとわかりやすいでしょう。この反対語はput on（つける）です。類義語に*turn out*（↔*turn on*）、*switch off*（↔*switch on*）がありますが、これらはスイッチやプラグによるものに限られます。したがって、例文21.78は、

21.79 ***He *turned out* [*switched off*] the candle.**

とすることはできません。一方、put outにはそのような制限はなく、

21.80 **Please *put out* the light.**
明かりを消してください。

という使い方もできます。ちなみに借入語の*extinguish*も使われますが、堅い語です（*cf.* (fire) extinguisher「消火器」)。

● putを使ったその他の句動詞 ●

put together:	「組み立てる、総合する」
put through:	「やり遂げる」
put ～ through to ... :	「（電話で）～を . . . につなぐ」
put up with ～:	「～を我慢する」

最後に一生懸命勉強されているみなさんに応援の言葉を贈ります。

21.81 ***Put* your heart *into* your study! And never *put off* till tomorrow what you can do today.**
勉強に心を入れて頑張って！　そして今日できることは明日まで絶対に延ばすな。

第22章　let

■「許可」「提案・勧誘」を表すlet ■

今回扱うletは、しばしば、

22.1 ***Let*'s go.**

の形で、「〜しようじゃないか」「〜しようよ」と勧誘の意味に使われるせいか、助動詞や副詞のように感じられる人も多いようです。

勧誘を表すlet'sは、格式ばった堅い言い方ではlet usとも使われますが、今は特別の場合を除いてあまり用いられないようです（「我々に〜させて」と言う場合はこれとは別。→③-1参照)。少し古い統計ですが、let's 77%、let us 21.5%、その他1.5%とありますから、いかにlet'sのほうが圧倒的かわかるでしょう。

しかし、let'sと1語のように使われると、usの持っていたある種の仲間意識というものが薄れてくることになります。そこで、これをはっきりと打ち出す必要から生まれてきたのが、Let us go.とLet's go.の混交形（blending）のような、

22.2 ***Let's* us go.**

です。さらにこれを明確にした、

22.3 ***Let's you and I* wash the dishes.**
22.4 ***Let's* wash the dishes, *you and I*.**
　　あなたと私で、一緒に皿を洗いましょうよ。

といったような表現も耳にしたことがあります。文法的には、letの目的語ですから、you and meが正しい言い方ですが、let'sがくだけた言い方であるのと同様、you and Iもくだけた言い方では普通です。これは、本来Iを使うべきところに普段はmeを使っているのをIに修正しようとする意識が過剰に働き、you and meのほうが正しいときまでyou and Iに修正してしまう（意識）過剰修正語法（hypercorrection）であると考えられます。これは、例文22.56の最後“Me. I—that is.”で、“me”と答えたが、旧師の手前、急いで“I”と言い換えたThomas医師の狼狽ぶりを見ると、この間の事情がよく推察されるでしょう。

let'sは、くだけた会話では/les/と発音され、書き言葉でもle'sとかlessの形で出て

くる場合があるので注意が必要です。

22.5 **“*Le’s* us go down to the gulf...”**

—— M. K. Rawlings, *When the Whippoorwill*

さあ入江へいきましょう。

■ let'sの否定形 ■

次にこの語の否定形を考えてみましょう。次の例文22.6は映画*East of Eden*(『エデンの東』）からです。

22.6 **Cal: Ah, ah, *let's not* worry about money, Dad.**
Aron: *Let's not* worry about money, Dad.
Cal: *Let's don't* worry about money.
C：「ね、ね、金の心配なんかよしましょうよ、パパ」
A：「金の心配なんかよしましょうよだって」
C：「ねえ、よしましょうよ、ほんとうに」

アメリカ英語では普通の否定形はlet's notですが、強調形はlet's don'tで、/lèts dóunt/とdon'tに強勢が置かれます。イギリス英語ではlet's notはやや改まった言い方で、日常普通にはdon't let'sという形が使われます。

22.7 ***Don't let's* invite Thomas to the party; he's such a bore.**

トマスはパーティーに呼ばないでおこうよ、やつにはうんざりするからね。

自分が使用する場合にはlet's notを用い、〈米〉ではlet's don't、〈英〉ではdon't let'sを用いることもあると覚えておけばよいでしょう。

■ letの中核的意味「拘束から解放して好きなようにさせる」■

以上はletの構文上の概略ですが、意味的には「拘束から解放して、好きなようにさせる」という中核的意味を持っています。したがって、

22.8 ***Let* me go.**

という文にしても、「私」がどこかに行きたがっている場合には「行かせてくれ」

ですが、捕らわれたような状況では「放してくれ」のような意味にもなるわけです。ただし成句的に使われる、

22.9 ***Let go* of my hand.**

私の手を放してくれ。(<*Let* my hand go. ofはfromの意味)

では常に「放す」の意味になります。

こうしたletの二面性は、大きく分けて「許可」と「使役」という２つの意味となって、すべての語義の背景に存在します（場合によってどちらかの比重が強くなります）。このことを念頭に置いておけば、一見無関係と思われるイギリス語法の「貸す」【→④参照】という意味も「それを解放して人の自由にする」、または「使用を許す」に由来することが理解できるはずです。

letの意味の枝分かれ図

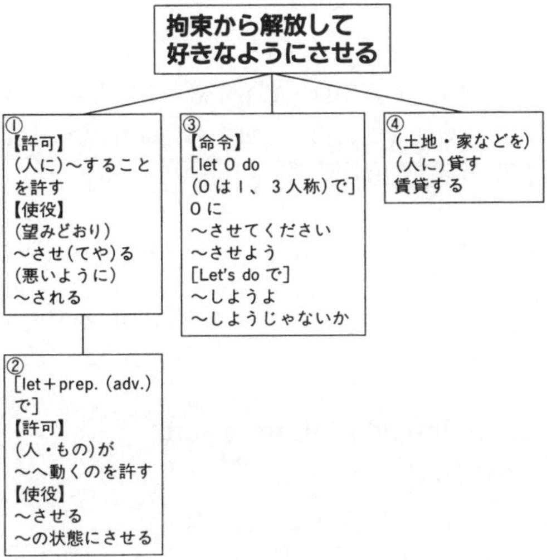

■ 拘束から解放して好きなようにさせる→許可・使役のlet ■

① 許可・使役のlet→［let O doで］「（人に）～することを許す、（望みどおり）～させ（てや）る、（悪いように）～される」

22.10 **My father *let* me drink coffee.**
父は私にコーヒーを飲むことを許してくれた。

この場合の否定形は、普通の動詞と同じく、

22.11 **My father *doesn't let* me drink coffee.**

となります。昔は、コーヒーは大人の飲料で、親からコーヒーを飲むのを許されるのは大人の仲間入りを意味するとされ、だいたい16～17歳頃とされていました。

22.12 **He is old enough to drink coffee.**

などという表現はこうした背景から生まれたものです。例文22.10はこうした背景があって「許した」ものか、あるいは子どもが飲みたいと言ったので飲ませてくれたものか、いずれともとれます。この「許可」の意味の類義語には、堅い語である*allow*、公式の許可を表す*permit*があります。例文22.10は、

22.13 **My father *allowed* [*permitted*] me to drink coffee.**

と言い換えることができます。いずれもOのあとにはto-不定詞を伴うことに注意してください。

22.14 ***Allow* me to introduce him to you.**
彼をあなたにご紹介いたしましょう。
（*Let* me introduce ... のほうが普通→③）

22.15 ***Permit* me to ask a few questions.**
少々質問させていただけますか。（*Let* me ask ... のほうが普通→③）

letは受身形に用いることは非常にまれなので（受身不可としている辞書や文法書もある）、例文22.10を受身形にする場合は、妙なことですがallowか、またはpermitを使って、

22.16 **I *was allowed* [*permitted*] to drink coffee.**

とするのが普通です。また、「望みどおりさせる」ということは弱い意味の「使役」ですが、使役の代表的な動詞make【→第4章参照】を用いて、

22.17 **My father *made* me *drink* coffee.**

と言えば、「飲みたくもないのに強制的に飲ませた」ことになります。

22.18 **My father *got* me to *drink* coffee.**

のように、get【→第1章参照】を用いると、コーヒーを飲むと気分が爽快になるよ（A cup of coffee is very refreshing.）などと「私を説得して、コーヒーを飲ませてくれた」ことになります。

● 使役・許可を表す動詞 ●

let O do:	Oがしたがっていることを「許可する」
allow O to do:	letより堅い語
permit O to do:	公式の許可を表す
make O do:	Oがいやがることを強制的に「～させる」
get O to do:	Oを説得して「～させる」
have O do:	Oを説得、または命令して「～させる」

letはいい意味で使われる場合が多いのですが、悪い意味で用いられることもあります。これは、許可が否定されて「不許可・禁止」を表すようになるからだと思われます。

22.19 **I won't *let* you treat me like that.**
君にそんな扱いをされ（て許しておか）ないぞ。

またletは構文上let O doが普通ですが、doに当たる部分が文脈で了解されている場合は、次例のように略すのが普通です。

22.20 **I wanted to drink coffee, but my father wouldn't *let* me.**
私はコーヒーを飲みたかったが、父は許してくれなかった。

② （人に）～することを許す→［let＋prep.(adv.)で］「（人・ものが）～へ動くのを許す、～させる、～の状態にさせる」

22.21 ***Let* me *into* the house.**
家の中に入るのを許して（→中に入れて）ください。

これは、本来は、

22.22 ***Let* me *get into* the house.**

などというところをget（あるいはcome、goなどの動詞）が省略されたものです。省略可能なのは、このように移動を表す動詞に限られます。例文22.21は、the houseがすでに了解されている文脈ではintoを前置詞的副詞inに代え、単に、

22.23 ***Let* me *in*.**
中に入れてください。

と言うこともあります。

22.24 ***Let* me *out of* the house.**
家から外に出しておくれ。

ならば、単に、

22.25 ***Let* me *out*.**

となります。類例を見ておきましょう。

22.26 ***Let* me (*get*) up.**
立たせてください。

22.27 ***Let* me (*pass*) *by* [*through*].**
通らせてください。（大勢いる人（crowd）の中を進む場合に）

この種の動詞の省略は、次のような句動詞の理解に役立ちます。

22.28 **Please *let* the curtain *down*.**
カーテンを降ろしてください。
(<Please *let* the curtain *go down* the window.)

22.29 **Don't *let* the secret *out*.**
秘密を漏らすな。(<Don't *let* the secret *get out*.)

22.30 **Since you are sick, I'll *let* you *off*.**
病気だから仕事を免除する。(<I'll *let* you *be off* work[duty].)

22.31 ***Let* me *alone*.**
ひとりにしておいて［放っておいて］。

これも、

22.32 ***Let* me *be alone*.**

の省略形から生まれたものです。let alone O(～は言うまでもなく）という成句も、このlet O aloneが発展して独立したものと考えるとわかりやすいでしょう。つまり「Oを放っておいても」から自然と「Oは言うまでもなく」となるのです。

22.33 **He cannot speak French, *let alone* Russian.**
彼はロシア語はいうまでもなくフランス語も話せない。

Oに動詞が来ることもあります。

22.34 **I can hardly walk, *let alone run*.**
私は走ることはおろか、歩くこともほとんどできない。

この成句は通例、(準)否定語のあとに用いられるということにも気をつけておきましょう。なお、以上の例文に出てきたような前置詞的副詞や前置詞句の位置に、形容詞が来ることもあります。その場合は、完全にSVOC構文となります。

22.35 **Don't *let* the dog *loose*.**
犬を放しておいてはいけません。
(*cf.* Don't let the dog out.「犬を外へ出すな」)

なお、letはO doのdoにgo、fall、drop、slipなどの語がくると、take off your hat（帽子をとれ）→take it offと同様の語順の入れ換えが起こります。

22.36 **Don't *let* it *fall*.**
それを落とすな。

22.37 **He *let fall* a hint to me about his intention.**
彼は自分の意向について私にほのめかした。

let slipは「(秘密など)を漏らす」という意味で、Oにthat節もとり、場合によっては仮目的語をとることもあります。

22.38 **She *let* (*it*) *slip that* she was expecting a baby.**
赤ちゃんができたのよと彼女はうっかり口を滑らせた。

be expecting a baby(特にa babyが略された形で用いられることが多い)は、be pregnant(妊娠している)の遠回しな言い方としてよく用いられます。

③-1 拘束から解放して好きなようにさせる→[let O do(Oは1・3人称)で]「Oに～させてください、～させよう」

22.39 ***Let me* know when you're ready.**
用意ができたら(私に)知らせてください。

類例をあげておきます。

22.40 ***Let* me compliment you on your beauty.**
おきれいでいらっしゃいますこと。
(You (really) look beautiful!の堅い言い方)

1人称複数形usも可能です。

22.41 **Please *let us* help you.**
どうか我々に手伝わせて。

22.42 **Please *let us* have a try.**
我々に1度やらせてください。

なお、例文22.42は、この意味では、let usの発音は/let ʌ́s/でlet'sとならない点に注意しましょう【→③-2参照】。やや堅い表現になりますが、1人称だけでなく3

人称にも用いられます。

22.43 ***Let my mother*** **know where you are.**
母におまえが今、どこにいるのか知らせてあげて。

22.44 ***Let the dog*** **have a bone.**
犬に骨をあげて。

22.45 ***Let each man*** **decide for himself.**
みな自分のことは自分自身で決めさせなさい。

22.46 ***Let others*** **say what they will, I always speak the truth.**
ほかの人が何と言おうとも私は常に真実を話す。

なお、例文22.46は、No matter what others may say, I ...と同じ意味で、譲歩節を表していることに注意しましょう。

まれに受身形で〈こと〉がOとして用いられることもあります。これは非常に堅い表現で、普通は人をOにとった表現が用いられます。

22.47 ***Let it be done*** **at once.**
↔***Let him do it*** **at once.**
すぐそれをやらせなさい。

③-2 拘束から解放して好きなようにさせる
→ [Let's doで]「～しようよ、～しようじゃないか」

22.48 **"*Let's* start right now, shall we?" "Yes, let's."**
「すぐ出発しようじゃないか」「ええ、そうしようよ」

冒頭で述べたように、let'sが最もよく使われるのがこの形です。Let usと綴ることはあっても発音は/letəs, lets/で、③-1とは異なります。付加疑問にはshall weが一般的ですが（特にイギリスではこれが普通）、控え目に言うときは、should we、くだけた言い方で、特にアメリカではこの代わりに、OK、right、huhなどもよく用いられます。

22.49 ***Let's* call it a day, *OK*?**
今日はこれまでにしようじゃないか。

これは、

22.50 ***Let's* finish the job, *shall we*?**

の意味で、くだけた言い方ではよく用います。なお、勧誘の意味を強調する場合は、

22.51 ***Do let's* start right now.**
すぐ出発しようったら。

のように用います。その他の類例をいくつかあげましょう。

22.52 ***Let's* eat.**
さあ、食事にしよう。
22.53 ***Let's* talk (about it).**
さあ、その話に入ろう。
22.54 **Can you play a wind instrument, *let's say, a flute* ?**
管楽器が演奏できますか、そうですね、フルートはどうですか。

例文22.54のlet's sayは単にsayとも言い、for exampleの意味です【→第17章say③参照】。なお、相手から何か尋ねられて考え込みながら「えーと」などと言うときは、

10.59 *Let* me see.(再掲)
22.55 ***Let's see*.**

と言います。例文22.55はLet usと複数形で使っていますが、これはWhere am I?(ここはどこですか)と尋ねるときに、相手を含めてWhere are we?と言うのと同じです。日本語でも「私」を謙遜して「私ども」と言う場合や、親愛の気持ちを込めて母親が子どもに「さあ、靴をはきましょう」と命じる場合のように、個人としての一人称単数を隠して自分自身に注意を向けないようにする一種の婉曲語法(euphemism)かと思われます。

余談ですが、単独で大西洋無着陸横断したLindberghが、その成功を、彼の愛機や制作した人々を含めて'we'で言ったことは有名です。これは、Lindbergh's 'We'

と呼ばれています。次例は、アメリカの田舎町で40年近くも小学校の先生をしていたMiss Doveが倒れ、かつての教え子であるThomasが今、その診察に当たっているという場面です。トマス医師は、「痛みますか」と尋ねます。

22.56 **"Yes," said Miss Dove.**
"I was afraid it would be," Thomas said.
"As soon as I move about—"
"But that's what *we* can't allow," said Thomas.
"Can't—what?" Miss Dove inquired...
"Can't allow you to move about," said Thomas.
"And pray who are *we*?" Miss Dove asked with acidity...
"*Lindbergh's 'we'*." said Thomas. "Me. I—that is."

——F. G. Patton, *Good Morning, Miss Dove*

「ええ」とダブ先生は答えた。
「そうじゃないかと思いました」とトマスは言った。
「動き出すととたんにねぇ...」
「でも、それは許せませんよ」とトマスは言った。
「許せないって、何を？」とダブ先生は尋ねた。
「動くことですよ」とトマスは言った。
「ねぇ、許せないって、誰が言うのよ」とダブ先生は辛辣に尋ねた。
「リンドバーグの'we'ですよ。あたし、つまりこの私ですよ」とトマスは答えた。（"Me. I—that is."については、例文22.3～22.4を参照）

このweは、医者が患者に使う典型的なweで、How are we today?（今日はどう？）などのように使います。話を元に戻して、Let meの意味のlet'sの例をあげましょう。

22.57 **John: I didn't want to be the one to tell you this.**
Bob: What is it? *Let's* have it.
John: Your cat was just run over.

——R. A. Spears, *Common American Phrases in Everyday Contexts*

J：「どうもこれは話したくないのだが...」B：「何事なんだ。聞こうじゃないか」J：「君んとこの猫が、今しがた轢かれたのだ」

このlet's have itは、let me have itとも言い、tell me the newsの意味でよく使われるアメリカの口語表現です。

特に婉曲語法として顕著に使われるのは、先ほど述べた母が子に、先生が生徒に、あるいは医者や看護婦が患者に向かって言う場合などで、相手と一体となっている気持ちが込められています。

22.58 ***Let's*** **have *our* medicine now.**
（看護婦が患者に、親が子どもに向かって）さあ、薬を飲みましょう。

22.59 ***Let's*** **have a good look at it once more.**
（先生が生徒に向かって）もう１度よく見てみましょう。

このような言い方は実質的に２人称命令文のように働くので、例文22.58は、

22.60 ***Let's*** **have *your* medicine now.**

となることもあります。その場合、付加疑問はshall we?だけでなく、will you?も用いられます。

22.61 ***Let's*** **have that milk, *will you*?**
その牛乳を飲んでしまいましょう。

④　拘束から解放して好きなようにさせる
→「〈英〉（土地・家などを）（人に）貸す、賃貸する」

22.62 **a house to *let***
「貸家」（掲示）

このletは、一般には、

22.63 ***let*** **a house to someone**（〈人〉に家を貸す）

という構文で用いられます。例文22.62は、その不定詞用法です。アメリカ英語では、a house for rentとなります。掲示や貼り紙には、単に、

22.64 ***To Let***

22.65 ***To Be Let***

のような形で書かれているのをよく見かけます。もちろん、アメリカではFor Rentとなります。このletは、自動詞でも用いられます。

22.66 **This house *lets* for £1000 a month.**

この家の家賃は月1000ポンドだ。

第23章　call

■「呼ぶ」「訪問する」「電話する」を表すcall ■

今回は「呼ぶ」という意味のcallを取り上げます。このcallは、アメリカでは「電話する」の意味でよく使われ、イギリスでは「立ち寄る」の意味でよく使われます。戦前のイギリス英語を主として学んできた私は、アメリカ留学の初めの頃、

23.1　**I'll *call* tomorrow.**

と言われて、その翌日は相手が訪ねてくるものとばかり思って外出もせず待っていたことがありました。親しくなったアメリカ人に、この「訪問する」と「電話をかける」が紛らわしいということを話したら、「そういうときもあるね。そういうときはOをつけて、

23.2　**I'll *call* you tomorrow.**

と言うとはっきりするのだが」と言っていました。しかし、これにもアメリカ特有の慣用もあって、

23.3　**I'll *call* you later.**
　　あとでお電話します。

と言われても、これは、

23.4　**Come (and) see me sometime.**

と同じように、単なる儀礼的な別れの挨拶語なのだということがわかるまでにかなりの歳月を要したものでした。

このように、callは日常よく使われる語ですが、使い方を間違えるととんでもない誤解を生じることがあります。ニューヨークのホテルに宿泊していた日本人が急に襲ってきた腹痛にたまりかねて、「医者を呼んでくれ」というつもりで、

23.5　***Call* me doctor.**

と言ったところ、ホテルマンは“Yes, Doctor.”と言うだけでいっこうに医者を呼んでくれなかったといった話を、知人から聞いたことがあります。“Call me doctor.”

と言うと、「私のことをドクターと呼んでくれ」の意味になってしまうので、この人の意図することを誤解なく伝えようとするならば、

23.6 *Call* a doctor *for me*.

とするか、例文23.35のように単にCall a doctor.とします。例文23.6の場合、

23.7 *Call me* a doctor. 【→③参照】

も可能ですが、紛らわしいのでこのようなときには使わないほうがよいでしょう。

■ callの中核的意味「遠くから叫ぶ」■

　callの中核的意味は「（大声を出して）（遠くから）叫ぶ」であり、そこから「電話を使って（遠くから）～を呼ぶ」→「～に電話をかける」の意味が派生してきます（ちなみにtelephoneは「遠くの（tele-）音（phone）」の意味）。そして、「（近寄って）（人に）声をかける、（人を）呼ぶ」から「人の名を呼ぶ」→「～を～と呼ぶ」→「～と名付ける」の意味が生まれ、さらに「心の中で～と呼ぶ」→「～と考える」が派生します。また「近寄って」の含意から「（人や場所を）訪ねる」が出てきたと考えられます。

call の意味の枝分かれ図

```
                    遠くから叫ぶ
                   /            \
          ■大声で言う■      ■近寄って声をかける■
              │                       │
         ①(人が)              ③(頼み事があって)
         大声で呼ぶ             声をかける
         言う                   呼び出す
         ┆                     (人に)呼んでやる
         ②                ④          ⑤          ⑥
         電話をかける      ～と呼ぶ    心の中で叫ぶ  立ち寄る
         電話で～と伝える  名付ける    ～と考える    ～を訪る
                          ～と言う    思う          訪問する
                                      見積もる
```

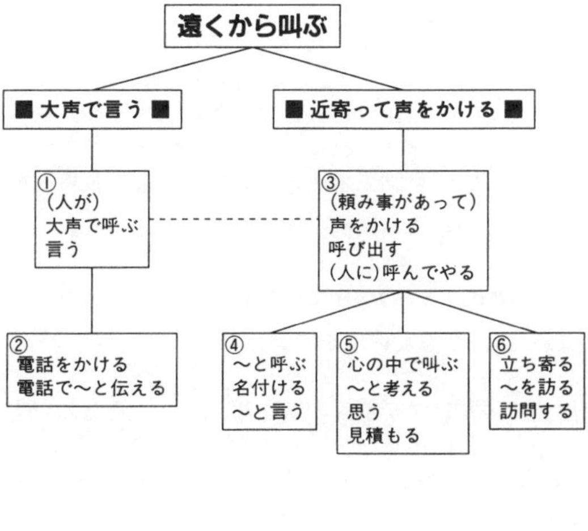

■ 遠くから叫ぶ→大声で言う ■

① 大声で言う

→「(人が)(大声で)呼ぶ、[被伝達文を伴って] ～と呼ぶ、大声で言う」

23.8 **She *called*, "Hi, guys, come on in."**
「やあ、みんな、入って」と彼女は声をかけた。

これは「大きな声を出して言う、呼びかける、叫ぶ」ということです。ちなみに、guyは、通例"a tough guy"(タフな人)、"a wise guy"(知ったかぶりをするやつ)などのように、通例男に用いますが、例文23.8のように呼びかけに用いるときは女性も含むことがあります。

23.9 **At seven o'clock she *called*, "Children, wake up."**
7時に彼女は「みんな、起きなさい」と声をかけた。

これは直接話法で、間接話法に変えると不定詞を伴って、

23.10 **At seven o'clock she *called* her children to wake up.**

のようになります。さらに、callを自動詞として使い、

23.11 **At seven o'clock she *called to her children to wake up*.**

と言うこともできます。この場合、くだけたアメリカ英語では、

23.12 **At seven o'clock she *called for her children to wake up*.**

となることが多いようです。自動詞用法については、また後ほど触れることにしますが、もう1つだけ自動詞用法の類例をあげておきましょう。

23.13 **I *called for her to come and help me*.**
来て手伝って、と彼女に大声で言った。

また、他動詞用法に戻りますが、「人の名を呼ぶ」という意味でも用いられます。

23.14 **I *called* her name.**
私は彼女の名を呼んだ。

これは、次の用法との意味の差に注意してください。

23.15 **I *called* her *by name*.**
私は彼女を（称号や愛称でなく）名前で呼んだ。

次は、子どもがよく使う言い方です。

23.16 **He *called* me *names*.**
あの子、僕の悪口を言ったよ。

さらに、学校で先生が出席を取る場合などにも用います。

23.17 **The teacher *called the roll* [*register*] at once.**
先生はすぐに名簿の名前を呼んだ（→出席を取った）。

ここから「指名する」→「当てる」という意味も出てきます。この場合は必ずonを伴い、callとonで１つの他動詞の役を果たすことになります。

23.18 **I was *called on* [*asked/ told*] to read the textbook and I did so.**
私は当てられて教科書を読んだ。

次に自動詞のcallについて述べます。

23.19 **Did you hear your daughter *call*?**
あなたは、お嬢さんの呼ぶのが聞こえましたか？

これは、他動詞用法の、

23.20 **Did you hear your daughter *call you*?**

から、目的語youが落ちたものです。自動詞用法は、次のようによく方向を示す副詞句を伴って用いられます。

23.21 **He *called down* from the top of the ladder.**
彼は、はしごの上から下に向かって叫んだ。

23.22 **The firemen *called out* to the people in the house.**
消防士たちは、その家の中にいる人々に向かって大声で叫んだ。

このcall to Oに、さらにto doがついたcall to O to do（〈人〉に～するように大声で言う）もよく見られます。

23.23 **Should she *call to him to get off*?**
彼女が彼に降りるように言うべきなのだろうか。

② 大声で叫ぶ、呼ぶ、言う→「（人が）電話で～を呼ぶ、（人・場所に）電話をかける、電話してくる」；[不定詞を伴って]「電話で～と伝える」

23.24 **"I can't talk to you right now. Could[Can] I *call* you?" "Sure, no problem."**
「今は、話ができません。電話をしますが、よろしいでしょうか」
「いいですよ」

これは、call you on the phone→call youのようにon the phoneが脱落したものと考えるとわかりやすいと思います。類例を見てみましょう。

23.25 **If he comes, tell him I'll *call* him when I'm in the office.**
もし彼が来たら、私が会社に着いたら電話すると伝えてくれ。

「～と電話してくる」という場合にはto不定詞をとります。

23.26 **I immediately *called* my twin in Chicago *to tell* her that I had been hired to write the advice column for *the San Francisco Chronicle*.**
—— Abigail Van Buren, *The Best of Dear Abbey*
私は直ちにシカゴの双子の姉に私が『サンフランシスコ・クロニクル』紙の（身上）相談欄の執筆者に採用されたことを電話で知らせた。

これは、Ann Landersと並んで有名な人生相談コラムニストAbigail Van Burenが、初めてジャーナリズムに登場することになったことを双子の姉に電話で知らせたときのものです。このto不定詞は、次に述べる③の例文のように、くだけた言い方ではandを使うこともあります。同書には次のような例文もありました。

23.27 **I am the eldest daughter and Mama *called me and told me to come...***
私は長女で、ママが私に来るようにと電話してきました。
(<called me to tell me to come...)

この場合は「電話をかける」という意味ですが、call Oとその強調形であるcall up Oは「電話をかけて話ができた」場合と「電話をかけたが話ができなかった」場合の両方に用いられます。つまり、相手と話をすることまで含む場合と含まない場合とがあるので、明確にする場合は、

23.28 **I *tried to call* him (*up*), but he was not in.**
彼に電話したが、留守だった。

のようにします。ただし、この類義語*phone* (*up*)、*telephone*(〈英〉*ring up*) は「電話をかけて話ができた」と結果まで含むので、

23.29 ***I *phoned* him *up*, but he was not in.**

とは言えません。ちょっとややこしいですが、この違いを知っておくことも必要でしょう。ちなみに、待ってもらっていた電話に出たとき、「お待たせいたしました」と言う場合 (これは電話以外で人を待たせた場合にも通じます)、以前にも触れたことがありますが、日本人は、

23.30 **I'm sorry to have kept you waiting so long.**

と言ってしまいがちなのに対し、アメリカ人は概して、

23.31 **Thank you for (your) waiting so long.**

と言うほうが多いようです。国民性の違いでしょうか、我々日本人はすぐ"I'm sorry."を口にしますが、アメリカ人は「ごめんなさい」の意味での"I'm sorry."をめったに口にしません。

以上は他動詞用法ですが、自動詞用法の例を少しあげてみましょう。

23.32 **"Can I talk to Ann?" "Who's *calling*, please?"**
「アンさんはいらっしゃいますか」「どちらさまでしょうか」

この場合も他動詞の場合と同様、to不定詞を伴って「～と電話してくる」の意味を表します。以下は類例です。

23.33 **The publisher of *the New York Mirror called to say* he had seen my column in *the Chronicle*.**

―― *The Best of Dear Abbey*

『ニューヨーク・ミラー』紙の編集者が、『クロニクル』紙の私の（身上相談）欄を読んだと電話してきた。

■ 遠くから叫ぶ→近寄って声をかける ■

③ 近寄って声をかける

→「(頼み事があって)（人に）声をかける、呼びかける、～を呼ぶ」；

[SVO_1O_2/ SVO_2 for O_1で]「呼び出す、（人に）～を呼んでやる」

23.34 **I *called* him and asked him to help me.**

私は彼を呼んで手伝ってくれるように頼んだ。

これは①とは違って、「人に何かをしてもらう、あるいは助けてもらうために人を呼ぶ」の意味で、正式には*summon*を用います。類例を見てみましょう。

23.35 **I have a stomachache. *Call* a doctor!**

胃が痛い、医者を呼んで。

23.36 **If you don't get out of here, I'll *call* the police.**

ここから出ていけ、さもないと警察を呼ぶよ。

「誰のために」かをはっきりさせるためにはfor oneを用います。

23.37 **She *called* a taxi *for me*.**

彼女は私のためにタクシーを呼んでくれた。

この場合、

23.38 **She *called me* a taxi.**

も可能です。

さらに、方向を表す副詞（句）を伴って「～へ呼び出す」の意味で使われます。これは、come、get、goなどの不定語句の省略と考えるとわかりやすいと思います。次例の（　）は参考のために入れたもので、実際には使われません。

23.39 **Elizabeth *called* her friend's family (to come) *to dinner.***
エリザベスは友人の家族を夕食に呼んだ。

23.40 **The English teacher *called* Tom (to come) *into his office* and showed him the examination paper.**
その英語教師はトムを自分の部屋に呼び入れてその答案を見せた。

23.41 **He has left his wallet. *Call* him (to come) back.**
彼は財布を忘れていったよ、彼を呼び戻して。

このcall O backは「折り返し［あとで］電話する」の意味でも用いられます。

次は、比喩的な使用例です。

23.42 **Don't *call* us, we'll *call* you.**

これは、文字どおりには「必要なときにはこちらからお知らせします」ですが、人の発言が無関係な場合に「(そんなこと）あまり関係がないじゃないか」といった意味で用いられます。

④ （人に）声をかける、呼び出す、呼んでやる
→「(人が）～を . . . と呼ぶ、名付ける、～と言う」

23.43 **"What will I *call* you?" "*Call* me Tom (for short)."**
「君のことを何て呼んだらいい？」「(簡単に）トムと呼んでくれ」

これは、SVOC構文です。例文23.43も、次の例文23.44も同じ場面で使いますが、後者のほうがていねいな言い方です。

23.44 **"How am I supposed to *call* you?" "You can *call* me Keiko."**
「あなたのことを何とお呼びしたらよろしいでしょうか」
「ケイコと呼んでください」

ものの名前を尋ねる場合、日本人はしばしば、

23.45 *What do you *say* this flower in English?**
この花を英語で何と言いますか？

などと言っているのを耳にしますが、これは誤りです。sayは、SVOC構文はとらないのです【→第17章say参照】。正しくは、このcallを用いなければなりません。

ところで、通例ファーストネーム、それも愛称で呼び合うのが普通になっているアメリカでは、初対面の人と23.43や23.44のような会話になることがよくあります。

話は少し逸れますが、アメリカではいかにファーストネームが重要かということを表すエピソードがあります。滞米中の友人から聞いた話ですが、渡米して1カ月目頃に彼の奥さんが彼の職場に電話をして「Mr. Okamotoをお願いします」と言ったら、「そんな人はいない」と言われてしまいました。奥さんが何気なく、彼の名前を英語風にもじったTomという名を口にしたところ、すぐ「ああ、トムね」と彼に代わってもらえたそうです。日本人は自己紹介をするとき、よく"I'm Okamoto."などのようにfamily nameだけですませることが多いのですが、原則として"I'm Tomohide Okamoto."とfirst nameまで言うのが欧米の文化であり、またその必要性があるのです。そのことを、この例でよく理解してください。I'm Mr. Brown.のような言い方は、学校の先生が生徒に対して言うなど、ごく限られた場合にだけ使われるようです。

さらに、Dr. Robert Babbitという博士がいたのですが、彼の友人が別の人に宛てた手紙の中で彼のことをDr. Bobと書いていて驚いたと言っていました。BobというのはRobertの愛称ですから、日本語でいうとさしずめ「けんちゃん博士」とでもいったところでしょうか。それぐらい愛称で呼び合うのが普通になっているのです。23.43のような状況で、

23.46 ***Call* me Mr. Tuttle.**
タトルさんと呼んでください。

などと言われたら、この人はよほどの堅物か昔風の人、あるいはこちらのことをあまり気に入らず、友達づきあいをしたくないと思っているから、愛称（Tom）で呼ばせてくれないのだろう、と推測してしまいます。みなさんもアメリカに行かれたときは、自分のほうから（本当はKenichiroであっても）、

23.47 ***Call* me Ken.**

などと呼びやすい名前を言って、どんどん友達を増やしていくことをお勧めします。

だからといって、相手の名前をいきなり愛称で呼ぶのは非常に失礼に当たりますから、必ず例文23.43や23.44のように何と呼べばいいのか聞いてからにしましょう。

この意味では類義語に*name*がありますが、nameは正式名称に、callは愛称に用いることが多いようです。

23.48 **They *named* the boy Thomas, but usually *call* him Tom.**
彼らは息子をトマスと名付けたが、普通はトムと呼んでいる。

23.49 ***His name is* Thomas, but everybody *calls* him Tom.**
彼の名はトマスだが、みなトムと呼んでいる。

23.50 **We *call* our dog Lucky.**
うちの犬はラッキーという。

callを使った慣用表現、

23.51 ***call* a spade a spade**
歯に衣を着せずに言う（←ありのままに言う←スペードをスペードと呼ぶ）。

で使われているのも、このcallだと思われます。前のa spadeはOであとのa spadeはCです。

受身形は次のように使います。

23.52 **What's the movie *called*?**
その映画の題名は何ですか？

23.53 **I went to a movie *called Gone with the Wind*.**
「風と共に去りぬ」という映画を見に行った。

このcallの類義語は、*entitle*です。

● callを使った慣用表現 ●

call a spade a spade:	「歯に衣を着せずに言う」
call it a day:	「(今日は）おしまいにする；あきらめる」
call ～ in question[doubt]:	「～に疑いをさしはさむ、～に意義を唱える」
call[*bring*] ～ into existence[being]:	「～を生ずる［生み出す］」
call[*bring*] ～ into play:	「～を利用する［活動させる］」
call[*bring*] a person to account:	「〈人〉の責任を問う［責める］」

⑤ （人に）声をかける、呼び出す、呼んでやる
→「(人が) 心の中で～と呼ぶ、～と考える、思う、見積もる」

23.54 **I *call* that wonderful.**
私は、それはすばらしいことだと思う。

これは「(声を出さないで) 心の中で叫ぶ」→「考える」の意味です。SVOCの構文をとり、Cには形容詞・名詞が来ます。

23.55 **Are you *calling* me a liar?**
あなたは私を嘘つきだとおっしゃるの？

23.56 **I *call* that a good 100 miles.**
100マイルは優にあると思うよ。

⑥ （人に）声をかける、呼び出す、呼んでやる
→「(人が)（～に）ちょっと立ち寄る、～を訪ねる、訪問する」

23.57 **Please *call* some day.**
いつかお越しください。

これは冒頭で述べたように、「電話する」の意味にもとれます。アメリカでは、まず「電話する」の意味と考えてよいでしょう。もっともアメリカでは、店で買い物をして帰るときに、よく店員が、

23.58 **Thanks. *Call* again.**

などと言います。この場合は、「またいらしてください」「またよろしくお願いします」ということで、前者の意味です。しかし、アメリカではこのような場合以外は「訪問する」の意味に使われることは比較的少なく、*visit*とか、くだけた言い方では*drop in at*や*drop by at*などを用いるのが普通です。callを使うのは、御用聞きなどのように注文取りの人が定期的に訪ねて来る場合か、人が正式に訪問するような場合の格式ばった言い方です。したがって、アメリカでは通例、

23.59 *He *called* on a friend.**

のような言い方はしません。以下に用いられるのは、主にイギリス語法と言ってよいでしょう。

23.60 **He *called on* his friend this summer.**
彼はこの夏、友人を訪問した。

23.61 **He *called at* John's last night.**
昨夜、彼はジョンの家に立ち寄った。

23.62 **She'll *call in on* him for ten minutes.**
彼女は10分間、彼の家に立ち寄るつもりです。

23.63 **Tom *called for* her to collect the money.**
トムは集金のため彼女の家に立ち寄った。

次の例文23.64は、ある金持ちの息子が父親に尋ねた質問です。

23.64 **They *call* themselves communists and we *call* them communists. They *call* us capitalists, but we don't. Why?**
—— D. Crystal, *Who Cares about English Usage*

さあ、この息子さんに答えてあげてください。

● callを使った句動詞 ●

call on ～:	「〈人〉を訪問する（主に〈英〉）、～に要求する」
call at ～:	「〈場所〉に立ち寄る、～に停車・寄港する」
call in on ～:	「〈人〉を訪問する（主に〈英〉）、～の家に立ち寄る」
call for ～:	「〈もの〉を要求する、〈人〉を求めて訪れる」
call forth ～:	「～を生ぜしめる、（勇気などを）呼び起こす」

第24章　want

■ 要求・願望を表す最も基本的な動詞want ■

最後に、人間の要求・願望を表す、最も素朴で最も単純な語であるwantを取り扱います。乳幼児が「マンマ」と言えば、日本語では“(I want) (some) Food.”のことです。言語習得期においては、“Water.”、“(Some) Milk.”などの単語だけで用が足ります。やがて少し大きくなると、

24.1 **I *want* (some) food.**
24.2 **I *want* (some) water.**

のように、SVO構文で発話するようになります。この段階で最も頻繁に使われる動詞の１つが、wantでしょう。

〈もの〉だけでなく、〈人〉も欲求・願望の対象になります。たとえば、

24.3 **I *want* you.**

は「あなたを必要とする、あなたに用がある」を意味するのが普通で、「私はあなたを欲する」などと訳して平然としていてはいけません。

さらにこの語は、〈もの〉や〈人〉だけでなく、〈こと〉をOにとって、SV to doの形式でよく使われます。かつてのビートルズの代表的ヒット曲 *I Want to Hold Your Hand*（抱きしめたい）（1964年）を思い出される方もいるでしょう。私はアメリカ映画 *I Want to Live*（私は死にたくない）（1958年）で、証拠が不十分なのに強盗殺人の罪で処刑されるある売春婦の悲痛な叫びが忘れられません。このwant to、特にI want toの型が多いのは、この使い方には直接に我々の感情に訴える力強さがあるからでしょう。それだけにむきだしで飾り気のない語だと言えます。したがって、社交の場での会話では、wantを使わず、

24.4 **I *would like* (to have) some coffee.**

あるいはこの疑問文の、

24.5 ***Would you like* (to have) some coffee?**

のほうが好まれます。次の例文24.6のように、相手との関係に応じて使い分ける

ことが必要です。

24.6 ***Do you want to* [*Would you like to*] play tennis?**
テニスをしませんか。

しかし、疑問文でも相手にとって利益になるようなことを勧める場合の、

24.7 ***Do you want* some coffee?**

や、また客に席を勧めるような場合の、

24.8 ***Do you want to* sit here?**

は、それぞれ、

24.9 ***Please have* some coffee.**
24.10 ***Please sit* here.**

と言うよりもていねいな表現となります。

この語は、「人に〜してもらいたい」というSVO to doの形に拡大して用いられます。これは、不定詞付対格構文（accusative with infinitive）と言い、like、hope、wish、desireなど願望を表す動詞に共通して見られる特徴です。Oがto doの意味上のSとなり、それらが一体となってwantに結びつくという構造になっており、図示すると以下のようになります。

24.11 **I→*want*←[you→to leave the room].**

したがって、次の例文24.12は、形は似ていますが、内部構造はまったく異なります。

24.12 **I *want* a new bag to match her shoes.**
I→*want*←[a new bag]←to match her shoes.
彼女は自分の靴にぴったりの新しいバッグが欲しい。

例文24.12は、

24.13 **I *want* a new bag which will match her shoes.**

と言い換えることができます。つまり、SVO型ですが、例文24.11は、

24.14 *I *want* you who will leave the room.

とすることはできません。「君が部屋を出ていくこと」全体がwantのOで、決してyouだけが切り離されてOになるわけではないのです。この場合はだいたいyou、またはyour friendsのような特定的なものがOになるようです。なお、

24.15 **I *want* you to leave the room.**

という言い方は、相手が直接関係してくるだけに、上で述べたようなwant (to do)よりも、さらに注意して使わないと、語調が強すぎて失礼になることがあります。場合によっては、ほかの語（I'd like you to ...、I hope (that) you will ...、etc.）に言い換える必要があります。たとえば、

24.16 **I *want you to* send me the coat if you find it.**
もしコートが見つかれば、届けてほしい。

は、文法的には誤りではありませんが、不適切であり、

24.17 **I *would like you* to send me the coat if you find it.**

に換えよ、としている文法書もあります。もちろん、これが相手に利益になるようなことを勧める疑問文の場合は別です。SVO型のDo you want to do ... ?と同様、ていねいな表現になります。

24.18 ***Do you want me* to help you?**
お手伝いいたしましょうか？

● wantの基本構文 ●

（1）	SVO:	→①、②、③
（2）	SV to do:	→④
（3）	SVO to do:	→⑤
（3）′	SVOC:	→⑥
（3）″	VO doing:	→⑥

■ wantの中核的意味「欠けている（から欲しい）」■

以上のように、wantには（1）SVO、（2）SV to do、（3）SVO to doの３つの文型があるということと、それぞれにどんな意味が対応するのかということを押さえておけば、大筋でこの語を理解したことになります。この語の本義は「欠けている（から欲しい）」「必要とする」であり、「(必要があるから）～をしたい」「(人に）～させたい」と展開していくのです。

wantの意味の枝分かれ図

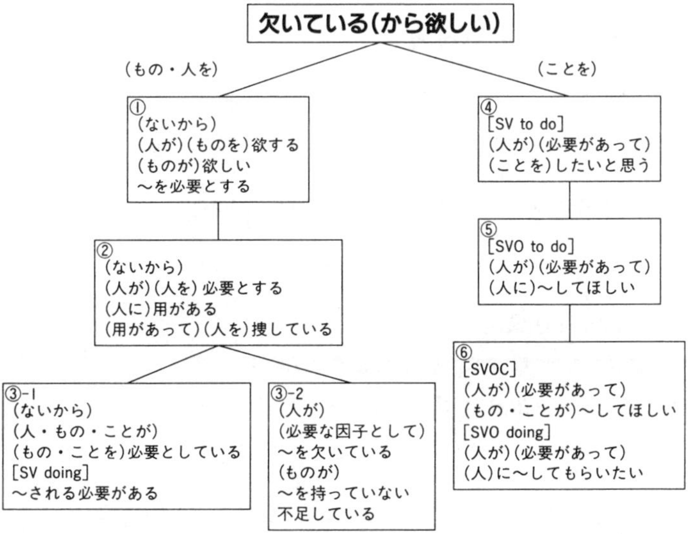

■ 欠けている（から欲しい）→（もの・人を）欲する ■

①（もの・人を）欲する

→「(人が）（ものを）欲する、(ものが）欲しい、～を必要とする」

> 24.19 **Do you *want* some more cake?**
> もっとケーキが欲しい？

これがもし、

24.20 **Do you *want any more* cake?**

となっていれば単なる質問ですが、someを使った場合は、相手が欲しがっていると期待して、それを勧めるていねい表現になるということは、学校で教わったことと思います。wantは正確に言うと、「欲している」「欲しがっている」という意の状態動詞ですから、一般に進行形になりません。しかし、

24.21 **What do you *want*?**

のように、ややぶしつけな感じを与える表現では、進行形を使って、

24.22 **What *are you wanting*?**

と言うことが多く、この場合、イントネーションは必ず上昇調になります。なお、SV to doの構文を用いた表現も多く見られます。例文24.19も、

24.23 **Do you *want to* have some more cake?**

と言い換えることができます。類例を見てみましょう。

24.24 **I *want* a drink.**
一杯やりたい。(<I *want to* have a drink.)

24.25 **I *want* a word with you.**
君にちょっと話したいことがある。(<I *want to* have a word with you.)

② (もの・人を) 欲する
→「(人が) (人に) 用がある、(用があって) (人を) 捜している」

24.26 **Please call me when you *want* me.**
私に用があるときは、電話を下さい。

この意味では、受身形で用いられるのが普通です。

24.27 **You *are wanted* on the phone.**
お電話ですよ。

24.28 **You *are wanted* in the office.**
社内であなたを捜していますよ。

求人広告では、たとえば

24.29 **A cook *is wanted*.**

を倒置して、

24.30 ***Wanted* a cook**
求む、コック

としているのをよく見かけます。また、条件をつけるときは、

24.31 ***Wanted*: cook, male, under fifty**
求む、コック、男性、50歳未満

のようにするのが一般的ですが、そうでないこともよくあります。次は、リチャード・ライトが南部を逃れて、シカゴに来てさっそくの職探しをしている場面です。

24.32 **I walked the streets and looked into shop windows until I saw a sign in a delicatessen: PORTER *WANTED*. I went in and a stout white woman came to me. "Vat do you vant?" she asked. "I thought maybe you needed a porter," I said.**
——R. Wright, *The Man Who Went to Chicago*
私は、通りという通りをすべて歩いて、店のショー・ウインドウを覗き込んだ。とうとうデリカテッセンに掲示が出ているのが目に入った。「ポーター、求む」。私が中へ入ると太った白人の女性が私のところにやってきた。「何か用かい」と彼女は尋ねた。「ポーターを求めていらっしゃるようでございますので、お伺いいたしましたが」と私は言った。(Vat do you vant? = What do you want?彼女はユダヤ人で/w/が/v/となるのはそのなまり)

長々と引用したのは、④でも詳説しますが、ライトがthinkの過去形で、しかもその上maybeという緩叙法までつけて、非常にへりくだったというか、卑屈なと言っていいほどの言葉使いをしており、この頃の白人と黒人の関係の理解に役立て

ばと思ったのです。

これが警察沙汰となると、wantは「犯人として捜している」という意味になります。

24.33 **He *was wanted for murder.***
彼は殺人犯で指名手配を受けている。

また、

24.34 **He is a *wanted man*.**

は「指名手配中の人、お尋ね者」です。

③-1 (人に) 用がある、(人を) 捜している→「(人・もの・ことが) (もの・ことを) 必要としている」; [SV doingで]「～される必要がある」

24.35 **These plants are drooping—they *want* water.**
この植物はしおれかかっている。水が必要だ。

これは、特に説明の必要もないでしょう。類例をあげておきます。

24.36 **The patient *wants* plenty of rest.**
その患者には十分な休養が必要だ。

それから、このwantは動名詞を伴って、SV doingの形で、

24.37 **The house *wants painting.***
家は塗り替える必要がある。

といった使い方もあります。これは、主にイギリス語法です。この場合、日本語につられて、

24.38 *__The house *wants to be painted.*__

としないこと。くだけた言い方では、これでもよいとするnative speakerもいますが、避けたほうがよいでしょう。もう1つ類例を見てください。

24.39 **Your hair *wants cutting*.**
君は散髪しないといけないね。

ちなみに、needも同じ語法で用いられます。

③-2 （人に）用がある、（人を）捜している→「（人が）（必要な因子として）～を欠いている、（ものが）～を持っていない、不足している」

24.40 **He *wants* courage.**
彼には勇気が足りない。

これは、「彼は勇気が欲しい（と思っている）」という事実と表裏の関係にあります。この他動詞用法は、このようにあいまいなので頻度はまれで、代わりに自動詞として進行形の形で用いられます。したがって、例文24.40は、

24.41 **He is *wanting in* courage.**

とするとあいまいさがなくなります。なお、自動詞用法は、しばしば否定形で用いられます。

24.42 **He does *not want for* money.**
彼は金には困っていない。

24.43 **He *wants for nothing*.**
彼は何も不自由はしていない。

■ 欠けている（から欲しい）→ことを欲する ■

④ ことを欲する
→ [SV to doで]「（人が）（必要があって）（ことを）したいと思う」

24.44 **I *want to* go to Africa on holiday.**
私は休暇にアフリカに行きたいと思っている。

1人称、2人称主語の場合、want toはwanna/wana/とも綴られます。Whitney

Houstonのヒット曲に *I Wanna Dance with Somebody.*（ステキなSomebody）（1987年）というのがありました。なお、この現象はSVO型の場合にも起こります。

24.45 **(Do you) *Wanna* coffee?**
コーヒー、飲むかい。

この場合は、wantと次の不定冠詞aとが合体したもの（<want a）と考えられます。

ところで、wantには過去形を使って、ていねいに言う言い方があります。これは、思考動詞につきものの特徴です【thinkについては→24.32参照】。「ちょっとお話ししたいことがあるのですが」と言うとき、

24.46 **I *want to* talk to you a few minutes.**

では、すでに述べたようにしばしば単刀直入にすぎるのです。それでこの時制を1つ下げて、

24.47 **I *wanted to* talk to you a few minutes.**

とすると、ぐっとやわらかくなります。①のところでも述べたように、進行形にしてもていねいな言い方になります。

24.48 **I *am wanting to* talk to you.**

とすることも可能でしょう。次は、外回りの社員が会社の上役に電話で連絡する冒頭の一節です。

24.49 **I *wanted to* tell you one more thing. I have been talking with Mr. Dafis in the purchasing department about our typewriter.**

—— C. C. Fries, *The Structure of English*

もう1つ報告したいことがあります。私は今までわが社のタイプ・ライターについて購買部のデイフィス氏と話していたのですが. . . 。

このようにwantの過去形は、むき出しのwantに潤滑油としての働きを添えます。

こう考えてくると、例文22.57に出てきた、

24.50 **I *didn't want to* be the one to tell you this.**
どうもこれは話したくないのだが。

も容易に理解できることでしょう。疑問文でも、

24.51 ***Do* you *want to* speak to me?**
私と話をしませんか。

でも十分ですが、時と場合に応じて、

24.52 ***Did* you *want to* speak to me?**

とするとさらに控えめな言い方になります。
もう1つ重要なことは要求・願望を表す動詞は、

24.53 **I *had wanted to* be a professor.**
24.54 **I *wanted to have* been a professor.**

と過去完了形を使って「教授になろうと思った（がなれなかった）」と過去に抱いた願望が叶えられなかったことを表す場合があります。これは、もちろん日常会話では、

24.55 **I *wanted to* be a professor, *but I didn't* [*couldn't*] become one.**

などと言うのが普通です。wantではありませんが、次のようにintendにも同じ用法があります。

24.56 **I had *intended to* visit you.** (=I *intended to have* visited you.)
君を訪ねるつもりだったのだが...。

以上のことは、文脈によって類義語の*wish*、*hope*、*desire*などを使って表すこともできます。

24.57 **I *want to* meet him again.**
24.58 **I *wish to* meet him again.**
24.59 **I *hope to* meet him again.**
24.60 **I *desire to* meet him again.**

wantはその本義から「必要があって」彼に会いたい、wishは「可能性は低いかもしれないが」彼に会いたい、hopeは「そうしたい気持ちがあって」彼に会いたい、desireは堅い語で「非常に強く」彼に会いたい、といったニュアンスの違いがあります。

なお、このwant to doは「必要があって～する」ことから、(必要上)「～すべきだ」(ought to) の意味でも用いられます。これも主にイギリス語法です。

24.61 **You *want to* see a doctor at once.**
すぐ医者にかからなくてはいけません。

24.62 **You do not *want to* drink so much.**
そんなに酒を飲んではいけません。

● wantの類義語とそれぞれの文型 ●

	SV to do	SV that節	SVOC	**SVO to do**
want 必要があって ～したい	○	×	○	○
wish できることなら ～したい	○	○	○	○
hope 希望としては ～したい	○	○	×	×
desire 非常に強く ～したい（堅い語）	○	○	×	○

⑤ (必要があって)(ことを) したいと思う
→ [SVO to doで]「(人が)(必要があって)(人に) ～してほしい」

24.63 **I *want* him to come and see me.**
私は彼に会いに来てほしいと思っています。

もう1つ類例です。

24.64 **What do you *want me to* say?**
私にどう言ってもらいたいの？

すでに触れたように、Oとto doの関係はSとVの関係にあります。したがってアメリカ英語ではfor O to doの構文と同じように、I want (very much) for him to come ... と言うこともありますが、くだけた言い方です。また、これをthat節に代えてI want that he (should) come and see me.のような言い方をする英米人もいますが、これは非標準語法として避けたほうがよいでしょう。これに対し類義語のwishは、

24.65 **I *wish* him *to* come and see me.**
24.66 **I *wish* (*that*) he would come and see me.**

の両形が自由に使えます。どちらかと言えば、後者のほうが頻度が高いことを覚えておきましょう。ついでながら、強意副詞badly（とても）は、wantでは可能ですが、wishでは不可（I badly want[*wish] to do.「とても〜したい」）なことも知っておきたいところです。

もう１つ整理しておきたいことは、④と⑤の否定形についてです。これには主動詞wantを否定する普通の型と、to不定詞を否定する型（not to do）の２つがあります。たとえば、「君に２度と会いたくない」と言う場合、

24.67 **I *don't* [*never*] *want to* see you again.**
24.68 **I *want not* [*never*] *to* see you again.**

の２通りの言い方があります。「君には２度と来てもらいたくない」なら、

24.69 **I *don't* [*never*] *want* you to come again.**
24.70 **I *want you not* [*never*] to come again.**

の２通りになります。それぞれ、後者の不定詞を打ち消す言い方のほうが語調が強く断言的です。

⑥ （人に）してほしい→［SVOCで］「(人が)（もの・ことが）～であってほしい」;
［SVO doingで］「(人が)（人に）～してもらいたい」

24.71 **I *want* the letter *ready* by noon.**
その手紙は正午までに準備してほしい。

これは、

24.72 **I *want* the letter *to be ready* by noon.**

の省略ですから、⑤の延長線上にありますが、便宜上ここで扱います。Cに該当する語は、例文24.71のように形容詞のほか、過去分詞、前置詞句、前置詞的副詞が来ます。

24.73 **I *want* my coffee *hot*, please.**
私のコーヒーは熱いのにしてください。

24.74 **I *want* it *done* at once.**
すぐにやってくれ。

24.75 **I *want* this man *out of* here.**
この男にここを出て行ってもらいたい。(to goまたはto getの省略)

24.76 **I *want* you *inside*.**
中へ入って。(to comeまたはto getの省略)

24.77 **I *Want You Back***
帰ってほしいの。(Jackson Fiveのデビュー曲、1970年)

このbackは前置詞的副詞の例で、I want you to come back.の省略です。
次は、銀行などで小切手を現金に替えるような場面での会話です。

24.78 **"These traveler's checks are worth $500. *How* do you *want* it?" "Eight fifties and five twenties, please."**
「このトラベラーズチェックは500ドルあります。どのように（現金に）しますか」「50ドル札８枚と20ドル札５枚に願います」

howは副詞ですが、この意味はin what wayで前置詞句と同じように考えた用法だと思えばよいでしょう。このhowの使い方は日常よく使いますので、もう１つ他の動詞で例をあげておきます。これもSVOCの構文で、レストランでエビ(shrimp)を注文した場面です。

24.79 **"*How* would you *like* it [the shrimp]?" "Fried, please."**
「どのように(料理)いたしましょうか」「フライにしてください」

同じ問いでも、場所が理髪店でitがhaircutを問題にしている場面ならば、その答えはたとえば"Just a trim, please."(ちょっとすそを短くしてください)などとなるでしょう。

前置詞的副詞と言えば、次例は自動詞用法ですが、

24.80 **Our cat *wants in* [*out*].**
うちのネコは中に入り[外に出]たがっている。

もよく使われます。前者はto come、後者はto goの省略です。さらに、現在分詞がCに来る例を見てみましょう。

24.81 **I don't *want* you *sitting* there all day.**
一日中そこに座っていてもらいたくない。

doingは現在分詞で、to beを補うと進行形の形になりますが、これとまったく同じ意味を表します。この型は、主節が否定文であることが普通です。

24.82 **I *don't want* John *coming*.**
ジョンには来てもらいたくない。

参 考 書 目

辞書

・*The American Heritage Dictionary of the English Language.* 1993[3]

・*BBC English Dictionary.* 1992

・*The BBI Combinatory Dictionary of English.* 1986

・*Cambridge International Dictionary of English.* 1995

・*Collins COBUILD English Language Dictionary.* 1987, 1995[2]

・*The Concise Oxford Dictionary of Current English.* 1982[7], 1993[8]

・*Harrap's Standard Learner's English Dictionary.* 1990[2]

・*Harrap's 2000 Words English Dictionary.* 1981

・*The Holt Intermediate Dictionary of American English* 1973

・*Longman Dictionary of Contemporary English.* 1987[2], 1995[3]

・*Longman Dictionary of English Language and Culture.* 1992

・*Longman Language Activator.* 1993

・*Merriam Webster's New Collegiage Dictionary.* 1993

・*Oxford Advanced Learner's Dictionary of Current English.* 1974[3], 1989[4], 1995[5]

・*The Newbury House Dictionary of American English.* 1996

・*The Penguin English Student's Dictionary.* 1990

・*The Pocket Oxford Dictionary of Current English.* 1984[7], 1992[8]

・*The Random House Dictionary of the English Language.* 1987[2]

・*The Random House Unabridged Dictionary.* 1993

・*Webster's New World Dictionary of the American Language.* 1988[3], 1994[4]

・*Webster's Third New International Dictionary of the English Language.* 1961[3][*Web. 3rd*]

・*World Book Dictionary.* 1978[2]

・『ジーニアス英和辞典』大修館書店　1993[2]

参考書

・Alexander, E. A.: *Longman English Grammar.* 1988

・Allen, W. S.: *Living English Structure.* 1974[5]

・Allsop, J.: *Cassell's Students' English Grammar.* 1983

・Beaumont, D. & C.Granger: *The Heinemann English Grammar.* 1992
・Benson, M., E. Benson & R.Ilson: *Lexicographic Description of English.* 1986
・Block, B. & E.H. Jorden: *Spoken Japanese.* 1945
・Bolinger, D.: 'Concept and Perfect: Two Infinitive Constructions and Their Vicissitudes' (in *World Papers in Phonetics*: Festshrift for Ohnishi's Kiju) 1974
―― *Meaning and Form.* 1977
・Broughton, G.: *The Penguin English Grammar A-Z.* 1990
・Chalker, S.: *Current English Grammar.* 1984
・Chalker, S.: *English Grammar: Word by Word.* 1990
・Close, R. A.: *A Reference Grammar for Students of English.* 1975
・Close, R. A.: *English as a Foreign Language.* 1980
・Collins COBUILD English Grammar. 1990
・Collins COBUILD English Usage. 1992
・Crystal, D.: *Who Cares about English Usage.* 1984
・Declerck, R. A.: *Comprehensive Descriptive Grammar of English.* 1991
・Dillard J. L.: Black English: *It's History and Usage in the United States.* 1972
・Dixon, R. M. W.: *A New Approach to English Grammar on Semantic Principles.* 1991
・Fries, C. C.: *The Structure of English.* 1952
・Halliday, M. A. K. & R. Hasan: *Cohesion in English.* 1976
・Hayakawa, S. L. & Eugene Ehrlich: *Choose the Right Word.* 1994
・Heaton, J. B. & N. D. Turton: *Longman Dictionary of Common Errors.* 1987
・Hornby, A. S.: *A Guide to Patterns and Usage in English.* 1975²
・Ilson, R. & J.Whitcut: *Mastering English Usage.* 1994
・Joos, M.: *The Five Clocks.* 1962
・Kólln, M.: *Understanding English Grammar.* 1986²
・Leech, G. N.: *Meaning & the English Verb.* 1987²
・Leech, G. N.: *Principles of Pragmatics.* 1983
・Leech, G. N.: *An A-Z of English Grammar and Usage.* 1989
・Leech, G. N. & J.Svartvik: *A Communicative Grammar of English.* 1977
・Manser, M. H.: *A Dictionary of Contemporary Idioms.* 1983
・Palmer, F. R.: *The English Verb.* 1987²

・Perrin, P. G.: *Writer's Guide and Index to English*. 1972[5]
・Quirk,R. et al.: *A Comprehensive Grammar of the English Language*. 1985
・*Reader's Digest The Right Words at the Right Time*. 1985
・Smith, L. P.: *The English Language*. 1912
・Spear, R. A.: *NTC's American Idioms Dictionary*. 1994[2]
・Spear, R. A.: *Common American Phrases in Everyday Contexts*. 1992
・Swan, M.: *Practical English Usage*. 1995[2]
・Swan, M.: *Basic English Usage*.1984
・Thompson, A. J. & A. V. Martinet: *A Practical English Grammar for Foreign Students*. 1986[4]
・*Webster's Dictionary of English Usage*. 1989
・*Webster's Dictionary of Synonyms*. 1968[2]
・阿部一：『基本英単語の意味とイメージ』1993
・河上道雄：『英語参考書の誤りを正す』1980
・河上道雄・J. D. Monkman：『英作文参考書の誤りを正す』1982
・衣笠忠司・赤野一郎・内田聖二編：『英語基礎語彙の文法』1993
・小西友七：『英語シノニムの語法』1976
・小西友七：『現代英語の文法と語法』1974[3]
・小西友七：『アメリカ英語の語法』1981
・小西友七編：『英語基本動詞辞典』1980
・語法文法学会編：『英語語法文法研究』第2号. 1995
・田中茂範：『認知意味論 —— 英語動詞の多義の構造』1990
・服部四郎：『英語基礎語彙の研究』1968
・村田勇三郎：『文（II）』（講座英文法の基礎8）1983
・村田勇三郎：『文（I）』（講座英文法の基礎9）1984
・森昌一：「動植物の英語の語順」（『英語教育』1996.6）
・八木克正：『新しい語法研究』1987
・渡辺登士（他）：『続・英語語法大事典』1976
・渡辺登士（他）：『英語語法大事典・第3集』1981
・渡辺登士（他）：『英語語法大事典・第4集』1995
・ワトキンス（Watkins, G.）著・富岡龍明訳：『英誤を診る』1987
・ワトキンス（Watkins, G.）著・富岡龍明訳：『続・英誤を診る』1988

索　引

※項目はアルファベット順→五十音順に並んでいます。

【H】

【I】

【K】

【L】

【V】

【W】

【Y】

【あ行】

【か行】

【さ行】

【た行】

【な行】

英語のしくみがわかる基本動詞24　新装版

2016年 4 月30日 初版発行
2023年10月 6 日 2 刷発行

●著者●
小西　友七

●編集協力●
大島　保彦

●発行者●
吉田　尚志

●発行所●
株式会社　研究社
〒102-8152 東京都千代田区富士見2-11-3
電話　営業 03-3288-7777（代）　編集 03-3288-7711（代）
振替　00150-9-26710
https://www.kenkyusha.co.jp/

KENKYUSHA
〈検印省略〉

●印刷所●
図書印刷株式会社

●整版所・本文レイアウト●
凸版印刷株式会社

●装丁●
寺澤　彰二

●イラスト●
吉野　浩司

ISBN978-4-327-45275-9 C0082 Printed in Japan